Neue
Kleine Bibliothek 310

Jörg Kronauer

Der Aufmarsch – Vorgeschichte zum Krieg

Russland, China und der Westen

PapyRossa Verlag

Luxemburger Str. 202, 50937 Köln
Tel.: +49 (0) 221 – 44 85 45
Fax: +49 (0) 221 – 44 43 05
E-Mail: mail@papyrossa.de
Internet: www.papyrossa.de

Umschlag: Verlag, unter Verwendung einer
Abbildung © by Vadimmmus | Adobe Stock [67334248]
Druck: Interpress

Die Deutsche Nationalbibliothek verzeichnet diese Publikation in der Deutschen Nationalbibliografie; detaillierte bibliografische Daten sind im Internet über http://dnb.d-nb.de abrufbar

ISBN 978-3-89438-778-5

Inhalt

Einleitung

Russlands Überfall auf die Ukraine begann in den frühen Morgenstunden des 24. Februar 2022. Die Sirenen heulten, rissen die Menschen aus dem Schlaf, als die ersten Raketen und Marschflugkörper auf ukrainischen Flugplätzen und in ukrainischen Militäranlagen einschlugen. Explosionen dröhnten, Rauchsäulen stiegen auf; und das Schlimmste: Umgehend waren die ersten Toten und Verletzten zu beklagen. Als dann der Tag anbrach, breitete sich eine Schockwelle über die Welt aus: In Europa tobte fast 23 Jahre nach dem NATO-Angriff auf Jugoslawien wieder ein offener Krieg.

Moskaus Krieg gegen das Nachbarland kam nicht unangekündigt, doch für viele unerwartet. Die Vereinigten Staaten hatten seit November 2021, gestützt auf Geheimdienstinformationen, regelmäßig gewarnt, die russischen Streitkräfte könnten in das Nachbarland einmarschieren – womöglich im Januar 2022, hieß es zunächst, bevor Washington sich auf den 16. Februar festlegte, an dem dann allerdings nichts geschah. Handelte es sich einmal mehr um eine US-Propagandakampagne gegen Moskau? Oder war an den Warnungen doch etwas dran? Sogar die Regierung der Ukraine schien mit Letzterem nicht wirklich zu rechnen. Während etwa Kiews Botschafter in Berlin Düsterstes prophezeite, um dort Zusagen für Waffenlieferungen zu erhalten, wiegelte Präsident Wolodymyr Selenskyj ab. Die Gefahr einer russischen Invasion sei »nicht größer« als zuvor, urteilte er Mitte Januar: »Größer ist nur der Rummel um sie geworden.« Noch am 22. Februar beschränkte er sich auf eine Teilmobilmachung, mit dem ausdrücklichen Hinweis, er halte eine Generalmobilmachung nicht für nötig. BND-Präsident Bruno Kahl wiederum wurde in der Nacht auf den 24. Februar in Kiew von dem russischen Angriff überrascht. Auch wenn gewöhnlich bestinformierte Kreise offenbar nicht damit gerechnet hatten: Washington hatte also doch recht gehabt.

Als Russland seinen völkerrechtswidrigen Angriffskrieg gegen die Ukraine begann, stand dieser Band kurz vor Drucklegung. Er behandelt in seinem ersten Teil die Vorgeschichte dieses Krieges: die kontinuierliche Einflussexpansion der westlichen Mächte in Richtung Osten; den wachsenden politisch-ökonomischen Druck, unter den sie Moskau im Lauf der Jahre setzten; schließlich den militärischen Aufmarsch der NATO hin zur russischen Grenze. Das waren die Faktoren, die die Spannungen im Verhältnis zwischen beiden Seiten immer weiter zunehmen ließen, bis dann im Herbst 2021 die – wie man heute weiß – finale Eskalation des Konflikts um die Ukraine begann. Der Krieg und die Zäsur, die er für die russische Außenpolitik, ja für Russland insgesamt bedeutet, konnten nicht mehr aufgenommen werden. Der militärische Aufmarsch der NATO aber, den Kapitel 1.2 beschreibt, dauert unvermindert an.

Nicht nur mit Russland, auch mit China befindet sich der Westen schon seit Jahren in einem erbittert geführten Machtkampf. Die komplexen Konflikte im Südchinesischen Meer, Chinas wirtschaftliche Einflussgewinne auf der Neuen Seidenstraße, seine mittlerweile recht starke Position auf dem afrikanischen Kontinent (Kapitel 2): Das sind Themen, die in den vergangenen Jahren immer wieder Wellen geschlagen haben. Auch der Machtkampf des Westens gegen China spitzt sich kontinuierlich zu, auf allen Ebenen: Er wird mit Mitteln des Wirtschaftskriegs ausgetragen; er wird propagandistisch unterfüttert; und er umfasst in rasch wachsendem Ausmaß auch den Aufbau gefährlicher militärischer Drohpotenziale. Wie der Machtkampf gegen Russland bis zum 24. Februar 2022 weist er klare Parallelen zum früheren Machtkampf zwischen dem transatlantischen Westen und dem sozialistischen Osten auf, zum Ersten Kalten Krieg.

Dabei unterscheidet sich der Machtkampf zwischen dem Westen und China von demjenigen zwischen dem Westen und Russland prinzipiell. Russland ist eine Macht, die letztlich eine Position vergleichbar derjenigen der Sowjetunion anstrebt; es ist eine Position aus dem 20. Jahrhundert, und von Verfechtern der westlichen Vorherrschaft wird Russland deshalb gern als »revisionistisch« gescholten. China wiederum ist auf dem Weg, zu der Geltung zurückzukehren, die es bis Anfang des 19. Jahrhunderts innehatte, als die Kolonialmächte begannen, nach Weltherrschaft zu streben; ihnen fiel damals auch das Reich der Mitte zum Opfer. Chinas Rückkehr auf die Weltbühne ist keine Rückkehr ins 20. Jahrhundert; sie ist mit einer viel weiter reichenden Umwälzung der globalen, bis heute durch die Kolonialära geprägten Verhältnisse verbunden. Auch damit hat es zu tun, dass der Machtkampf gegen China für den Westen letztlich wohl eine höhere Bedeutung als der Machtkampf gegen Russland hat. Er könnte, davor warnen nicht zuletzt US-Militärs, in einen Weltkrieg eskalieren.

***

Bedanken möchte ich mich bei allen, die mich bei der Arbeit mit Hinweisen, Diskussionen und anderweitig unterstützt haben, und ganz besonders beim PapyRossa Verlag. Dieses Buch ist der Erinnerung an Kurt Heiler gewidmet, der sein Leben lang konsequent gegen das Wiedererstarken von Faschismus und Militarismus gekämpft hat und am 22. August 2019 viel zu früh gestorben ist.

1.
Der Machtkampf gegen Russland

Was für ein Unsinn! John Mearsheimer, Politikwissenschaftler an der University of Chicago und eine gewichtige Stimme im außenpolitischen Establishment der USA, schüttelte nur noch den Kopf darüber, was da im Sommer 2014 im Westen gebetsmühlenartig über die Ursachen der Ukraine-Krise geredet, geschrieben und gesendet wurde. »Russische Aggression« sollte der beinahe einzige Grund für die Eskalation der Spannungen zwischen den westlichen Hauptstädten und Moskau sein? Das sei schlicht falsch, stellte Mearsheimer im September 2014 verärgert in einem Beitrag für die renommierte US-Zeitschrift *Foreign Affairs* fest: »Den größten Teil der Verantwortung für die Krise« teilten sich vielmehr »die Vereinigten Staaten und ihre europäischen Verbündeten«.[1] Man solle sich doch nichts vormachen: Wer habe denn etwa die NATO-Osterweiterung systematisch vorangetrieben, obwohl die russische Regierung nie auch nur den geringsten Zweifel daran gelassen habe, sie betrachte dies als einen gravierenden Angriff auf zentrale russische Interessen? Wer wollte etwa die Ukraine fest an die EU binden – ein Schritt, den Moskau ebenfalls als einen folgenreichen Affront einstufen müsse? Es könne doch niemand im Ernst erstaunt sein, dass Russland auf die stetige Expansion der westlichen Bündnisse und auf den von ihnen protegierten Umsturz in Kiew mit einem massiven Gegenschlag reagiert habe! Die so heftig attackierte Politik des russischen Präsidenten Wladimir Putin – sie sei keine unvorhersehbare, willkürliche Aggression, sondern, im Gegenteil, »leicht nachzuvollziehen«.

Warum? Nun, »das ist Geopolitik für Anfänger«, konstatierte Mearsheimer: »Große Mächte sind immer empfindlich gegenüber möglichen Drohungen nahe ihres Heimatterritoriums.« Die Ukraine, »eine riesige Fläche flachen Landes«, über die erst das napoleonische Frankreich, dann das deutsche Kaiserreich und schließlich Nazideutschland ihre Angriffe auf Russland geführt hätten, sei »ein Pufferstaat von enormer Bedeutung« für Moskau. »Keine russische Führungsperson würde es dulden, wenn eine Militärallianz, die noch bis vor kurzem Moskaus Todfeind war, in der Ukraine Einzug hielte«, stellte Mearsheimer fest. Auch die Vereinigten Staaten erlaubten es bekanntlich fernen Großmächten nicht, ihre Streitkräfte »irgendwo in die westliche Hemisphäre zu entsenden, geschweige denn an ihre Grenzen«. Man stelle sich doch die Entrüstung in Washington vor, »sollte China ein beeindruckendes Militärbündnis schmieden und versuchen, Kanada und Mexiko in es einzubinden«! Ganz davon abgesehen: Russische Politiker hätten ihre westlichen Kollegen immer wieder darauf hingewiesen, eine NATO-Ausdehnung nach Georgien oder in die Ukraine sei für sie »inakzeptabel«. Dass Moskau sich im Fall der Fälle entschlossen zur Wehr setzen werde, das habe schon der Georgien-Krieg vom August 2008 gezeigt. Man hätte wissen müssen, dass Russland auf den Umsturz in der Ukraine scharf reagieren würde; es sei ein folgenschwerer Fehler gewesen, all die Warnungen zu ignorieren.

Die Eskalation des Machtkampfs zwischen dem Westen und Russland, die Mearsheimer im Spätsommer 2014 vor allem den westlichen Staaten anlastete, ist weiterhin in vollem Gang. Die Vereinigten Staaten, aber auch Deutschland und die EU erhöhen unverändert ihren Druck auf Moskau, mit allen Mitteln – politisch, ökonomisch, mit Sanktionen aller Art und selbstverständlich auch mit einer heftigen Propagandaoffensive. Am punktuellen Interesse vor allem Berlins an einer gewissen Wirtschaftskooperation mit Moskau – Stichwort: Erdgasimporte – entzündet sich zwar immer wieder Streit mit Washington. An der gemeinsamen Frontstellung der transatlantischen Mächte gegen Russland ändern derlei Differenzen jedoch nichts: Diese Frontstellung ist seit den Jahrzehnten des Ersten Kalten Kriegs unbeschadet des zeitweiligen Abflauens der Spannungen in den 1990er Jahren bis heute erhalten geblieben. Und wie agierte Russland? Nun, Moskau hat seit dem Kollaps der Sowjetunion immer wieder die Zusammenarbeit mit den Staaten Europas und mit den USA gesucht – weitgehend vergebens.

1.1 Politische Aggression und Wirtschaftskrieg

Erste Bemühungen, eine engere Kooperation mit den westlichen Mächten einzuleiten, hatte es in Moskau gleich zu Beginn der 1990er Jahre gegeben. Aus russischer Sicht befand sich Ende 1991 alles im freien Fall: Der Rat für gegenseitige Wirtschaftshilfe (RGW) und die Warschauer Vertragsorganisation hatten sich aufgelöst; die baltischen Staaten hatten sich von der Sowjetunion abgespalten; die endgültige Zerlegung des verbliebenen sowjetischen Territoriums in zwölf Teile stand bevor. Am 20. Dezember 1991 kamen erstmals Vertreter der NATO-Staaten und der Länder der verblichenen Warschauer Vertragsorganisation in Brüssel zusammen, um den Nordatlantischen Kooperationsrat zu gründen; damit begann der Westen, seine Fühler zu den bis vor kurzem noch erbittert bekämpften Staaten Ost- und Südosteuropas auszustrecken. An jenem 20. Dezember 1991 meldete sich überraschend Russlands Präsident Boris Jelzin zu Wort. In einer Erklärung, die er auf der Zusammenkunft in Brüssel verlesen ließ, teilte er mit, Moskau betrachte seine Beziehungen zum Westen als etwas »sehr Ernsthaftes«; es wünsche den Dialog mit ihnen auszubauen, und zwar »auf politischer und militärischer Ebene«. »Heute«, verkündete Jelzin, »werfen wir die Frage nach Russlands Mitgliedschaft in der NATO auf«.[2]

Die Ostexpansion des Westens

Dass Russland tatsächlich in die NATO aufgenommen werden könne, ist für die westlichen Staaten nie in Frage gekommen. Schließlich galt das Land – weiterhin Atommacht und ständiges Mitglied im UN-

Sicherheitsrat – mit Blick auf seine Größe und sein Potenzial trotz allen damaligen Zerfalls weiterhin als potenzielles Zentrum eigenständiger Machtambitionen. Nicht zuletzt mit Blick darauf machte sich der Westen bald daran, sein militärisches Bündnissystem, die NATO, nach Osten auszudehnen – und das auch, um Russland prophylaktisch einzudämmen. 1995 waren faktisch die Weichen für die Osterweiterung gestellt; 1997 gingen die ersten offiziellen Einladungen zu Beitrittsgesprächen an Polen, die Tschechische Republik und Ungarn; am 12. März 1999 wurden die drei Staaten förmlich in die NATO aufgenommen. Die 1990 mündlich erteilte Zusage an die zerfallende Sowjetunion, das Militärbündnis werde nicht in Richtung Osten expandieren, war Makulatur. In Russland wiederum hatte man sich schon 1992 von der Illusion eines eigenen NATO-Beitritts verabschiedet, und die Sorgen wuchsen – nicht nur mit Blick auf die NATO-Osterweiterung, sondern auch, weil das westliche Bündnis in den Kriegen in Jugoslawien klarstellte, dass es auf Moskaus enge Beziehungen nach Belgrad keine Rücksicht nahm. Jelzin warnte im September 1995 auch vor dem Hintergrund der NATO-Intervention in Bosnien-Herzegowina, eine Ostexpansion des Bündnisses könne einen »Flächenbrand des Krieges in ganz Europa« auslösen: »Wenn die NATO sich den Grenzen der Russischen Föderation nähert«, entstünden »zwei Militärblöcke« – ganz wie im Kalten Krieg.[3]

Strategen in Washington hatten mit der NATO-Ostausdehnung neben dem allgemeinen Plan, das Bündnisgebiet zu vergrößern sowie Russlands Positionen in Ost- und Südosteuropa zu schwächen, auch ein spezielles Ziel im Visier. Mehrfach beschrieben hat es im Lauf der Jahre Zbigniew Brzezinski, einst Nationaler Sicherheitsberater von US-Präsident Jimmy Carter (1977 bis 1981) und auch nach seiner Amtszeit noch eine der prägenden Personen im Außenpolitik-Establishment der USA. 1997 urteilte Brzezinski in seinem Buch »The Grand Chessboard«, in dem er Wege eruierte, wie die Vereinigten Staaten ihre Supermachtstellung sichern könnten, aus geostrategischer Perspektive gebe es für die USA vor allem eine große Gefahr – diejenige, dass es einer fremden Macht gelingen könne, Europa und Asien (»Eurasien«) zu einem geschlossenen Machtblock zu verbinden: »Zusammengenommen übertrifft Eurasiens Macht diejenige Amerikas bei weitem.«[4] Zwar sei derzeit ein »eurasischer« Zusammenschluss – Experten spekulierten bereits zu Beginn des 20. Jahrhunderts über ein mögliches deutsch-russisches Bündnis – nicht im Entferntesten in Sicht; doch sei es ratsam, in einer Zeit eigener Stärke Vorkehrungen für die Zukunft zu treffen. Kein Zweifel konnte bestehen, dass die NATO-Osterweiterung ein sehr geeigneter Schritt gegen das Entstehen eines »eurasischen« Machtblocks war: Sie band schließlich den Westen »Eurasiens« immer umfassender in das US-geführte Militärbündnis ein und sicherte Washington damit ein hohes Maß an Kontrolle.

Brzezinski hatte darüber hinaus schon in der ersten Hälfte der 1990er Jahre die Ukraine fest im Blick. Der Grund: »Es kann nicht stark genug betont werden«, schrieb er Anfang 1994 in *Foreign Affairs*, »dass Russland ohne die Ukraine aufhört, ein Reich zu sein, dass es aber, wenn sich die Ukraine bestechen und unterordnen lässt, automatisch ein Reich wird.«[5] Wolle man Letzteres zuverlässig verhindern, dann sei es von entscheidender Bedeutung, »die künftige Stabilität und Unabhängigkeit der Ukraine« zu sichern. Brzezinski plädierte deshalb für »amerikanische politische Garantien für die Unabhängigkeit und die territoriale Integrität« des Landes. Nur wenig später kam eine solche Garantie tatsächlich zustande – in Form des »Budapester Memorandums« vom 5. Dezember 1994. Darin verpflichteten sich die Vereinigten Staaten, Großbritannien und Russland, »die Unabhängigkeit und Souveränität und die bestehenden Grenzen der Ukraine zu achten« und auf Gewalt – auch ökonomische – gegen das Land zu verzichten. Ausgenommen waren Maßnahmen zur Selbstverteidigung. Wenig später hielt Brzezinski bereits den künftigen NATO-Beitritt der Ukraine für möglich: als zuverlässigste Option, Russlands Einfluss auf sie ein für allemal zu schwächen.

Nach dem Vollzug der ersten Runde der NATO-Osterweiterung am 12. März 1999 und dem NATO-Überfall auf Jugoslawien zwölf Tage später stellte Moskau die Weichen neu – weg vom gescheiterten Versuch, mit der NATO bzw. dem Westen insgesamt zu kooperieren, hin zu dem Ziel, stattdessen engere Beziehungen zu Deutschland und der EU zu knüpfen.[6] Erste Kulminationspunkte bei der Intensivierung der Beziehungen zur Bundesrepublik waren die Aufwertung des bilateralen Verhältnisses zur »strategischen Partnerschaft« im Juni 2000 sowie der Auftritt des russischen Präsidenten Wladimir Putin am 25. September 2001 vor dem Deutschen Bundestag. »Ich bin der Meinung, dass Europa seinen Ruf als mächtiger und selbständiger Mittelpunkt der Weltpolitik langfristig nur festigen wird, wenn es seine eigenen Möglichkeiten mit den russischen menschlichen, territorialen und Naturressourcen sowie mit den Wirtschafts-, Kultur- und Verteidigungspotenzialen Russlands vereinigen wird«, erklärte Putin und warb nachdrücklich für eine engere Kooperation: »Wir schlagen heute eine neue Seite in der Geschichte unserer bilateralen Beziehungen auf und wir leisten damit unseren gemeinsamen Beitrag zum Aufbau des europäischen Hauses.«[7] Wenn man so wollte, schlug Putin damit ein »eurasisches« Bündnis vor. Die deutschen Abgeordneten spendeten hochzufrieden Beifall.

Die Zufriedenheit mit dem russischen Kooperationsangebot resultierte vor allem aus deutschen Wirtschaftsinteressen. Die deutsche Industrie hatte im Lauf der 1990er Jahre die Länder Ost- und Südosteuropas durchdrungen, die dann ab 2004 in die EU aufgenommen wurden; Deutschland war in den meisten von ihnen zum größten Handelspartner und zu einem der bedeutendsten Auslandsinvestoren geworden. Nun nahmen die stetig expandierenden deutschen Konzerne auch Russland ins Visier, das mit seinen knapp 150 Millionen Einwohnern als attraktiver Absatzmarkt, für manche auch als lukrativer Produktionsstandort galt. Tatsächlich schnellte der deutsche Russland-Export von 10,3 Milliarden Euro im Jahr 2001 auf 32,3 Milliarden Euro im Jahr 2008 in die Höhe. Zugleich – und das wog noch schwerer – waren deutsche Energiekonzerne, allen voran die Kasseler BASF-Tochterfirma Wintershall, an einem möglichst umfassenden Zugriff auf Russlands Erdgasvorräte interessiert, die größten der Welt; dazu war eine gewisse politische Zusammenarbeit unverzichtbar. Der Plan ging auf: Wintershall gelang 2003 ein bedeutender Durchbruch beim Einstieg in die Erdgasförderung in Sibirien, und am 8. September 2005 wurde in Anwesenheit von Bundeskanzler Gerhard Schröder und Präsident Putin die Grundsatzvereinbarung zum Bau der Erdgaspipeline Nord Stream 2 unterzeichnet.

Liefen die Dinge aus deutscher Sicht in den 2000er Jahren zunächst durchaus rund, so war das aus russischer Perspektive nicht wirklich der Fall. Zum einen unterstützte die deutsche Wirtschaft die Modernisierung der russischen Industrie nicht im erhofften Maß; vor allem aber setzten die Vereinigten Staaten – und an ihrer Seite zunehmend auch Deutschland und die EU – Moskau immer stärker politisch unter Druck. Ein Mittel waren die sogenannten Farbrevolutionen: prowestliche, von Washington, bald auch von Berlin und Brüssel massiv geförderte Umstürze zuerst in Jugoslawien (2000), dann in Georgien (2003), in der Ukraine (2004) und Kirgisistan (2005). Die anhaltenden Umsturzbemühungen in Belarus führten nicht zum Erfolg. Bei den »Farbrevolutionen« ging es jeweils darum, Regierungen, die mit Russland kooperierten oder die doch zumindest eine Art Schaukelpolitik zwischen Moskau und dem Westen trieben, durch beinhart prowestlich orientierte Kräfte zu ersetzen. War das für Russland schon an sich bedrohlich genug, zumal es sich in den meisten Fällen um unmittelbare Nachbarstaaten handelte, so kam hinzu, dass die USA mit ihrem Überfall auf den Irak im Jahr 2003 eines klargestellt hatten: Sie kannten bei der Durchsetzung ihrer globalen Interessen kein Halten mehr. Für Moskau war das eine letztlich lebensgefährliche Kombination.

Russlands Gegenschläge

Ungewohnt offen sprach Putin die russischen Sorgen am 10. Februar 2007 in einer Rede auf der Münchner Sicherheitskonferenz an. Da war zum einen die NATO-Osterweiterung. Sie trage nicht »zur

Gewährleistung der Sicherheit in Europa« bei, erklärte der russische Präsident: Sie sei vielmehr »ein provozierender Faktor, der das Niveau des gegenseitigen Vertrauens senkt«. Vor allem aber – und das richtete sich nun direkt gegen die USA – erlebe man seit Jahren den Versuch, »eine monopolare Welt« zu schaffen, in der es bloß »ein Zentrum der Macht, ein Zentrum der Stärke, ein Entscheidungszentrum« gebe. Das werde nicht gelingen. Der Versuch, die »monopolare Welt« zu zementieren, gehe mit einer »fast unbegrenzte[n], hypertrophe[n] Anwendung von Gewalt« einher, »militärischer Gewalt«, die ihrerseits »eine Sturmflut aufeinander folgender Konflikte« auslöse; »im Ergebnis« reichten die Kräfte dann nicht mehr für die Lösung »wenigstens eines dieser Konflikte«. »Einseitige, oft nicht legitime Handlungen« – denn es komme »eine immer stärkere Nichtbeachtung grundlegender Prinzipien des Völkerrechts« hinzu – seien jeweils »Ausgangspunkt neuer menschlicher Tragödien und Spannungsherde« gewesen. »Urteilen Sie selbst«, sagte Putin: »Die Kriege, die lokalen und regionalen Konflikte sind nicht weniger geworden.«

Putins öffentliche Kritik am kontinuierlichen, gewaltsamen, das Völkerrecht oft ignorierenden Ausgreifen der westlichen Mächte war deutlicher als je zuvor – und dennoch wurde sie im Westen nicht so recht ernst genommen: Niemand traute Russland das Potenzial zu wirksamer Gegenwehr gegen weitere Offensiven vor. Das war eine grobe Fehleinschätzung, wie sich eineinhalb Jahre später im Konflikt um Georgiens Teilrepublik Südossetien zeigte, die sich seit Beginn der 1990er Jahre abspalten wollte; der Konflikt galt als eingefroren, Soldaten aus Russland überwachten einen prekären Waffenstillstand. Diesen brechend, beschossen georgische Truppen am 7. August 2008 Zchinwali, Südossetiens Hauptstadt, und marschierten ein; dabei kamen auch russische Soldaten ums Leben. Moskau reagierte sofort; russische Truppen schlugen zurück, vertrieben die georgischen Einheiten aus Südossetien und rückten kurzzeitig in Richtung Tbilissi (Tiflis) vor. Am 12. August gab sich Georgien geschlagen. Moskau hatte damit eindrücklich klargestellt:

Wer seine roten Linien überschritt, etwa russische Truppen, die einen Waffenstillstand überwachten, angriff, der musste mit einem erbarmungslosen Gegenschlag rechnen. Gezeigt hatte der kurze, heftige Georgien-Krieg allerdings auch: Die USA, die zuvor die georgischen Streitkräfte aufgerüstet und trainiert hatten und die sich offiziell als Unterstützer des Landes gerierten, standen ihm gegen Russlands Gegenschlag nicht militärisch bei.

Während Moskau aus der Erfahrung, ein militärischer Gegenschlag könne zur Wahrung seiner roten Linien nötig sein, die Konsequenzen zog, eine Modernisierung seiner Streitkräfte einzuleiten und sie kräftig aufzurüsten, gingen die westlichen Staaten, nicht zuletzt ihr europäischer Flügel, bald zu *business as usual* über. Die EU, die ihre Osterweiterung 2007 vorerst abgeschlossen hatte – Kroatien wurde erst 2013 Mitglied –, setzte ihre im Mai 2008 offiziell bekanntgegebenen Planungen zur engeren Anbindung der Ukraine, Belarus' und Moldawiens sowie der drei Staaten des Südkaukasus – Georgien, Armenien, Aserbaidschan – fort, zu einer Zeit übrigens, zu der die NATO der Ukraine und Georgien im April 2008 zwar noch keine konkrete, aber doch eine prinzipielle Beitrittsperspektive eröffnet hatte. Am 7. Mai 2009 schloss die EU mit den sechs genannten Staaten die »Östliche Partnerschaft«, ein neues Format, das den »östlichen Partnern« statt einer EU-Mitgliedschaft – die üblichen Transferzahlungen wären das reiche Westeuropa doch recht teuer zu stehen gekommen – eine billigere »Assoziierung« anbot: die Übernahme ökonomischer Normen und Standards der EU sowie die außenpolitische Unterordnung unter die Union einschließlich der Bereitstellung von Truppen für EU-Militäreinsätze, all dies allerdings ohne die Vorteile einer EU-Mitgliedschaft und gegen allenfalls mäßige materielle Unterstützung aus Brüssel. Äußerst attraktiv war das vor allem für Deutschland, dessen Industrie nach wie vor stärker als diejenige sämtlicher anderer EU-Staaten in Richtung Osten expandierte.

Freilich bewegten sich die Bundesrepublik und die EU mit ihrem Plan, die Ukraine zu assoziieren, unmittelbar auf Russlands nächste rote Linie zu. Der Hintergrund: »Strategische Tiefe« sei stets eine »entscheidende Voraussetzung für die Sicherheit des russischen Staates« gewesen, erläuterten im November 2021 Eugene Rumer, ein auf Russland spezialisierter Ex-Mitarbeiter des National Intelligence Council in Washington, und Andrew S. Weiss, Ex-Mitarbeiter des State Department und des Pentagon, in einer Analyse des Washingtoner Think-Tanks Carnegie Endowment. Knapp zugespitzt sei strategische Tiefe »der Puffer zwischen dem russischen Kernland und mächtigen europäischen Gegnern«; sämtliche russischen Regierungen spätestens seit Peter dem Großen hätten höchsten Wert auf sie gelegt, und sie habe Moskau im Verteidigungskrieg gegen das napoleonische Frankreich ebenso gerettet wie 130 Jahre später in seinen Abwehrschlachten gegen NS-Deutschland.[8] Mit dem Zusammenbruch der Sowjetunion habe Russland strategische Tiefe verloren; und wenngleich die Entwicklung der Militärtechnologie, etwa die Cyberkriegführung, tiefgreifende Veränderungen mit sich bringe – strategische Tiefe werde für Moskau eine Priorität bleiben. Eine neutrale Ukraine gewährt Russland dabei größeren Abstand zu einem potenziellen Feind als eine, auf deren Territorium sich der Gegner zum Vormarsch aufstellen kann. Dies erklärt Moskaus Insistieren, eine NATO-Mitgliedschaft der Ukraine sei für Russland indiskutabel. Die EU-Assoziierung aber galt – und gilt – russischen Strategen als ein möglicher erster Schritt dazu.

Im Westen war das allen recht gleichgültig. Berlin und Brüssel übten weiter Druck auf die Ukraine aus, sich der EU zu assoziieren – und als die Verhandlungen im November 2013 feststeckten, weil der ukrainische Präsident Wiktor Janukowitsch auf einer detaillierteren Abstimmung der Assoziierung mit Russland bestand, setzten sie auf Umsturz: Bedingungslos förderten Deutschland und die EU die am 21. November 2013 auf dem Kiewer Maidan losbrechenden Proteste. Dabei hatten sie die tragenden Kräfte der Protestbewegung, die die Ukraine spaltete – der Osten und der Süden des Landes hielten sich zum guten Teil von ihr fern –, gemeinsam mit Washington schon seit Jahren unterstützt und sich dadurch verlässliche Parteigänger in der Ukraine geschaffen. Diese eskalierten nun mit unverminderter Rückendeckung aus dem Westen den Konflikt, der bald immer gewalttätigere Formen annahm. Am 21. Februar 2014 floh Präsident Janukowitsch aus Kiew; am 22. Februar erklärte ihn ein Umsturzregime prowestlicher Kräfte unter Beteiligung der faschistischen Partei Swoboda für abgesetzt und übernahm selbst die Macht. Damit waren die Weichen nicht nur für die Assoziierung der Ukraine an die EU, sondern im Grundsatz auch für ihre weitere Anbindung an die NATO gestellt.

Moskau hat auf die zweite Überschreitung seiner roten Linien mit einem zweiten Gegenschlag reagiert. Auf der Krim waren unmittelbar nach dem Umsturz in Kiew Proteste losgebrochen; der Widerstand gegen das prowestliche Umsturzregime war auf der stark russisch geprägten Halbinsel von Anfang an massiv. Am 16. März votierte die Krim-Bevölkerung in einem Referendum mit erdrückender Mehrheit dafür, ihr Territorium von der Ukraine abzuspalten und es der Russischen Föderation einzugliedern. Am 17. März erklärte das Krim-Parlament offiziell die Sezession und beantragte förmlich die Aufnahme in den Nachbarstaat. Am 18. März wurde der Beitrittsvertrag unterzeichnet; damit wurden die Krim sowie ihre größte Stadt Sewastopol jeweils Mitglied der Russischen Föderation. Es stimmt: Moskau hat den Vorgang unterstützt; russische Soldaten, die schon zuvor regulär auf der Krim stationiert waren, haben ihn vor Ort abgesichert. Handelte es sich also bei der Aufnahme der Krim um eine russische Annexion? In der allgemeinen Empörung, die seither in den westlichen Ländern nicht verstummt, besteht Konsens, dass dem so sei. Nicht viele haben zu widersprechen gewagt. Reinhard Merkel, Juraprofessor an der Universität Hamburg, war einer von ihnen. Eine Annexion geschehe »im Modus eines ›bewaffneten Angriffs‹«, rief Merkel im April 2014 in der *Frankfurter Allgemeinen Zeitung* in Erinnerung; einen solchen Angriff aber habe es auf der Krim nicht gegeben. Und es gebe guten Grund, begrifflich umsichtig zu sein: Eine echte Annexion rechtfertige – wie die Annexion Kuwaits durch den Irak im August 1990 – eine kriegerische Intervention.[9]

Russlands zweiter Gegenschlag, der schließlich auch noch eine gewisse Unterstützung für die Aufständischen im Donbass umfasste, hat den Westen ebenso kalt erwischt wie der erste im August 2008. Da stellte sich ein Staat, der mit den USA oder der EU allenfalls punktuell militärisch und diplomatisch mithalten konnte, ihnen aber in puncto wirtschaftlicher Stärke – also mit Blick auf die eigentliche Grundlage jeglicher Macht – weit unterlegen war, ihrem Ausgreifen in Richtung Osten in den Weg, leistete sich gar, was der Westen – Stichwort: Abspaltung des Kosovo – seit 1990 als sein alleiniges Privileg betrachtete, nämlich eine Veränderung von Grenzen vorzunehmen: Wie sollte man mit einem derart aufmüpfigen Land umgehen? Russland sei »eine Regionalmacht«, die »nicht aus Stärke, sondern aus Schwäche einige ihrer unmittelbaren Nachbarn bedroht«: Mit dieser abschätzigen Äußerung gab US-Präsident Barack Obama am 25. März 2014 den Ton für die Antwort vor.[10] Denn mit einer schwächelnden »Regionalmacht« – das war ja der Subtext von Obamas Einschätzung – musste man nicht verhandeln; der Westen konnte sich einfach daranmachen, sie niederzuringen. Der Versuch, einen Staat in die Knie zu zwingen, der sich der – freilich unterschiedlich motivierten – Ostexpansion von NATO und EU kategorisch in den Weg stellte: Dies war im Jahr 2014 der Kern des Machtkampfes gegen Russland, den der Westen nun umfassend eskalierte.

Transatlantische Rivalitäten

Die westlichen Mächte haben 2014 im Ukraine-Konflikt den Druck auf Russland auf allen Ebenen verschärft – militärisch (vgl. Kapitel 1.2), ökonomisch, politisch, im Inland begleitet von massiver Propaganda. Dabei sind sie sich beileibe nicht immer einig gewesen; transatlantischer Zwist hat den Machtkampf gegen Russland von Anfang an begleitet. Deutlich erkennbar war das bereits vor dem Umsturz in Kiew, als sich Washington und Brüssel darüber in den Haaren hatten, wer denn nun in der Ukraine konkret in Führungspositionen gebracht und welche Taktiken dazu angewandt werden sollten. Legendär sind die geleakten Mitschnitte von Telefonaten einerseits der

Europabeauftragten im US-Außenministerium, Victoria Nuland, die wild über die EU herzog (»fuck the EU!«),[11] andererseits der stellvertretenden Generalsekretärin des Europäischen Auswärtigen Dienstes (EAD), Helga Schmid, die sich empört beklagte, »dass die Amerikaner 'rumgehen und die EU an den Pranger stellen und sagen, wir seien da zu soft«.[12] Transatlantische Differenzen traten – und treten – seitdem immer wieder zutage, nicht nur, was die Politik gegenüber der Ukraine selbst betrifft, sondern auch bei Fragen zum Umgang mit Russland. Zuweilen eskaliert der Streit sogar, etwa mit Blick auf Nord Stream 2. Dazu später.

Bemerkenswert war, dass es Berlin schon recht früh gelang, zumindest formell die Führung in den Verhandlungen über die Beilegung des Ukraine-Konflikts zu übernehmen. Seit Bundeskanzlerin Angela Merkel am 6. Juni 2014 in der Normandie mit den Präsidenten Frankreichs, Russlands und der Ukraine – François Hollande, Wladimir Putin, Petro Poroschenko – zusammenkam, hat sich die Zusammensetzung der Runde als festes Format für multilaterale Gespräche vor allem zum Bürgerkrieg in der Ostukraine etabliert. Sie hat sogar einen eigenen Namen erhalten: »Normandie-Format«. Das Besondere daran: Die Vereinigten Staaten waren nicht beteiligt. Die Bundesregierung, die in dem Format auf westlicher Seite den Ton angab, konnte sich in ihrem Anspruch, in Osteuropa die bestimmende Macht zu sein, bestätigt fühlen – jedenfalls formal. In der Praxis freilich blieb Washington mit seinem massiven Einfluss in Kiew unterdessen stets ein zentraler Machtfaktor. Dabei hatte die deutsch-europäische Führung bei den offiziellen Verhandlungen einen tieferen Hintergrund: Stand der außenpolitischen Debatte im Westen war es damals, dass Deutschland und die EU in Konflikten rings um Europa die Führungsrolle einnehmen sollten, um die USA, die sich auf den Machtkampf gegen China konzentrieren wollten, zu entlasten. Die Bundesrepublik müsse sich »in erster Linie auf das zunehmend instabil werdende europäische Umfeld« konzentrieren – »nicht zuletzt, um die amerikanischen NATO-Verbündeten im Zuge ihres wachsenden Engagements in Asien zu entlasten«: So hieß es in einem transatlantisch abgestimmten Berliner Strategiepapier vom Herbst 2013.[13]

Das »Normandie-Format« brachte das Minsker Abkommen (»Minsk II«) hervor, das am 12. Februar 2015 unterzeichnet wurde und Schritte zur Beendigung des Krieges im Donbass festlegte. Seine Umsetzung allerdings ist gescheitert – nicht zuletzt, weil die ukrainische Regierung nicht bereit war, wie der Osteuropa-Experte Reinhard Lauterbach im Juli 2021 festhielt, »den politischen Teil« des Abkommens zu erfüllen.[14] Kiew habe im Lauf der Zeit »auf verschiedene Weise versucht«, die Minsker Bestimmungen zu umgehen: »erst durch Aussitzen, dann durch Versuche, die dort vorgeschriebene Beteiligung der ›Volksrepubliken‹ [Donezk, Luhansk, J. K.] an der Lösung zu sabotieren«. Berlin gelang es nicht, genug Druck auf die Ukraine auszuüben, um die Umsetzung der Bestimmungen zu erzwingen. Auch noch nach dem sechsten Gipfeltreffen im »Normandie-Format« am 9. Dezember 2019 in Paris blieben nennenswerte Fortschritte aus. Nachdem Kiew im Lauf des Jahres 2021 die Minsker Bestimmungen erneut mehrfach in Frage gestellt hatte, zog Moskau die Reißleine: Am 17. November 2021 publizierte das russische Außenministerium Teile seines auf die Ukraine bezogenen Briefwechsels mit Berlin und mit Paris auf seiner Website.[15] Das war ein diplomatischer Tabubruch erster Güte, der eigentlich den Abbruch der Gespräche im »Normandie-Format« nahelegte – inmitten einer erneuten dramatischen Eskalation des Konflikts. Auch dazu später.

Wirtschaftssanktionen

Zu den ersten konkreten Maßnahmen gegen Russland, zu denen die westlichen Staaten nach der Aufnahme der Krim in die Russische Föderation griffen, zählten Sanktionen. Bereits im März 2014 verhängten die Vereinigten Staaten und die EU Strafmaßnahmen gegen Personen aus Russland und aus der Ukraine, denen sie nachsagten, die territoriale Integrität, die Souveränität oder die Unabhängigkeit der Ukraine untergraben zu haben. Konkret ging es jeweils um

Einreisesperren und um das Einfrieren von womöglich in den USA bzw. in der EU vorhandenem Vermögen. In den folgenden Monaten und Jahren wurden immer wieder neue individuelle Sanktionen verhängt; Ende 2021 waren allein von EU-Maßnahmen 185 Personen sowie 48 Unternehmen und Organisationen betroffen.[16] Dabei ging es längst nicht mehr nur um die Ukraine; Einreise- und Vermögenssperren kamen regelmäßig auch zum Einsatz, wenn die westlichen Mächte neue Anschuldigungen gegen Russland erhoben, etwa im Fall der Vergiftung des ehemaligen GRU- und MI6-Agenten Sergej Skripal und seiner Tochter Julia am 4. März 2018 im englischen Salisbury mit dem Nervengift Nowitschok oder im Fall der mutmaßlichen Vergiftung des russischen Oppositionellen Alexej Nawalny. Individuelle Sanktionen wurden und werden oft transatlantisch koordiniert; an ihnen beteiligen sich dann nicht nur die USA und die EU, sondern etwa auch Großbritannien und Kanada.

Im Sommer 2014 kamen Wirtschaftssanktionen hinzu – und auch sie wurden damals noch transatlantisch abgestimmt. Dabei ging es zunächst um ein Rüstungsembargo und um ein Exportverbot für Dual-Use-Güter. Beides schadete indes nicht nur Russland, sondern auch Teilen der westlichen Industrie. Das Rüstungsembargo etwa traf die französische Werft DCNS (heute: Naval Group), die für Russland zwei Hubschrauberträger gebaut hatte; das Geschäft musste abgesagt werden. Paris gelang es immerhin, mit Ägypten einen Ersatzkäufer zu finden, der DCNS im Jahr 2016 die beiden Schiffe abnahm. Das Exportverbot für Dual-Use-Güter wiederum setzte dem deutschen Maschinenbau zu, der schmerzhafte Einbrüche im Russlandgeschäft hinnehmen musste und einen guten Teil des Rückgangs im deutschen Gesamtexport nach Russland von 36,1 Milliarden Euro im Jahr 2013 auf 21,6 Milliarden Euro 2016 trug. Das Geschäft hat sich seither nur mäßig erholt; 2019 lag der deutsche Russlandexport immerhin wieder bei 26,5 Milliarden Euro, bevor er 2020 pandemiebedingt erneut einbrach. Unter dem ebenfalls 2014 in Kraft gesetzten Lieferverbot für High-Tech-Produkte zur Erdölförderung wiederum litt vor allem ExxonMobil. Der US-

Konzern hatte soeben erst gemeinsam mit Rosneft ein strategisch bedeutendes Förderprojekt in der russischen Arktis gestartet, das er nun abbrechen musste; der unmittelbare Verlust laut Eigenangaben: eine Milliarde US-Dollar. Von den Sanktionen des Jahres 2014 ausgespart blieb die Erdgasbranche; deren Russlandgeschäft ist vor allem für Deutschland von eminenter Bedeutung.

Wie zu erwarten, nahm Moskau die westlichen Sanktionen nicht tatenlos hin. Es verhängte umgehend Gegensanktionen: Einreisesperren gegen diverse Politiker aus Europa und Nordamerika sowie Einfuhrverbote für zahlreiche Nahrungsmittel aus denjenigen Ländern, die Strafmaßnahmen gegen Russland in Kraft gesetzt hatten. So manchen schmerzte das durchaus. Die EU etwa hatte noch im Vorjahr Nahrungsmittel im Wert von immerhin 11,8 Milliarden Euro nach Russland verkauft, Deutschland allein Agrarprodukte im Wert von rund 1,6 Milliarden Euro: »Russland zählte neben der Schweiz und den USA zu den drei größten Auslandsmärkten für deutsche Agrarprodukte außerhalb der EU«, rief der Präsident des Deutschen Bauernverbandes, Joachim Rukwied, im Jahr 2019 in Erinnerung; »dieser Markt ist weg«.[17] Bereits Ende 2014 hatte Bulgariens Präsident Bojko Borissow einen dramatischen Einbruch um 22 Prozent im Russlandexport seines Landes beklagt; er hoffe sehr, dass sich die Beziehungen »bald wieder normalisieren«, äußerte er – vergeblich.[18] Nicht allen, aber den meisten Agrarexporteuren gelang es letztlich, alternative Märkte aufzutun. So habe sich etwa »der Export von Agrarprodukten aus der EU nach China … von 2012 bis 2018 mehr als verdoppelt«, teilte Rukwied 2019 mit; deutsche Bauern hätten »daran wesentlichen Anteil«. Davon abgesehen haben Moskaus Gegensanktionen nicht nur Russlands eigene Agrarwirtschaft, sondern ironischerweise auch einige westliche Investoren gestärkt: Auch weil weniger Nahrungsmittel importiert werden, ist etwa die russische EkoNiva, eine Tochterfirma der Ekosem-Agrar GmbH aus Walldorf (Baden-Württemberg), zu einer der größten Agrarholdings des Landes und zum größten Milchproduzenten nicht nur Russlands, sondern ganz Europas aufgestiegen.[19]

Was die westlichen Wirtschaftssanktionen gegen Russland anbelangt, war mit den transatlantischen Absprachen freilich im Jahr 2017 Schluss. Am 2. August jenes Jahres unterzeichnete US-Präsident Donald Trump den »Countering America's Adversaries Through Sanctions Act« (CAATSA), der Strafmaßnahmen gegen Iran, Nordkorea und Russland vorsah. Washington hatte ihn nicht nur ohne jegliche Abstimmung mit seinen europäischen Verbündeten verabschiedet, sondern die Sanktionen sogar extraterritorial konzipiert; das hieß, dass auch Unternehmen aus Drittstaaten, darunter die Länder der EU, sie strikt befolgen müssen, sofern sie Geschäftsbeziehungen in die USA unterhalten. Für Firmen aus Deutschland bzw. aus Europa war das fatal; sie gerieten damit in Abhängigkeit von Entscheidungen eines konkurrierenden Staates, auf die sie faktisch keinen Einfluss nehmen konnten. Washington maßte sich damit die Funktion des alleinigen Taktgebers im Sanktionskrieg gegen Russland an. Typisch Trump? Weit gefehlt: Der CAATSA war bereits Anfang Januar 2017, noch vor Trumps Amtsantritt, in den Kongress eingebracht worden, und zwar von einer überparteilichen Gruppe von Senatoren; verabschiedet wurde er Ende Juli 2017 mit erdrückenden Mehrheiten von 98:2 im Senat und 419:3 im Repräsentantenhaus. Gegen das Gesetz, das mit der Begründung auf den Weg gebracht worden war, man müsse auf angebliche russische Einmischung in die US-Wahlen des Jahres 2016 reagieren, hatte Trump sogar noch protestiert.

In der Bundesrepublik löste der CAATSA heftigen Unmut aus. Das lag nicht nur daran, dass Berlin sich übergangen fühlte. Auch deutschen Unternehmen, die das US-Gesetz nicht einhielten, drohten nun heftige Strafen. Möglich seien etwa »Geldstrafen von bis zu einer Million US-Dollar«, unter Umständen gar »mehrjährige Gefängnisstrafen«, hielt der Ost-Ausschuss der Deutschen Wirtschaft im Juni 2018 in einer ersten Auswertung der Erfahrungen mit dem CAATSA fest.[20] Zudem sei Washingtons Politik »nicht vorhersehbar«; man wisse nie, welcher Russe oder welches russische Unternehmen als nächstes auf die Sanktionsliste gesetzt werde. Im April

2018 beispielsweise erwischte es Oleg Deripaska, einen der reichsten Russen, den Mehrheitseigentümer von Rusal, dem zweitgrößten Aluminiumkonzern der Welt. Im Frühjahr 2018 kontrollierte Rusal nicht nur Fabriken in der EU; der Konzern lieferte auch ein knappes Drittel des in Deutschland verarbeiteten Rohaluminiums und den Großteil des in der Bundesrepublik verbrauchten Aluminiumoxids. Die Sanktionen gegen Deripaska und damit gegen Rusal sandten Schockwellen über den gesamten EU-Aluminiummarkt. Der russische Milliardär sah sich gezwungen, die Kontrolle über seine bedeutendsten Konzerne aufzugeben. Im Gegenzug stellte Washington sie von den CAATSA-Sanktionen wieder frei. Unter solchen Umständen müssten deutsche Wirtschaftsvertreter überlegen, ob es nicht klüger sei, »mit Unternehmen mit oligarchischer Eigentümerschaft keine Geschäfte mehr zu tätigen«, hielt der Ost-Ausschuss der Deutschen Wirtschaft schwer verärgert fest.

Nord Stream 2

Noch unmittelbarere Eingriffe in das deutsche Russlandgeschäft brachten der »Protecting Europe's Energy Security Act« (PEESA) und anschließend der »Protecting Europe's Energy Security Clarification Act« (PEESCA): Sie zielten unter dem Vorwand, lediglich für »Europas Energiesicherheit« eintreten zu wollen, darauf ab, die Fertigstellung der Erdgaspipelines Nord Stream 2 und TurkStream zu verhindern. Vor allem Nord Stream 2 war Washington ein Dorn im Auge. Die Leitung verdoppelte die Kapazitäten der bereits bestehenden Pipeline Nord Stream 1 um ein Durchleitungsvolumen von weiteren 55 Milliarden Kubikmetern auf bis zu 110 Milliarden Kubikmeter pro Jahr; damit stärkte sie Deutschlands direkten Zugriff auf russisches Gas, bot zugleich aber auch Russland die Chance auf zusätzliche Exporteinnahmen. Es kam hinzu, dass sie die Ukraine und Polen und damit enge US-Verbündete umging; das gefährdete nicht nur deren Transiteinkünfte, es entzog die Leitung auch jeglicher Einflussnahme der USA. Washington setzte also alles daran, sie noch in letzter Sekunde zu verhindern. Der PEESA, am 20. Dezember 2019 in Kraft gesetzt, bedrohte alle Unternehmen, die sich an den Verlegearbeiten beteiligten, mit Sanktionen. Prompt musste unter anderem ein Spezialschiff, betrieben von der Schweizer Firma AllSeas, vom Bau der Pipeline abgezogen werden. Die Fertigstellung verzögerte sich.

Der Sanktionskampf um Nord Stream 2 ist in den Jahren 2020 und 2021 heftig eskaliert. Der Hauptgrund dafür: Washington legte, als sich zeigte, dass Russland die Pipeline mit ein wenig Verzögerung auch alleine fertigbauen konnte, mit dem Sanktionsgesetz PEESCA nach; dieses trat im Januar 2021 in Kraft und sah nun Sanktionen gegen sämtliche Personen und Unternehmen vor, die in irgendeiner Form den Pipelinebau begünstigten – und sei es auch nur mit Versicherungsleistungen, mit Catering für die Verlegeschiffe oder mit der Bereitstellung von Hafenplätzen. Washington ging außerdem zu einer Drohpolitik im Mafiastil über. Bereits Ende 2019 hatten die US-Senatoren Ted Cruz und Ron Johnson ein Schreiben an die Schweizer Spezialschiff-Betreiberfirma AllSeas geschickt, in dem sie forderten: »Stoppen Sie JETZT und lassen Sie die Pipeline unfertig zurück …, oder Sie riskieren, Ihr Unternehmen für immer aufzugeben.« Ein ähnliches Drohschreiben ging im August 2020 auch beim Fährhafen Mukran auf Rügen ein; darin ließen Cruz, Johnson und der US-Senator Tom Cotton wissen: »Wenn Sie weiterhin Waren, Dienstleistungen und Unterstützung für das ›Nord Stream 2‹-Projekt bereitstellen …, würden Sie die zukünftige finanzielle Rentabilität Ihres Unternehmens zerstören«.[21] Politisch gingen sie damit noch einen Schritt weiter als mit den Drohungen gegen AllSeas: Der Fährhafen Mukran befand sich in öffentlichem Besitz; er gehörte zu 90 Prozent der Stadt Sassnitz, zu zehn Prozent dem Bundesland Mecklenburg-Vorpommern. Die US-Sanktionen drohten nicht mehr nur Privatfirmen, sondern unter anderem dem gewählten Bürgermeister von Sassnitz, Frank Kracht.

Damit eskalierte im Rahmen des gemeinsamen westlichen Machtkampfs gegen Russland nun auch der Machtkampf zwischen Deutschland und den USA. »Kein Staat hat das Recht, Europas Energiepolitik mit Drohungen zu diktieren«, beschwerte sich Außenminister Heiko Maas;[22] der Grünen-Außenpolitiker Jürgen Trittin sprach sogar von einer »wirtschaftlichen Kriegserklärung«.[23] Am 12. August 2020 legten 24 der 27 EU-Mitgliedstaaten in einer diplomatischen Demarche in Washington förmlich Protest gegen die US-Sanktionen ein. Die Trump-Administration freilich blieb hart. Erst nach dem Personalwechsel im Weißen Haus modifizierte Washington seine Strategie: In der Absicht, mit einem halbwegs geschlossenen transatlantischen Bündnis gegen Russland vorgehen zu können, stellte US-Präsident Joe Biden Mitte Mai 2021 einen Verzicht auf die Realisierung der Sanktionen in Aussicht; Mitte August kam eine Einigung mit Berlin hinzu, der zufolge die Bundesregierung ihrerseits harte Sanktionen gegen Russland verhängen werde, sollte Moskau »Energie als Waffe« einsetzen.[24] Jedoch war der Konflikt damit immer noch nicht vom Tisch: Republikanische US-Senatoren drangen im Herbst 2021 weiterhin darauf, die Sanktionen gegen Nord Stream 2 in Kraft zu setzen.

Für Russland wiegen die Sanktionsdrohungen schwer. Nord Stream 2 hat nicht nur mehr als zehn Milliarden Euro gekostet; die Pipeline ist auch zur langfristigen Sicherung russischer Exporterlöse wichtig. Mit dem Erdgassektor ist eine der wenigen russischen Branchen ins Visier von US-Strafmaßnahmen geraten, in denen Russland auf dem Weltmarkt höchst erfolgreich ist. Eine zweite solche Branche, die Rüstungsindustrie, wird zunehmend von CAATSA getroffen, der allen Staaten Strafen androht, die etwa das hocheffiziente russische Raketenabwehrsystem S-400 erwerben. Die Türkei wurde, weil sie das S-400 beschafft, von der Produktion und vom Erwerb des hochmodernen US-Tarnkappenjets F-35 ausgeschlossen, an dessen Herstellung ursprünglich einige türkische Konzerne beteiligt waren. Auch auf Indien übte Washington noch Ende 2021 massiv Druck aus, den von Neu-Delhi und Moskau vereinbarten Kauf des S-400 abzusagen. Gelegentlich führen die Sanktionsdrohungen zum Erfolg; so gab Indonesien Ende 2021 bekannt, es werde auf den Erwerb des russischen Kampfjets Suchoi Su-35 verzichten.[25] Die US-Regierung hatte Jakarta andernfalls mit Sanktionen gedroht, die sich das Land nicht leisten konnte.

Der Fall Magnitsky

Zu erwähnen bliebe ein Sonderfall: Die »Magnitsky-Sanktionen«. Sie gingen den Russland-Sanktionen, die die westlichen Staaten seit 2014 verhängen, voraus, wurden später allerdings noch weltweit ausgedehnt. Der »Magnitsky Act«, den US-Präsident Barack Obama am 14. Dezember 2012 unterzeichnete, belegt dabei zum einen, dass die offizielle Begründung von Sanktionen nichts mit deren tatsächlichem Ziel zu tun haben muss, und zum anderen, dass am Wahrheitsgehalt einer Sanktionsbegründung zumindest massive Zweifel bestehen können – ein Phänomen, das bei Russland-Sanktionen, und nicht nur bei ihnen, immer wieder zu beobachten ist.

Sergej Magnitsky, der spätere Namensgeber des US-Sanktionsgesetzes, war ein russischer Buchhalter, der am 16. November 2009 im Moskauer Untersuchungsgefängnis Butyrka im Alter von nur 37 Jahren ums Leben kam. Magnitsky hatte sich auf Steuergesetze für ausländische Investoren spezialisiert, de facto darauf, wie sich Steuern vermeiden ließen – und in diesem Sinne hatte er für den britischen Investor Bill Browder und dessen Firma Hermitage Capital Management gearbeitet, die Anfang der 2000er Jahre als größter auswärtiger Investmentfonds in Russland galt. Dabei war Magnitsky spätestens 2004 ins Visier der Steuerfahnder geraten. Browder wiederum, ebenfalls im Konflikt mit den russischen Behörden stehend, erhielt im November 2005 ein Einreiseverbot. Im Jahr 2008 wurde Magnitsky zweimal polizeilich verhört, bevor er am 24. November 2008 in Untersuchungshaft genommen wurde, wo er nach fast einem Jahr starb. Browder behauptet – und seine Version der Geschichte wird vorzugsweise im Westen verbreitet –, der Buchhalter habe millionenschwere Korruption hochrangiger russischer Beamter aufgedeckt und zur Anzeige gebracht, weshalb er inhaftiert und schließlich von Gefängniswärtern zu Tode geprügelt worden sei.

Mächtige Kreise seien involviert; letzten Endes werde der Mord an Magnitsky von Präsident Wladimir Putin persönlich gedeckt.

Browders Version von dem Fall ist freilich nicht die einzige. Eine andere vertritt etwa Andrej Nekrassow, ein Filmregisseur, dessen Dokumentationen im Westen bis 2016 immer wieder Beifall erhielten, da ihr Autor in ihnen herbe Kritik an der russischen Regierung übte. 2016 hatte der Beifall ein Ende. Nekrassow hatte – in der Absicht, Menschenrechtsverletzungen anzuprangern – bereits 2010 begonnen, an einem Film über Magnitsky zu arbeiten, war dabei aber auf immer mehr Widersprüche gestoßen. Nach und nach kam er zu dem Schluss, an Browders Geschichte stimme nicht viel; Magnitsky habe keinen Korruptionsfall aufgedeckt, er sei vielmehr wegen simpler Steuerhinterziehung in der Butyrka inhaftiert und dort zudem nicht erschlagen worden, sondern – bitter genug – wegen völlig unzulänglicher medizinischer Versorgung verstorben: »Die Haftbedingungen in manchen russischen Gefängnissen« seien »absolut menschenverachtend und entsetzlich«, stellte Nekrassow im Mai 2016 fest.[26] Einige Tage zuvor war sein Film über den Fall Magnitsky, den er gemeinsam mit Arte und dem ZDF fertiggestellt hatte, ungesendet aus dem Programm genommen worden: Gestützt auf fundierte Belege, widersprach er der westlichen Story vom russischen Staatsmord an einem heldenhaften Antikorruptionskämpfer.[27] Damit war Nekrassow – zu seinem Entsetzen – im »freien Westen« unten durch.

Als Nekrassows unliebsamer Film abgesetzt wurde, hatte der Fall Magnitsky im »freien Westen« längst Karriere gemacht. Browder, von dem die Äußerung überliefert ist, Putin habe zwar »bisher keine Menschen in Konzentrationslager gesteckt«, sei aber »vielleicht noch gefährlicher als Hitler«, weil er »seinen Finger am Abzug von Atombomben«[28] habe, hatte sich schon kurz nach Magnitskys Inhaftierung an US-Stellen gewandt. Am 23. Juni 2009 hatte er vor der US-amerikanischen Helsinki-Kommission ausgesagt und ihr seine Version der Geschichte aufgetischt. Am 26. April 2010 wiederum übersandte der Vorsitzende der Kommission, der demokratische Senator Benjamin Cardin, der damaligen US-Außenministerin Hillary Clinton eine Liste, die er von Browder und von Magnitskys Anwälten erhalten haben wollte; sie enthielt die Namen von 60 angeblich in den Fall involvierten russischen Funktionsträgern. Cardin forderte, sie umgehend mit Visasperren zu belegen.[29] Die US-Administration hatte zu dieser Zeit jedoch kein Interesse daran. Präsident Barack Obama hatte im Vorjahr begonnen, mit Moskau einige für Washington vorteilhafte Regelungen – etwa in Sachen Abrüstung – auszuhandeln, und dazu einen »Reset« der Beziehungen zwischen beiden Ländern ausgerufen. Offene US-Einmischung in den Fall Magnitsky hätte da nur gestört. Browder und Cardin bissen im Weißen Haus zunächst auf Granit.

Im Lauf des Jahres 2012 änderte sich dies allerdings – und das hatte damit zu tun, dass Russland am 22. August 2012 der Welthandelsorganisation WTO beitrat. Dadurch kam ein US-Gesetz von 1974 auf die Tagesordnung: das Jackson-Vanik-Amendment, das die Gewährung der Meistbegünstigung im Handel mit der Sowjetunion davon abhängig gemacht hatte, dass Moskau sowjetischen Juden die Auswanderung gestattete. Die Meistbegünstigung musste seitdem jährlich neu bestätigt werden, und daran hielten die USA auch nach dem Ende der Sowjetunion fest; schließlich bot dies einen Hebel, Druck auf Russland auszuüben. Der russische WTO-Beitritt aber, der eine unkonditionierte Meistbegünstigung für das Land mit sich brachte, nahm Washington diesen Hebel aus der Hand. Der Druck, einen alternativen Mechanismus zu schaffen, um Moskau bei Bedarf Daumenschrauben anlegen zu können, nahm zu, und Browder und Cardin erkannten ihre Chance: Sie drangen nun darauf, das Jackson-Vanik-Amendment durch ein eigenständiges Sanktionsgesetz zu ersetzen. Daraus wurde binnen kurzer Zeit der »Magnitsky Act« bzw., wie er vollumfänglich heißt: der »Jackson-Vanik Repeal and Sergei Magnitsky Rule of Law Accountability Act of 2012«.

Der neue Magnitsky Act sah US-Sanktionen nicht gegen Staaten, sondern gegen Personen vor, denen Einreisesperren und darüber hinaus das Einfrieren ihres Vermögens in den USA angedroht wurden.

Bestraft werden sollten zunächst Personen, die in irgendeiner Form in den Fall Magnitsky involviert waren; das neue Gesetz eröffnete jedoch auch die Option, Russen mit Sanktionen zu belegen, denen anderweitig »schwere Verletzungen international anerkannter Menschenrechte« vorgeworfen werden. Die eklatante Anmaßung, die damit verbunden ist – de facto spielt sich Washington damit als Weltjustiz in Sachen Menschenrechte auf –, hat gelegentlich sogar im Westen Sorgen ausgelöst. Wer auf die Magnitsky-Sanktionsliste gelange, das entscheide aus eigener Vollmacht der US-Präsident, konstatierte Anfang 2017 Cristina Verones, Wissenschaftliche Mitarbeiterin im Schweizer Außenministerium; ein Gerichtsurteil oder auch nur eine gerichtliche Untersuchung seien nicht vorgesehen: Das sei »aus rechtsstaatlicher Sicht höchst problematisch«, hielt Verones fest. »Problematisch« sei der Magnitsky Act zudem »wegen seiner einfachen Vereinnahmung für politische Zwecke«.[30]

Kritik am Magnitsky Act hat Washington nicht davon abgehalten, das zunächst auf Russland beschränkte Gesetz schließlich auf alle Staaten weltweit auszudehnen. Dazu setzte US-Präsident Obama am 23. Dezember 2016 den »Global Magnitsky Human Rights Accountability Act« mit seiner Unterschrift in Kraft. Auf dessen Grundlage sind mittlerweile sogar Regierungsmitglieder von NATO-Verbündeten bestraft worden, wenn sie gegen US-Interessen verstießen; getroffen hat der Global Magnitsky Act beispielsweise im Jahr 2018 die Minister der Türkei für Inneres, Süleyman Soylu, und für Justiz, Abdulhamit Gül. Mittlerweile haben weitere westliche Staaten eigene Magnitsky-Gesetze eingeführt, mit denen sie sich ebenfalls zu Menschenrechtsrichtern über Einwohner fremder Staaten erheben; neben Großbritannien und Kanada sind dies Estland, Lettland und Litauen sowie das Kosovo. Die EU hat sich am 7. Dezember 2020 angeschlossen – mit der Verabschiedung ihres »Global Human Rights Sanctions Mechanism«. Er ist besonders weit gefasst und erlaubt es nicht nur, Personen die Einreise zu verweigern und ihr Vermögen in der EU einzufrieren, die beschuldigt werden, Folter, Mord oder Genozid zu verantworten. Sanktionen sind auch bei schweren Fällen von Menschenhandel und sexualisierter Gewalt sowie bei systematischem Bruch der Versammlungs-, Meinungs- und Religionsfreiheit möglich. Dass etwa CIA-Mitarbeiter, die im Rahmen des US-Anti-Terror-Krieges Verdächtige foltern ließen – etwa die von April 2018 bis Januar 2021 amtierende CIA-Direktorin Gina Haspel –, keine EU-Sanktionen zu befürchten haben, versteht sich von selbst.

Politische Einmischung

Zu den Sanktionen kamen stets auch Bestrebungen hinzu, der russischen Regierung im Innern Schwierigkeiten zu bereiten, prowestliche Oppositionsfraktionen zu fördern und nach Möglichkeit sogar auf ein Szenario ähnlich demjenigen der »Farbrevolutionen« der 2000er Jahre hinzuarbeiten. Dabei haben die westlichen Staaten in den vergangenen Jahren vor allem auf Alexej Nawalny orientiert. Nawalny, 1976 geboren, hatte zunächst in der liberalen Partei Jabloko Karriere gemacht, war sich dann aber im Parteivorstand mit dem Vorsitzenden Grigori Jawlinski in die Haare geraten; im Streit darum, wie Jabloko die desaströsen Wahlergebnisse steigern könne, setzte Nawalny auf krassen Nationalismus – und wurde deshalb 2007 aus der Partei ausgeschlossen. Als der Beschluss dazu gefällt worden war, soll er sich mit ausgestrecktem rechtem Arm und der Nationalistenparole »Ruhm für Russland« verabschiedet haben.[31] In den Jahren darauf begann er sich als ultrarechter Blogger zu betätigen, beteiligte sich als Aktivist sowie als Redner alljährlich am »Russischen Marsch«, einem Großevent der extremen Rechten, die damals vor allem gegen Migranten aus dem Kaukasus agitierte, und suchte sich entsprechend zu profilieren. Aus jener Zeit stammen Videoclips, in denen er Menschen aus dem Kaukasus offen mit Kakerlaken verglich und auch schon mal – leicht ironisch – im Umgang mit Tschetschenen zum Griff zur Pistole riet.

Eine gewisse Wende trat ein – darauf hat der Osteuropa-Experte Lauterbach hingewiesen –, als Nawalny 2010 von einem mehrmonatigen Aufenthalt in den Vereinigten Staaten heimgekehrt war;

dort hatte er an der renommierten Yale University in New Haven (Connecticut) an deren Programm Yale World Fellows teilgenommen, das explizit der Weiterbildung künftiger »global leaders« dient. Im folgenden Jahr begann er, mit der Gründung der »Stiftung zum Kampf gegen die Korruption« sein Image als Antikorruptionsaktivist zu polieren. Zugleich nahm er sich mit offen rassistischen Ausfällen sukzessive zurück. Diesen Wandel haben ihm selbst Beobachter, die der russischen Regierung kritisch gegenüberstehen, nicht wirklich abgenommen. Anfang September 2013, kurz vor der Bürgermeisterwahl in Moskau, hielt der Jabloko-Politiker Boris Wischnewsky fest: »Nawalny brüstet sich damit, das schärfste Programm gegen Einwanderer zu haben«.[32] Und noch 2017 war sich der in Berlin lebende russische Journalist Nikolai Klimeniouk sicher, Nawalny seien »anti-liberale und fremdenfeindliche Positionen mindestens genauso wichtig« wie sein Kampf gegen die Korruption: »Mit seiner Agenda unterscheidet er sich nicht besonders von europäischen Rechtspopulisten«.[33] Nawalny habe »die Grenzen des Zulässigen und Tolerierbaren … unglaublich erweitert« und »offene Fremdenfeindlichkeit hoffähig« gemacht, wenngleich er inzwischen vor allem »mit Andeutungen« operiere: »In der Sache aber bleibt er unverändert.«

Nawalny wurde im Westen immer mehr zur zentralen Figur der russischen Opposition stilisiert. Nach seiner Vergiftung am 20. August 2020, die bis heute nicht wirklich aufgeklärt ist – an dem Vorwurf, er sei Opfer eines Mordversuchs mit Nowitschok geworden, bleiben Zweifel –, wurde er in der Berliner Charité behandelt und dort von deutschen Politikern PR-wirksam hofiert. Die Proteste, die in Russland stattfanden, als er nach seiner Rückkehr inhaftiert wurde, fanden im Westen ein beträchtliches Interesse – deutlich mehr als in Russland selbst. Dort sei Nawalny »sehr umstritten«, hatte im Jahr 2017 etwa Klimeniouk geurteilt: »Viele Menschen, sowohl unter Regimeanhängern als auch unter Gegnern, betrachten ihn als einen Provokateur, der vor allem seine eigenen Interessen verfolgt.«[34] Eine detailliertere Einschätzung ermöglichen Umfragen des

Moskauer Lewada-Zentrums. Sie zeigen, dass Nawalnys Aktivitäten im September 2020 von gerade einmal 20 Prozent der russischen Bevölkerung positiv eingestuft wurden; im Januar 2021 waren es 19, im Juni 2021 nur noch 14 Prozent.[35] Umgekehrt lehnten im September 2020 50 Prozent der Bevölkerung seine Aktivitäten ab; im Juni 2021 war dieser Anteil auf 62 Prozent gestiegen. Daran änderte nichts, dass die harte Repression gegen seine Organisationen, die im Juni 2021 als »extremistisch« eingestuft und verboten wurden, bei kaum 32 Prozent Beifall fand, während 27 Prozent sie klar ablehnten: Nicht einmal die Repression brachte Nawalny einen nennenswerten Mitleidsbonus ein. Nebenbei: Die Regierung verschärfte die Repression ganz offenkundig nicht, weil Nawalny allzu populär geworden wäre, sondern genau zu der Zeit, als die Einmischung in Russlands innere Angelegenheiten aus dem westlichen Ausland eskalierte.

Das hindert die westlichen Mächte nicht daran, weiterhin auf Nawalny zu setzen. Am 20. Oktober 2021 gab das Europaparlament bekannt, es werde seinen »Sacharow-Preis für geistige Freiheit« in diesem Jahr an Nawalny vergeben. Am 15. Dezember 2021 nahm seine Tochter Daria Nawalnaja den Preis stellvertretend für ihren inhaftierten Vater entgegen. Anwesend war zudem Leonid Wolkow, ein langjähriger enger Mitarbeiter von Nawalny, der diesen von seinem litauischen Exil aus weiterhin unterstützt. Litauens Hauptstadt Vilnius hat sich längst zur Hauptstadt prowestlicher Exiloppositioneller entwickelt: Auch die Pro-EU-Fraktion der belarussischen Exilopposition ist schon seit Jahren dort sehr präsent. Ihre Hoffnung setzen die westlichen Staaten dabei angesichts der schwachen Sympathien für Nawalny in Russland selbst auf die jüngere Generation. Unter den 18- bis 24-Jährigen fand das Lewada-Zentrum im Januar 2021 bei immerhin 38 Prozent Sympathie für die Proteste gegen Nawalnys Festnahme; im Juni 2021 stuften immerhin 24 Prozent von ihnen Nawalnys Aktivitäten positiv ein – mehr als in jeder anderen Altersgruppe. Vielleicht ist es kein Zufall, dass die rot-grün-gelbe Bundesregierung in ihrem Koalitionsvertrag festgelegt hat, man wolle künftig »die Möglichkeit des visafreien Reiseverkehrs aus

Russland nach Deutschland für besonders wichtige Zielgruppen … schaffen«. Als »besonders wichtige Zielgruppe« stuft der Koalitionsvertrag »junge Menschen unter 25« ein.

Moskau reagiert auf die stetige Einmischung auf zweierlei Weise. Zum einen verschärft es die Repression gegen diejenigen Organisationen, die von den Staaten Westeuropas und Nordamerikas mit der Absicht unterstützt werden, in Russland prowestliche Kräfte zu stärken und sie – nach dem Modell der »Farbrevolutionen« – nach Möglichkeit an die Macht zu bringen. Die Repression umfasst dabei unter anderem Organisationsverbote, von denen im Jahr 2021 etwa die Nawalny-Organisationen und Memorial betroffen waren. Dabei ist ein Muster erkennbar: Je aufdringlicher die westlichen Versuche werden, prowestliche Kräfte gegen die russische Regierung in Stellung zu bringen, desto härter wird der staatliche Druck. Man kann daraus den Schluss ziehen: Wer Repression ablehnt, tut gut daran, Organisationen in fremden Staaten nicht zur Schachfigur im Machtkampf gegen die dortigen Regierungen zu degradieren. Moskaus zweite Weise, auf die anhaltende westliche Einmischung zu reagieren, besteht darin, sich seinerseits stärker in den westlichen Staaten zu Wort zu melden. Ein Mittel dazu ist der staatsfinanzierte Auslandssender RT (zuvor: *Russia Today*), die russische Entsprechung zu den staatsfinanzierten Auslandssendern *Radio Free Europe/Radio Liberty* und *Radio Free Asia* (RFE/RL und RFA, beide USA), *Deutsche Welle* (Bundesrepublik) oder *Radio France International* (RFI). RT, 2005 gegründet, verfügt seit 2007 auch über einen arabischen, seit 2009 über einen spanischen, seit 2017 über einen französischen Arm; online ist der Sender seit 2014 auch in Deutschland präsent.

Darauf wiederum reagieren die westlichen Staaten – und zwar in der Tendenz klar repressiv. Ein Beispiel dafür bot der Anfang 2021 angekündigte Versuch von RT, einen deutschsprachigen Fernsehkanal aufzubauen. Nur wenig später wurde bekannt, dass die Commerzbank das RT-Bankkonto gekündigt hatte. Ein Zufall, der nichts mit den TV-Plänen zu tun hatte? Vielleicht, auch wenn die

Bundesrepublik größter Aktionär des Finanzhauses ist. Im September 2021 folgte ein Eklat, weil Youtube die deutschsprachigen RT-Kanäle sperrte; der Grund laut Youtube: RT habe gegen Corona-Richtlinien verstoßen.[36] Im Dezember wurde es hektisch: RT ging tatsächlich mit einem Fernsehkanal auf Sendung. Da zu vermuten stand, dass die deutschen Medienbehörden die notwendige Sendelizenz kaum erteilen würden – Sendelizenzen setzen offiziell Staatsferne voraus –, versuchte RT es nun mit einer Lizenz in Serbien, dies in Verbindung damit, dass – so die Auffassung des Senders – grenzüberschreitendes Fernsehen in Europa zulässig sei.[37] Ausgestrahlt wurde das Programm von dem Satellitenbetreiber Eutelsat mit Hauptsitz in Paris. Allerdings war damit bereits nach wenigen Tagen Schluss: Am 22. Dezember 2021 stellte Eutelsat auf Betreiben der zuständigen deutschen Medienbehörden die Übertragung ein. Damit war, wie auch immer man zu den Sendeinhalten von RT steht, klar: Die Medienfreiheit, die hierzulande stets propagiert und etwa von der *Deutschen Welle* im Ausland eingefordert wird, gilt in Deutschland nicht für russische Sender. Als Anfang Februar 2022 die *Deutsche Welle* in Russland Sendeverbot erhielt, war die Empörung in Deutschland immens.

Russlands Wiederaufstieg

Russland ist es trotz der massiven, kontinuierlich verstärkten westlichen Aggression und Propaganda gelungen, sich einigermaßen zu konsolidieren und außenpolitisch sogar neuen Einfluss zu gewinnen. Die russische Wirtschaftsleistung brach gemessen in US-Dollar vor allem 2015 und 2016 stark ein, was außer den schädlichen Auswirkungen der Sanktionen vor allem am Absturz des Rubels lag. Gemessen in der Landeswährung wuchs das Bruttoinlandsprodukt hingegen zwar langsam, aber immerhin kontinuierlich und erholte sich 2021 nach dem einzigen Jahreseinbruch – er war durch die Covid-19-Pandemie verursacht worden – rasch. Eine verlässliche ökonomische Grundlage bildete ungeachtet zeitweiliger Probleme wegen Preisschwankungen auf dem Weltmarkt der Export von Erdöl und Erdgas, wobei es Moskau gelang, seine Abhängigkeit von beidem etwas zu reduzieren: Der Anteil, den Einkünfte aus Öl und Gas am Staatshaushalt innehaben, sank von 51 Prozent im Jahr 2014 auf 39 Prozent 2019. Ein bedeutender Faktor war unverändert die Rüstungsindustrie; Russland stellte im Jahr 2020 ein Fünftel aller Rüstungsexporte weltweit, und es konnte bis Ende 2020 einige Rüstungsgroßaufträge verzeichnen, weshalb für die folgenden Jahre mit einem stabilen oder gar wieder steigenden russischen Anteil am Rüstungsweltmarkt zu rechnen war.[38] Dabei profitieren russische Waffenschmieden davon, dass einige ihrer Produkte als überaus effizient gelten – so beispielsweise das erwähnte Raketenabwehrsystem S-400.

Weiter konsolidieren konnte Russland sich auch militärisch. Seine nach dem Georgien-Krieg 2008 eingeleitete Militärreform setzte es fort – laut dem Urteil auch westlicher Experten mit Erfolg. Das Londoner International Institute for Strategic Studies (IISS) etwa hielt im September 2020 in einer ausführlichen Analyse fest, die Regierung in Moskau habe jetzt »gut ausgerüstete konventionelle Streitkräfte zur Verfügung«, die ihr »ein glaubwürdiges militärisches Werkzeug« verschafften, »um nationale politische Ziele zu verfolgen«.[39] So seien die Landstreitkräfte »besser ausgerüstet« und schneller einsatzbereit; die Feuerkraft der russischen Marine sei verstärkt worden; auch die Luftwaffe verfüge nun über erheblich verbesserte Fähigkeiten. Mit Blick auf die entschlossene russische Außenpolitik tue man gut daran, Russlands Streitkräfte »nicht zu ignorieren«. Für großes Aufsehen hat Russland vor allem mit der erfolgreichen Entwicklung von Hyperschallraketen gesorgt. Diese fliegen mit mindestens fünffacher Schallgeschwindigkeit, sind mit herkömmlichem Radar kaum zu erfassen und, weil sie blitzartig ihre Flugbahn ändern können, mit gewöhnlichen Abwehrsystemen wohl kaum abzuschießen. Während Russland sie mittlerweile besitzt – und auch China sie erfolgreich testet –, liegen die Vereinigten Staaten zurück: Die US-Streitkräfte könnten Hyperschallwaffen frühestens im Jahr 2024 einführen, räumte ein hochrangiger US-Militär im November 2021 ein.[40]

Erfolge verzeichnen konnte Moskau schließlich vor allem in der Außenpolitik – und zwar jeweils in schweren Konflikten an den Rändern der EU, die, wie erwähnt, eigentlich Berliner Strategen lösen wollten, um die Fokussierung der USA auf den Machtkampf gegen China zur Durchsetzung ihrer eigenen Vormachtrolle in Nordafrika und im Nahen und Mittleren Osten zu nutzen. Der erste Konflikt, in den Russland eingriff, war der Krieg in Syrien, in dem es einen ersten diplomatischen Durchbruch erzielte, als es ihm im September 2013 gelang, die Offenlegung und Vernichtung der syrischen Chemiewaffenbestände zu vermitteln. Am 30. September 2015 startete es außerdem auf Bitten der syrischen Regierung einen Militäreinsatz zur Unterstützung der syrischen Streitkräfte, der in der Folge seine starke Stellung in Damaskus zementierte. Die ersten Waffenstillstandsgespräche in Kasachstans Hauptstadt Astana (heute: Nur-Sultan), an denen im Januar 2017 neben Russland Iran und die Türkei teilnahmen – die Türkei förderte in Syrien die Aufständischen –, leiteten eine Phase einer bemerkenswerten russisch-türkischen Kooperation ein: Jeweils unterschiedliche Kriegsparteien unterstützend, gelang es Moskau und Ankara, Absprachen über den Krieg in Syrien zu treffen, die dem geschundenen Land gewisse Fortschritte brachten, vor allem aber keinen wirklichen Raum für Interventionen des alten Westens ließen. Zum ersten Mal wurde in Syrien ein Krieg, den die westlichen Mächte befeuert hatten und aus dem sie geostrategisch Nutzen ziehen wollten, ohne ihre Beteiligung eingehegt.

Das Modell der Konfliktbeilegung nicht unter westlicher, sondern unter russisch-türkischer Ägide kam auch andernorts zur Anwendung – zunächst, in erweiterter Form, in Libyen. Dort gehörte Russland zu den Staaten – darunter auch Ägypten sowie die Vereinigten Arabischen Emirate –, die die ostlibysche Bürgerkriegspartei um den Warlord Khalifa Haftar unterstützten, während die Türkei der »Regierung der Nationalen Übereinkunft« in Tripolis unter die Arme griff; letztere teilt die Nähe der AKP-Regierung unter Präsident Recep Tayyip Erdoğan zur Muslimbruderschaft. Als im Sommer 2020 die – von der Türkei maßgeblich unterstützte – Offensive der Milizen der »Übereinkunftsregierung« vor Sirte und Al Jufra zum Halten kam, da lag das nicht etwa an einem Machtwort der USA oder auch der EU, sondern an einem nachdrücklichen Einspruch der – mit Moskau kooperierenden – Regierung Ägyptens. Vor der mit erheblichem Pomp angekündigten Berliner Libyen-Konferenz am 19. Januar 2020, die eine Friedenslösung für das Land vorbereiten sollte, hatte sich Bundeskanzlerin Angela Merkel genötigt gesehen, nach Moskau zu reisen, um mangels hinlänglichen eigenen Einflusses in Libyen die Hilfe der russischen Regierung zu suchen. Alexander Graf Lambsdorff, stellvertretender Vorsitzender der FDP-Fraktion im Bundestag, sprach damals plötzlich von den deutsch-russischen Beziehungen als einem »Schatz«,[41] und sein Fraktionskollege Bijan Djir-Sarai ergänzte, wer in Syrien etwas erreichen wollte, habe früher mit Washington telefoniert; das habe sich geändert: »Heute müssen Sie in Moskau anrufen.«[42]

Nicht anders verhält es sich mittlerweile im Südkaukasus. Dort ist der Krieg um Berg-Karabach, den Aserbaidschan am 27. September 2020 mit starker Unterstützung der Türkei gegen Armenien losgetreten hatte, am 10. November 2020 dank der Vermittlungsbemühungen Russlands beendet worden. Zuvor war dies der »Minsk-Gruppe« der OSZE, die sich – gebildet von den USA, Frankreich und Russland – seit den 1990er Jahren um die Beilegung des Konflikts bemüht hatte, ebensowenig gelungen wie Berlin und der EU, die vergeblich zu vermitteln versucht hatten. Dass das Europaparlament im Oktober 2020 lautstark ein Ende des Krieges gefordert hatte – Beobachter sprachen von »kollektive[m] Fäusteschwingen« in der entsprechenden Parlamentssitzung[43] –, war völlig folgenlos geblieben. Der russische Vermittlungserfolg, der auf gemeinsamen Erfahrungen mit der Türkei in der Lösung internationaler Konflikte beruhte und in die Stationierung einer russischen »Peacekeeping«-Truppe mündete, ist von Experten weithin als solcher anerkannt worden. Moskau habe »einen geopolitischen Sieg« erzielt, räumte Michael Carpenter, geschäftsführender Direktor des Penn Biden

Center for Diplomacy and Global Engagement an der University of Pennsylvania,[44] ein, während Fjodor Lukjanow, Chefredakteur der Fachzeitschrift *Russia in Global Affairs*, konstatierte: »Die Minsk-Gruppe [der OSZE, J. K.] existiert nicht mehr«.[45] Dass der Westen im Südkaukasus dramatisch an Einfluss verloren habe und Russland nun dort als »Stabilitätsgarant« operiere, sei »eine absolut neue geopolitische Konfiguration«.

Russland hat nicht zuletzt seinen Einfluss in Afrika südlich der Sahara auszuweiten begonnen, zunächst in der Zentralafrikanischen Republik. Das Land, eines der ärmsten der Welt, schlitterte ab 2012 in einen Bürgerkrieg, was dazu führte, dass die ehemalige Kolonialmacht Frankreich Ende 2013 militärisch intervenierte und ergänzend die EU im April 2014 einen Einsatz startete, der bald in einen Ausbildungseinsatz überging. Aus französischer Sicht durfte die Kontrolle über das Land, das zur Françafrique zählt, Frankreichs Einflussgebiet auf dem Kontinent, nicht verlorengehen. Nach erfolgreich abgehaltenen Wahlen im März 2016 zogen die französischen Truppen wieder ab. Die Regierung in Bangui, immer noch von Aufständischen bedroht, von Frankreich aber nicht mehr unterstützt, wandte sich auf der Suche nach Hilfe an Moskau – und prompt trafen Anfang 2018 erste russische Waffenlieferungen und vor allem auch russische Militärausbilder ein. Präsident Faustin-Archange Touadéra engagierte außerdem die russische Firma Sewa Security Services für seinen persönlichen Schutz und heuerte mit Waleri Sacharow einen russischen Sicherheitsberater an. Hinzu kamen mutmaßlich noch weitere private Militärfirmen aus Russland. Im August 2018 unterzeichneten beide Länder darüber hinaus ein formales Abkommen zur Militärkooperation. Während Paris, Berlin und Brüssel wütend, aber weitgehend machtlos schimpften, baute Moskau seinen Einfluss in dem Land systematisch weiter aus.[46]

Und: Es blieb nicht bei der Zentralafrikanischen Republik. Russland begann bald, seine Fühler auch nach Mali auszustrecken, wo Frankreich und die EU seit 2013 militärisch intervenierten, dabei aber ebenso erfolglos waren wie der Westen in Afghanistan. Gegen Ende des Jahrzehnts ging die malische Regierung dazu über, ihre Abhängigkeit von den Mächten Westeuropas zu reduzieren; dazu unterzeichnete sie im Juni 2019 ein Abkommen zur Militärkooperation mit Russland. Im Oktober 2019 schlug der Exekutivsekretär der Staatengruppe »G5 Sahel« (Mauretanien, Mali, Burkina Faso, Niger, Tschad), die bis dahin eng mit Frankreich und der EU zusammengearbeitet hatte, vor, zu gegebener Zeit könne vielleicht auch Moskau eine Funktion bei der Stabilisierung des Sahel einnehmen. Der Gedanke gewann auch in Malis Bevölkerung an Popularität, in der zugleich der Unmut über das neokoloniale Auftreten vor allem Frankreichs wuchs. Die Militärregierung in Bamako, die sich am 18. August 2020 an die Macht geputscht hatte, nahm im Lauf des Jahres 2021 Verhandlungen mit Moskau über die Entsendung von Militärausbildern auf, nicht zuletzt übrigens, weil sie nicht enden wollte wie die Regierung Afghanistans. In Europa gewann 2021 schließlich die Debatte über einen Abzug aus Mali an Fahrt. Um die Jahreswende 2021/22 trafen tatsächlich die ersten russischen Militärausbilder in dem westafrikanischen Land ein – mutmaßlich Mitarbeiter privater russischer Militärfirmen.[47]

Die EU reagierte umgehend auf ihren Einflussverlust nun auch in Mali, der unmittelbar mit Russlands Einflusszuwachs verbunden war: Sie verhängte am 13. Dezember 2021 Sanktionen gegen private russische Militärfirmen und ihnen angeblich oder tatsächlich nahestehende Personen und Organisationen, die nun womöglich – definitiv gesichert war das nicht – auch in Mali tätig waren. Zudem erhöhte sie den Druck auf die malische Regierung, die – mutmaßlich privaten – russischen Militärausbilder wieder aus dem Land zu werfen. Dazu aber war Bamako nicht bereit. Wolle die EU in Mali wirklich etwas erreichen, dann müsse sie ihre Politik gegenüber dem Land grundlegend ändern, äußerte Anfang 2022 Ornella Moderan, die Sahel-Expertin des Institute for Security Studies (ISS), einer Denkfabrik mit Büros in Pretoria, Addis Abeba, Dakar und Nairobi. Viele Malier pochten schließlich auf die Souveränität ihres

Landes, sie lehnten Sanktionen und Drohungen ab: »Die malischen Behörden als diplomatische Untergebene zu behandeln, ihre Erklärungen zu ignorieren und zu hoffen, sie unter Druck zu setzen« – auf Dauer, stellte Moderan fest, funktioniere das nicht.[48]

Russlands rote Linien

Im Herbst 2021 spitzte sich der Machtkampf zwischen dem Westen und Russland weiter zu – im Konflikt um die Ukraine, die am 7. Februar 2019 den Beitritt nicht nur in die EU, sondern auch in die NATO als Ziel in ihre Verfassung aufgenommen hatte. Die Aufrüstung des Landes durch die westlichen Mächte hatte seit geraumer Zeit neuen Schwung gewonnen. Die ukrainischen Streitkräfte wussten vor allem die Vereinigten Staaten stets an ihrer Seite: von 2014 bis 2021 hatten die USA über 2,5 Milliarden US-Dollar in ihre Bewaffnung gesteckt und darüber hinaus für die Ausbildung ukrainischer Soldaten gesorgt. Unter anderem hatten sie Hunderte Panzerabwehrraketen des Typs Javelin geliefert. Polen und Tschechien hatten Dutzende gebrauchte Schützenpanzer und Selbstfahrlafetten zur Verfügung gestellt; die französische Werft OCEA hatte begonnen, Patrouillenboote für die Ukraine zu produzieren. Im Juni 2021 sagte London Kiew zu, ihm bei der Beschaffung neuer Kriegsschiffe, bei der Ausbildung von Marinesoldaten und beim Bau neuer Marinebasen unter die Arme zu greifen. Auch stand die Lieferung zweier von der britischen Marine ausgemusterter Minenjagdboote bevor. Vor allem aber hatten die ukrainischen Streitkräfte türkische Bayraktar-Drohnen in Dienst stellen können; die Herstellung der Drohnen in der Ukraine war geplant. Am 26. Oktober wurde ein erster Einsatz einer solchen Drohne an der Demarkationsliste im Donbass gemeldet.[49] Zugleich band die NATO Kiew immer enger ein; an NATO-Außenministertreffen nahm nun zumindest partiell auch der ukrainische Außenminister teil. Was war da im Gange? Bereitete Kiew die militärische Lösung des Konfliktes im Donbass vor? Baute die NATO die Ukraine im großen Stil zum Militärstützpunkt gegen Russland aus?

Russlands Präsident Putin hatte die Ukraine und den Westen bereits im April 2021 explizit davor gewarnt, Moskaus rote Linien zu überschreiten. Wer sich an die russischen Gegenschläge der Jahre 2008 (Georgien) und 2014 (Krim) erinnerte, konnte ahnen: Das war ernst gemeint. Im November wiederholte Putin seine Warnung – und fügte hinzu, um ein Beispiel zu nennen, eine rote Linie werde überschritten, sollte die NATO auf den Gedanken kommen, Raketenabwehrsysteme wie in Rumänien und Polen (vgl. Kapitel 1.2) auch in der Ukraine aufzustellen. Die erwähnten Abwehrsysteme – Aegis Ashore – können ohne weiteres auch mit Angriffsraketen bestückt werden. Von der Ukraine aus sei Moskau dann in bis zu zehn Minuten erreichbar, hielt Putin fest – womöglich zu wenig, um noch verteidigungsfähig zu sein. Nun war zwar von Plänen der NATO, die Ukraine in ihre Raketenabwehr einzubeziehen, zumindest öffentlich nichts bekannt; doch weckte das Beispiel historische Assoziationen: Als die Sowjetunion im Oktober 1962 Raketen auf Kuba stationieren wollte, zogen die Vereinigten Staaten eine rote Linie; die Welt stand am Rande eines neuen großen Kriegs. Ebenso dramatisch stellte sich die Lage diesmal zwar nicht für die USA, durchaus aber für Russland dar. Entsprechend drang Putin jetzt nachdrücklich auf »verlässliche und langfristige Sicherheitsgarantien«, die »jedwedes weitere Vorschreiten der NATO nach Osten … ausschließen«.[50]

Wie weiter? Ende Oktober 2021 hatte die *Washington Post* gemeldet, Russland ziehe offenbar Truppen unweit der Grenze zur Ukraine zusammen. Von 80.000 bis 90.000 Soldaten war die Rede – zuzüglich »Zehntausender«, die auf der Krim stationiert seien.[51] Im Laufe der folgenden Wochen wurden die Angaben ein wenig präzisiert, bis die *Washington Post* Anfang Dezember eine den US-Geheimdiensten zugeschriebene Landkarte abbildete, auf der vier russische Truppenansammlungen zu sehen waren,[52] eine davon freilich bei Jelnja in der Oblast Smolensk, gut 300 Kilometer von der Grenze zur Ukraine entfernt. Was war da los? Hatte Russland begonnen, wie einige Militärexperten meinten, Pläne zur Verlegung von Truppen in Richtung Westen zu realisieren, die vor Jahren zum

Schutz gegen etwaige westliche Angriffe entwickelt, aber nie umgesetzt worden waren? Hatte etwa die Truppenansammlung bei Jelnja überhaupt etwas mit der Ukraine zu tun? Oder plante Moskau einen Einmarsch in das Donbass, sollte Kiew dort eine militärische Lösung suchen? Ging es vielleicht sogar um einen Einmarsch in weitere Teile der Ukraine? Die Spekulationen überschlugen sich im November und Dezember 2021. US-Präsident Biden bestätigte, die USA seien nicht bereit, die Ukraine militärisch zu verteidigen – eine Äußerung, die nicht nur in Kiew Ernüchterung hervorrief, sondern auch in anderen Hauptstädten in aller Welt, die sich ihrerseits bislang auf US-Sicherheitsgarantien verlassen hatten, etwa die arabischen Staaten am Persischen Golf.[53] Die westlichen Staaten suchten dies durch die Drohung mit umfassenden Wirtschaftssanktionen auszugleichen, sollten russische Truppen die Grenze überschreiten.

In dieser Situation griff Washington überraschend auf diplomatischem Weg ein. Am 7. Dezember traf Präsident Joe Biden zu einem Videogipfel mit seinem russischen Amtskollegen Putin zusammen. Am folgenden Tag teilte er auf dem Weg zu seinem Hubschrauber einigen neben dem Weißen Haus wartenden Journalisten mit, Washington und Moskau würden schon recht bald Verhandlungen über den Ukraine-Konflikt beginnen. Man werde dabei auch über die russischen »Bedenken bezüglich der NATO« diskutieren; Ziel sei es, »Übereinkünfte« zu erzielen, um »die Temperatur an der östlichen Front zu senken«.[54] Bereits am 13. Dezember machte sich die Europabeauftragte des US-Außenministeriums, Karen Donfried, zu einer Reise in die russische Hauptstadt auf, um dort Vorschläge für die von Putin eingeforderten »Sicherheitsgarantien« entgegenzunehmen. Moskau wiederum legte seine Forderungen für die beginnenden Gespräche am 17. Dezember öffentlich in zwei Vertragsentwürfen vor, einer für ein Abkommen zwischen Russland und den USA, der andere für eines zwischen Russland und der NATO. Die Forderungen, die in beiden enthalten waren, liefen im Kern darauf hinaus, die stetige Ostexpansion der NATO zu stoppen und sie wenigstens teilweise rückgängig zu machen, um das ins Rutschen geratene Kräftegleichgewicht in Europa wiederherzustellen. So sollte sich die NATO verpflichten, auf die Aufnahme neuer Mitglieder – insbesondere der Ukraine – zu verzichten. In denjenigen Staaten, die dem Bündnis seit 1999 beigetreten waren, sollte die Präsenz anderer NATO-Staaten auf den Stand vom Mai 1997 zurückgefahren werden; das war der Zeitpunkt, zu dem die NATO-Russland-Grundakte in Kraft getreten war. Zudem forderte Moskau ein Ende der militärischen Aktivitäten der NATO in Osteuropa – etwa in der Ukraine –, im Kaukasus und in Zentralasien. Weitere Forderungen zur Rüstungskontrolle kamen hinzu.

Die Verhandlungen zwischen Washington und Moskau, die am 10. Janaur 2022 in Genf mit einem Treffen der stellvertretenden US-Außenministerin Wendy Sherman mit ihrem russischen Amtskollegen Sergej Rjabkow fortgesetzt wurden, hatten einen bemerkenswerten Nebenaspekt: Sie fanden ohne Beteiligung der EU statt. Deren stärkste Mächte, Deutschland und Frankreich, hatten stolze sieben Jahre im »Normandie-Format« mit Russland und der Ukraine verhandelt, ohne dabei je einen wirklichen Durchbruch zu erzielen; am 17. November 2021 hatte das russische Außenministerium, wie erwähnt, Teile des diplomatischen Briefwechsels mit Berlin und Paris online gestellt und damit eigentlich den Abbruch der Gespräche nahegelegt. Berlin hatte empört reagiert, besann sich aber bald eines anderen: Von den neuen US-amerikanisch-russischen Gesprächen ausgeschlossen, drohte es mit dem »Normandie-Format« nicht nur die förmliche Führung in den Ukraine-Verhandlungen zu verlieren; es war plötzlich vollständig außen vor. Am 21. Dezember führte, frisch im Amt, Bundeskanzler Olaf Scholz sein erstes Telefongespräch mit Putin und machte sich für einen Neustart der »Normandie«-Gespräche stark. Am 26. Januar 2022 wurden in Paris Verhandlungen im »Normandie-Format« auf Beraterebene wieder aufgenommen. Gegenüber Washington gingen Berlin und die EU zudem in den Beschwerdemodus über. Deutschlands neue Außenministerin Annalena Baerbock forderte am 5. Januar bei ihrem Antrittsbesuch in den USA, es dürfe »keine Entscheidung über Sicherheit in Europa ohne Europa« geben. Der Außenbeauftragte der EU, Josep Borrell, erklärte am selben Tag, nur der Form halber an Moskau gerichtet: »Ob sie es mögen oder nicht: Sie werden mit uns reden müssen.«[55]

Während die Diplomatie auf Hochtouren lief, erhöhte Russland den Druck, begann nun tatsächlich immer mehr Truppen in Richtung Ukraine zu verlegen, hielt im Februar gemeinsam mit Belarus ein Manöver auf belarussischem Territorium ab und führte gleichzeitig Seekriegsübungen im Schwarzen Meer durch. Es waren Schritte, die den bisherigen NATO-Aktivitäten unweit der russischen Grenze recht ähnlich waren: Wie die NATO dort Truppen stationierte, dort regelmäßig Manöver abhielt und den Aufmarsch Richtung Russland probte (vgl. Kapitel 1.2), so tat es nun Russland unweit der Grenze zur Ukraine. Zwar beteuerte Moskau immer wieder, seine Streitkräfte würden keinesfalls in das Nachbarland einmarschieren, und erfahrene Experten wie Dmitri Trenin, der Direktor des Carnegie Moscow Center, nahmen ihm das durchaus ab;[56] gegen eine Invasion sprach neben allerlei anderem schon, dass Russland, sollte es die Ukraine besetzen, mit massivem bewaffnetem Widerstand ukrainischer Nationalisten zu rechnen hätte – es wäre, freilich unter anderen Vorzeichen, eine Neuauflage der Situation im Afghanistan der 1980er Jahre. Nur: Allein schon die als nicht sehr wahrscheinlich eingeschätzte Möglichkeit, Russland könne militärisch gegen die Ukraine vorgehen, setzte den Westen unter Zugzwang. Washington suchte die Initiative zurückzugewinnen, indem es seinerseits Moskau nicht nur Angriffsabsicht unterstellte, sondern konkrete Daten für einen angeblich drohenden russischen Einmarsch in die Ukraine in die Welt setzte – zunächst den 16. Februar, dann einen zwar nicht mehr konkret benannten, aber »unmittelbar bevorstehenden« Tag.[57]

In den Verhandlungen wiederum zeichneten sich – auf unterschiedlichen Ebenen – bald vorsichtige Fortschritte ab. So erklärte sich der ukrainische Präsident Wolodymyr Selenskyj am 14. Februar bei einem Besuch von Kanzler Scholz in Kiew bereit, drei Gesetze auf den Weg zu bringen, die notwendig waren, um das Minsker Abkommen umzusetzen. Zugleich äußerte er, womöglich werde sich der NATO-Beitritt, den Kiew anstrebe, nur als »ein Traum« erweisen.[58] Am Abend zuvor hatte der ukrainische Botschafter in Großbritannien angedeutet, sein Land könne, um den Frieden in Europa zu sichern, auf den NATO-Beitritt womöglich verzichten. Die USA wiederum erklärten sich in einer Antwort auf die russischen Vertragsentwürfe vom 17. Dezember prinzipiell zu Gesprächen über Rüstungskontrolle in Europa bereit. Und während die Verhandlungen liefen, bemühten sich Deutschland und Frankreich nach Kräften, auch über das »Normandie-Format« hinaus einzugreifen: Präsident Macron traf am 7. Februar zu ausführlichen Gesprächen mit Putin in Moskau ein; am 15. Februar folgte Kanzler Scholz. Berlin und Paris waren – wenn auch mit noch unklarem Erfolg – wieder mit von der Partie. Am 21. Februar schienen weitere Verhandlungen sogar auf Präsidentenebene in greifbare Nähe gerückt, als Moskau – für die meisten unerwartet – die »Volksrepubliken« Donezk und Luhansk, die sich von der Ukraine abspalten wollten, als eigene Staaten anerkannte. Der Westen reagierte mit wütendem Protest: EU, USA und Großbritannien verhängten umgehend scharfe Sanktionen, die Bundesregierung gab die Aussetzung des Genehmigungsverfahrens für Nord Stream 2 bekannt, und alle behielten sich weitere Strafmaßnahmen vor. Der Machtkampf des Westens gegen Russland erreichte die nächste Eskalationsstufe.

1.2 Militärische Aktivitäten

9. Mai 2017, Charkiw im Nordosten der Ukraine, nicht weit entfernt von der russischen Grenze. Anatoli Nikolajewitsch Wronski, Mitglied einer russischen Spezialeinheit, startet den ersten Schlag einer groß angelegten Aktion: Es gelingt ihm, vier US-Soldaten zu entführen, die in der Region als Militärausbilder eingesetzt sind. In den folgenden Tagen geht es Schlag auf Schlag. Über der Ostukraine werden zwei US-Kampfjets vom Typ F-16 abgeschossen. Die russischen Streitkräfte feuern eine Rakete in eine russischsprachige Schule in Donezk, schieben den mörderischen Angriff ukrainischen Truppen in die Schuhe: Es ist die perfekte Legitimation für den Überfall auf den Südosten der Ukraine mit dem Ziel, eine Landbrücke zur Krim zu schlagen. Dann aber folgt das eigentliche Ziel: Nach einem ebenfalls fingierten Anschlag auf die russischsprachige Minderheit in Lettland rollt – angeblich nur zum Schutz ebenjener Minderheit – ein russischer Angriff auf den lettischen Staat: Moskau macht sich daran, das Baltikum zu erobern.

»2017« heißt der Roman, der in seiner ersten Hälfte den Beginn eines Krieges zwischen Russland und der NATO zum Gegenstand hat. Erschienen ist er im Mai 2016. Der Autor, Richard Shirreff, ein britischer General, war von 2011 bis 2014 stellvertretender NATO-Oberbefehlshaber (Deputy Supreme Allied Commander Europe, DSACEUR) und erlebte in dieser Funktion, kurz vor seiner Pensionierung Ende März 2014, die Abspaltung der Krim von der Ukraine sowie ihre Aufnahme in die Russische Föderation mit. Wieso veröffentlicht ein pensionierter General im Mai 2016 ein Buch, das nur ein knappes Jahr später spielt und einen Krieg zwischen Nuklearmächten zum Thema hat? Shirreff lässt keinen Zweifel daran: Weil er für eine massive Aufrüstung gegen Russland werben will; dazu nimmt er auch einen sich absehbar schon in kurzer Zeit selbst widerlegenden Alarmismus in Kauf. Ein wohlwollendes Vorwort für den Roman, das in dieselbe Kerbe schlägt, hat Admiral James Stavridis beigesteuert, der zwei Jahre lang, von 2011 bis 2013, als NATO-Oberbefehlshaber Shirreffs unmittelbarer Vorgesetzter war. »2017« schlug tatsächlich einige Wellen, jedenfalls in Großbritannien, und schaffte es immerhin auf die Top-Ten-Bestsellerliste der *Sunday Times*.

Das Baltikum und die Ostsee

In den Analysen westlicher Denkfabriken und Militärs zur strategischen Lage im Nordosten des NATO-Bündnisgebiets spielt ein Faktor eine wichtige Rolle: die Tatsache, dass es Russland in den vergangenen Jahren gleich zweimal gelungen ist, den Westen mit einer völlig unerwarteten Antwort auf eine vorangegangene Aggression zu überrumpeln – erst mit dem Einmarsch russischer Truppen nach Georgien im August 2008, dann mit der Aufnahme der Krim in die Russische Föderation im März 2014 (vgl. Kapitel 1.1). Dass 2014 im Donbass ein Aufstand gegen die prowestliche Kiewer Regierung losbrechen und russische Unterstützung finden könnte, hatte in den NATO-Staaten ebenfalls niemand vorab auf dem Schirm. Nie wieder kalt erwischt werden: Dieses Ziel merkt man Untersuchungen und Äußerungen westlicher Strategen, die seit 2014 die Positionen der NATO in Europa systematisch abklopfen, häufig an. Moskau suche stets nach »Schwächen des Westens« und beute sie aus, klagten im Mai 2016 drei frühere hochrangige NATO-Generäle: Wenn es darauf ankomme, ergreife es die Initiative und stelle seine Gegner vor »vollendete Tatsachen«.[59] Das ist nun zwar keine Besonderheit der russischen Politik; die Äußerung belegt jedoch, dass Moskau seine Gegenschläge bisher durchaus erfolgreich führte.

Was muss der Westen tun, wenn er bei künftigen Auseinandersetzungen mit Russland keine Gegenschläge mehr kassieren will? Deeskalieren, von Konfrontation auf Kooperation umschalten, könnte man meinen. Ganz anders sahen es im Mai 2016 die erwähnten drei NATO-Generäle in einer eingehenden Analyse zur militärischen Lage im Baltikum. Wesley Clark, NATO-Oberbefehlshaber von 1997 bis 2000, Egon Ramms, von 2007 bis 2010 Oberbefehlshaber des Allied Joint Force Command in Brunssum, sowie Romanautor Richard Shirreff hatten die Analyse gemeinsam mit Jüri Luik, damals Direktor der Denkfabrik International Centre for Defence and Security (ICDS) in Tallinn, später – von 2017 bis 2021 – Verteidigungsminister Estlands, zur Vorbereitung des bevorstehenden NATO-Gipfels am 8./9. Juli 2016 in Warschau verfasst. Darin kamen sie zu dem Resultat: Russlands Regierung »hat Respekt vor einer Demonstration der Stärke und tendiert dazu, nachzugeben, um eine direkte Konfrontation mit entschlossenen und einfallsreichen Gegnern zu vermeiden«. Das westliche Militärbündnis müsse daher im Ernstfall unerbittlich reagieren – »in allen Bereichen und ohne geografische Beschränkung«. Druck ausüben solle es vor allem mit rascher Aufrüstung im Baltikum.

Die Lücke von Suwałki

Im Baltikum steht die NATO dabei laut Ansicht von Militärstrategen in mehrfacher Hinsicht vor einer schwierigen Lage. Estland, Lettland und Litauen hätten zusammen eine etwa 1.400 Kilometer lange Grenze zu Russland und Belarus, hielten Clark, Ramms, Shirreff und Luik im Mai 2016 fest. Zugleich seien sie klein, es mangele ihnen also an »strategischer Tiefe«; bei einem schnellen russischen Vorstoß sei nicht genug Zeit, um Verstärkung aus anderen NATO-Staaten heranzuholen.[60] Hinzu komme zweierlei. Zum einen seien an der litauisch-polnischen Grenze, nicht weit von der polnischen Stadt Suwałki, Belarus und die russische Exklave Kaliningrad nur durch einen 65 Kilometer langen Landstreifen getrennt; russische Truppen könnten vom Territorium des mit Russland verbündeten Belarus in die »Lücke von Suwałki« (»Suwałki gap«) vorstoßen, den Landstreifen besetzen und so die baltischen Länder vom Territorium sämtlicher anderen NATO-Staaten abschneiden. »Suwałki gap« erinnert – wohl nicht ungewollt – an »Fulda gap«, ein Gebiet in Hessen, das im Ersten Kalten Krieg als angebliches Einfallstor für Truppen der sozialistischen Staaten galt. Zum anderen verfügten die russischen Streitkräfte in der Region über eine sehr dicht gestaffelte Luftabwehr sowie über eine große Zahl an Lenkwaffen und taktischen Raketen, weshalb es NATO-Truppen äußerst schwerfallen werde, russisches Sperrfeuer zu überwinden und den baltischen Staaten zur Hilfe zu eilen. Die strategische Lage sei ziemlich unbequem.

Das ist sie – aber das ist sie auch für Russland. Im Westen übersehe man häufig die »Verwundbarkeit« Kaliningrads, hieß es im Mai 2017 in einer Analyse der staatsfinanzierten Schwedischen Agentur für Verteidigungsforschung (Totalförsvarets forskningsinstitut, FOI) in Stockholm. Die russische Exklave sei von NATO-Staaten umgeben; gelinge es dem Bündnis selbst, die »Lücke von Suwałki« unter Kontrolle zu halten, dann sei Kaliningrad im Kriegsfall kaum mit Nachschub zu versorgen.[61] Isoliert, drohe es von der NATO erobert zu werden. Freilich sei das Territorium nicht nur »eine ernste Belastung«, sondern zugleich »ein wesentlicher militärstrategischer Pluspunkt für Russland«, hieß es in der FOI-Analyse: Es sei ein wichtiger Stützpunkt, von dem aus die russischen Streitkräfte ihre Abwehr gegen potenzielle westliche Angriffe führen könnten. Dort stationierte Raketen etwa wirkten weit nicht nur in die baltischen Staaten, sondern auch nach Polen hinein. Es sei kein Zufall, dass Moskau schon recht bald nach dem Krieg in Georgien im August 2008 begonnen habe, die in Kaliningrad stationierten Truppen zu modernisieren, sie besser zu trainieren und sie auch besser auszurüsten. 2014 hat Russland seine militärische Präsenz in Kaliningrad – nicht wirklich überraschend – erneut verstärkt.

Bataillone im Baltikum

2014 gingen auch die westlichen Mächte daran, ihre militärischen Positionen im Nordosten des Bündnisgebiets auszubauen. Die ersten, die an der NATO-Nordostflanke umgehend nicht nur etwaige Verteidigungsmaßnahmen vorzubereiten, sondern zugleich auch Russland unter Druck zu setzen begannen, waren kurz nach der Aufnahme der Krim in die Russische Föderation die Vereinigten Staaten. Am 3. Juni 2014 gab das Weiße Haus den Start der European Reassurance Initiative (Europäische Rückversicherungsinitiative, ERI) bekannt.[62] Ziel war es, die nordöstlichen NATO-Mitglieder zu beruhigen: Die USA würden militärisch reagieren, wenn es im Verlauf des Machtkampfs gegen Moskau zu einem russischen Gegenschlag gegen ihr Hoheitsgebiet käme. Bereits im April 2014 waren 600 Fallschirmjäger von der 173rd Airborne Brigade provisorisch zu rotierenden Übungen nach Estland, Lettland, Litauen und Polen entsandt worden. Zudem hatte Washington die Präsenz der US-Luftwaffe in Polen etwas ausgebaut. Die Maßnahmen wurden nun ab Juni 2014 im Namen der ERI kräftig intensiviert. Nicht, dass

Washington zuvor untätig gewesen wäre: Im Baltikum hielten die US-Streitkräfte bereits seit Jahren immer wieder gemeinsam mit verbündeten Truppen Manöver ab, seit 2011 etwa die Übung Saber Strike. Saber Strike 2014 wurde nun aber erheblich aufgestockt. Die Ausgaben für die ERI waren enorm: fast eine Milliarde US-Dollar im Haushaltsjahr 2015.

Auch die NATO selbst wurde aktiv. Sie einigte sich auf ihrem Gipfel in Newport (Wales, 4./5. September 2014) auf den Readiness Action Plan, der schnellere militärische Reaktionen vor allem an der NATO-Nordostflanke ermöglichen sollte. Dazu beschloss sie nicht nur, die Truppenstärke ihrer Eingreiftruppe, der NATO Response Force (NRF), auf rund 40.000 Soldaten zu verdreifachen, sondern zudem eine rund 5.000 Soldaten starke, binnen zwei oder drei Tagen einsetzbare Schnelle Eingreiftruppe zu bilden, die Very High Readiness Joint Task Force (VJTF), gewöhnlich »NATO-Speerspitze« genannt. Zudem kündigte das Bündnis die Einrichtung von acht NATO Force Integration Units (NFIU) in Ost- und Südosteuropa an, eine Art Mini-Hauptquartiere mit je rund 40 Spezialisten, die im Kriegsfall die Logistik für einfliegende Truppen organisieren können. Die NFIU werden – wie die VJTF – vom Headquarters Multinational Corps North-East (HQ MNC-NE) im polnischen Szczecin geführt. Hatte das Bündnis die baltischen Staaten schon seit deren Beitritt im Jahr 2004 bei der Luftraumüberwachung unterstützt (Baltic Air Policing), so wurde auch dies nun ausgeweitet: Hatten zu Beginn gewöhnlich vier Flugzeuge von der litauischen Basis Šiauliai aus operiert, so kam nun ein zweiter Stützpunkt im estnischen Ämari hinzu, und die Zahl der dabei eingesetzten Kampfjets von NATO-Verbündeten wurde erhöht.

Auf den ersten Militarisierungsschub, der unter dem Etikett »reassurance« (»Rückversicherung«) durchgeführt wurde, ließen die westlichen Mächte ab 2016/17 einen zweiten folgen, der nun unter dem Motto »deterrence« (»Abschreckung«) firmierte. Die Vereinigten Staaten etwa benannten die ERI in European Deterrence Initiative (EDI) um. Zum einen stockten sie ihre Truppenpräsenz noch weiter auf; seit 2017 rotiert für jeweils neun Monate eine US-Brigade mit bis zu 4.000 Soldaten und schwerem Gerät in den baltischen Staaten, Polen und weiteren Ländern Ost- und Südosteuropas. Zum anderen wurden große Lager mit Waffen und militärischer Ausrüstung angelegt (Army Prepositioned Stock, APS), die seitdem bereitstehen, um bei Bedarf von einfliegenden Soldaten genutzt zu werden. Damit werde verdeckt »eine amerikanische Armeedivision in Europa stationiert«, erklärte der US-Botschafter bei der NATO, Douglas Lute, im Februar 2016.[63] APS-Lager befinden sich in Miesau nahe der US-Air Base Ramstein, in Dülmen und Mannheim, Eygelshoven (Niederlande) und Zutendaal (Belgien). Die Kosten dafür waren immens: Washington stellte für die EDI im Jahr 2017 schon 3,4 Milliarden US-Dollar bereit, 2018 4,8 Milliarden, 2019 6,5 Milliarden, 2020 6,0 Milliarden und 2021 immer noch 4,5 Milliarden.[64] Der Hauptgrund dafür, dass so gewaltige Summen aufgewandt wurden, war nicht zuletzt der kostspielige Aufbau des APS.

Auch die NATO legte auf ihrem Gipfel am 8./9. Juli 2016 in Warschau nach. Sie beschloss, in den drei baltischen Staaten und in Polen jeweils ein multinationales Bataillon mit rund 1.000 Soldaten zu stationieren – eines in Tapa (Estland) unter britischer, eines in Ādaži (Lettland) unter kanadischer, eines in Rukla (Litauen) unter deutscher und eines in Orzysz (Polen) unter US-amerikanischer Führung. Dieses militärische Dispositiv wird im NATO-Jargon enhanced Forward Presence (eFP) genannt. Die Einheiten rotieren halbjährlich, um der NATO-Russland-Grundakte vom 17. Mai 1997 Rechnung zu tragen; darin hatte der Militärpakt Russland – als dürftigen Ausgleich für die NATO-Osterweiterung – zugesagt, nach Möglichkeit nicht »zusätzlich substantielle Kampftruppen dauerhaft« in den neuen Mitgliedstaaten zu stationieren.[65] Die vier eFP-Bataillone kooperieren eng mit den einheimischen Streitkräften, das deutsch geführte Bataillon in Rukla etwa mit der ebenfalls dort stationierten litauischen Mechanisierten Infanteriebrigade »Geležinis Vilkas« (»Eiserner Wolf«). Eine Art Kollateralnutzen ergibt sich für die deutsche Rüstungsindustrie: Die litauischen Streitkräfte beschaffen zunehmend deutsche Waffen. Sie verwenden das Sturmgewehr G36 von Heckler & Koch, haben mehrere Dutzend Transportpanzer vom Typ »Boxer« von Rheinmetall und Kraus-Maffei Wegmann (Kaufpreis: rund 385 Millionen Euro) sowie – in jeweils dreistelliger Zahl – Gefechtsstandfahrzeuge (Rheinmetall) erworben und Daimler-Militärunimogs bestellt. Nebenbei: Das deutsche und das US-geführte eFP-Bataillon sind diejenigen, die am nächsten an der »Lücke von Suwałki« stationiert sind.

Die deutschen Soldaten stehen in Litauen auf historisch schwer belastetem Terrain. Die Wehrmacht hatte nach ihrem Überfall auf die Sowjetunion am 22. Juni 1941 unmittelbar mit ersten Massakern an Litauens jüdischer Bevölkerung begonnen. In Kaunas etwa, das bis zum Einmarsch der Sowjetunion im Jahr 1940 Litauens Hauptstadt war – Rukla liegt ganz in der Nähe –, ermordeten die Deutschen und litauische Kollaborateure vom 24. bis zum 29. Juni 1941 rund 3.800 Jüdinnen und Juden. Im Fort IX in Kaunas führten die deutschen Besatzer und ihre litauischen Hilfskräfte Massenerschießungen durch. In Litauen sei die Vernichtung der jüdischen Bevölkerung »rascher, radikaler und vollständiger betrieben« worden als andernorts, konstatierte der Historiker Wolfram Wette.[66] Einem Bericht, den der Leiter des Einsatzkommandos 3, SS-Standartenführer Karl Jäger, am 1. Dezember 1941 fertiggestellt hatte, konnte man entnehmen, dass die Besatzer und ihre litauischen Helfershelfer von Ende Juni bis Ende November 1941 exakt 137.346 Jüdinnen und Juden ermordet hatten: »In Litauen«, notierte Jäger, »gibt es keine Juden mehr, außer den Arbeitsjuden incl. ihrer Familien.« Nur fünf Prozent der einst rund 200.000 litauischen Jüdinnen und Juden überlebten den deutschen Besatzungsterror und die Shoah.

Umso bitterer ist es, dass in Litauen heute NS-Kollaborateure mit Gedenktafeln und Denkmälern geehrt werden – Jonas Noreika etwa. Der litauische Offizier hatte nach dem deutschen Einmarsch in der Distriktsverwaltung in Šiauliai gearbeitet, Jüdinnen und Juden enteignet sowie Mordbefehle unterzeichnet. Er wird im Land heute wieder verehrt, da er nach der Befreiung von der NS-Herrschaft im Untergrund gegen die Sowjetunion kämpfte. Als eine Reihe prominenter Personen im Jahr 2015 mit einer Petition dafür eintraten, wegen seiner Beteiligung an der Shoah eine Gedenktafel in Vilnius abzuhängen, die an ihn erinnert, da wetterte das staatsfinanzierte Genocide and Resistance Research Centre of Lithuania, die »Verachtung«, die in der Petition »gegenüber litauischen Patrioten gezeigt« werde, werde »von Nachbarn aus dem Osten organisiert«: von Russland.[67] Im Jahr 2018 hielt Pinchos Fridberg, der letzte noch lebende Jude von denjenigen, die vor dem deutschen Einmarsch im Juni 1941 in Vilnius geboren worden waren, resigniert fest: »Was auch immer jemand sagt und tut – solange sie gegen Russland sind, sind sie Helden.« Seit Anfang 2017 sind erneut deutsche Soldaten in Litauen stationiert. Im Juni 2021 sorgte für einen Skandal, dass einige von ihnen in Rukla »abfällige Sprüche über Juden« geäußert und am 20. April, dem »Führergeburtstag«, ein »Geburtstagsständchen für Adolf Hitler angestimmt« hatten.[68]

Military mobility

Die Tatsache, dass die eFP weit nach Osten in große Nähe zur russischen Grenze vorgeschoben ist, zieht Folgen nach sich: Die Verstärkung, die im Kriegsfall schnellstmöglich aus Westeuropa oder gar Nordamerika herbeizuholen ist, muss lange Strecken über den gesamten europäischen Kontinent zurücklegen. Allerdings ist die Infrastruktur vor allem in Ost- und Südosteuropa nicht immer auf den Transport schweren NATO-Geräts ausgelegt. Noch Anfang 2021 stellte das Washingtoner Center for European Policy Analysis (CEPA) in einer eingehenden Analyse fest, in Europa könnten lediglich 90 Prozent der Autobahnen, 75 Prozent der Bundesstraßen und gerade einmal 40 Prozent aller Brücken Militärfahrzeuge mit einem Gewicht von 50 Tonnen tragen.[69] Mit der Sache befasst sich seit 2017 die EU, die eine Initiative zur Verbesserung der »military mobility« gestartet hat; im EU-Haushalt von 2021 bis 2027 stehen dafür 1,5 Milliarden Euro zur Verfügung. Die NATO wiederum hat auf ihrem Gipfel am 11./12. Juli 2018 in Brüssel beschlossen, für die Koordination und die Optimierung ihrer Truppenbewegungen zwei neue Hauptquartiere einzurichten. Eines davon, das Joint Support and Enabling Command (JSEC), das für Verlegungen in Europa zuständig ist, hat seinen Sitz in der Wilhelmsburg-Kaserne in Ulm; das zweite, das Joint Force Command (JFC), das die Truppentransporte über den Atlantik regelt, ist in Norfolk im US-Bundesstaat Virginia angesiedelt, dem Hauptstandort der 2011 stillgelegten, 2018 aber reaktivierten U.S. Second Fleet, die für den Nordatlantik zuständig ist.

Im Jahr 2020 begannen die Vereinigten Staaten, den Truppentransport aus Nordamerika in Richtung russische Grenze systematisch zu proben, und dazu starteten sie eine neue Manöverserie unter dem Namen »Defender Europe«. Im Kern knüpft sie an die »Reforger«-Manöver an, mit denen ab 1969 die schnelle Verlegung von US-Großverbänden nach Europa trainiert wurde; 1988 waren mehr als 120.000 Soldaten an der Übung beteiligt, 1994 wurde die Serie endgültig eingestellt. Defender Europe 20 beinhaltete im Kern die Verlegung von rund 20.000 Soldaten aus den Vereinigten Staaten nach Europa, wo sie in Häfen und auf Flughäfen in verschiedenen Ländern, etwa in Frankreich oder der Bundesrepublik, ankamen, um von dort den Vormarsch nach Osten anzutreten. Gezielt wurden dabei unterschiedliche Routen auf Straßen, Schienen und Kanälen genutzt; regionaler Schwerpunkt war das Ostseegebiet – Polen und die baltischen Staaten. Alles in allem waren rund 37.000 Militärs beteiligt, darunter neben in Europa stationierten US-Soldaten auch Einheiten europäischer Armeen. Der Bundeswehr kam eine besondere Funktion zu: Für Operationen vor allem im Osten und im Nordosten des Kontinents fungiert Deutschland aus geografischen Gründen als Drehscheibe; entsprechend gefragt waren etwa deutsche Logistikeinheiten. Verbunden war Defender Europe 20 mit allerlei Teilmanövern, bei denen die US-Truppen gemeinsam mit einheimischen Streitkräften trainierten. Freilich erzwang die Covid-19-Pandemie im März vorzeitig den weitgehenden Abbruch des Manövers.

Die NATO-Norderweiterung

Deutschland ist nicht nur Drehscheibe bei einem Aufmarsch von NATO-Truppen in Richtung Russland; es beansprucht innerhalb des westlichen Bündnisses auch eine militärische Führungsrolle in der Ostsee. Die Bundesrepublik kann dabei daran anknüpfen, dass schon im Kalten Krieg die Verteidigung der westlichen Ostsee – neben dem Kampf um die Seewege in der Nordsee – die Schwerpunktaufgabe ihrer Marine war. Sie hat bereits in den 2000er Jahren begonnen, ihren Anspruch auch institutionell zu unterfüttern, und dazu im Jahr 2007 ein »Kompetenzzentrum für Operationen in Randmeeren und Küstengewässern« in Dienst gestellt, das 2009 von der NATO als Centre of Excellence for Operations in Confined and Shallow Waters (COE CSW) akkreditiert wurde. Das COE CSW befasst sich mit der Kriegführung in Seegebieten mit einer Wassertiefe von zehn bis 200 Metern, in denen die Operationsführung entsprechend eingeschränkt ist; die Beschreibung passt natürlich nicht nur, aber doch vor allem auch auf die Ostsee. Das Fachblatt *MarineForum* hat das in Kiel ansässige COE CSW im Oktober 2017 als »›Denkfabrik‹ oder ›Ideenschmiede‹ der NATO« bezeichnet, »in der Grundsätze und Verfahren für maritime Operationen in Randmeeren und Küstengewässern entwickelt werden«.[70]

Die Bundeswehr hat ihre Bemühungen um eine militärische Führungsrolle in der Ostsee im Lauf der Jahre intensiviert. Seit 2009 beteiligt sie sich an der Sea Surveillance Cooperation Baltic Sea, einer Initiative, in deren Rahmen die Ostseeanrainer – außer Russland, versteht sich – plus Großbritannien nationale Lagebilder und weitere einschlägige Informationen austauschen: eine wichtige Voraussetzung, um jederzeit schnell interventionsfähig zu sein. Im Mai 2015 hat die Deutsche Marine erstmals eine Baltic Commanders' Conference organisiert, eine jährlich abgehaltene Zusammenkunft der Marinebefehlshaber sämtlicher Ostseeanrainer – natürlich wieder ohne Russland –, die der Vernetzung der regionalen Marinen dient. Im Januar 2019 hat die Deutsche Marine schließlich im Marinekommando in Rostock den Führungsstab DEU MARFOR

(German Maritime Forces Staff) aufgestellt, der im Kern etwa 100 Soldaten umfasst; 25 von ihnen kommen aus den Seestreitkräften anderer Staaten. Der Stab plant und führt militärische Operationen. »Die Aufstellung von DEU MARFOR« sei »ein deutliches Signal der Deutschen Marine, noch mehr Verantwortung für die gemeinsame regionale Sicherheit im Ostseeraum zu übernehmen«, teilte der damalige Marineinspekteur, Vizeadmiral Andreas Krause, mit.[71] Bis zum Jahr 2025 soll der Führungsstab zum Baltic Maritime Component Command (BMCC) aufwachsen, einem umfassenden multinationalen Hauptquartier. Eine enge Zusammenarbeit mit dem Kieler COE CSW ist geplant.

Im Rahmen ihrer Ostseeaktivitäten arbeitet die Bundeswehr eng mit den Streitkräften Finnlands und Schwedens zusammen. Beide Staaten sind offiziell neutral, faktisch jedoch längst fest an die NATO angebunden. In aller Form begonnen hat der Anbindungsprozess in den 1990er Jahren, als die zwei Länder zunächst der NATO-»Partnership for Peace« (PfP, 1994), dann dem »PfP Planning and Review Process« (PARP) beitraten, der die militärischen Kapazitäten der involvierten Staaten und die Interoperabilität ihrer Streitkräfte mit denjenigen der NATO stärken soll. Nach ihren ersten Beteiligungen an NATO-geführten Militäreinsätzen in Bosnien-Herzegowina, Kosovo, Afghanistan – Schweden war mit acht Kampfjets sogar beim Libyen-Krieg im Jahr 2011 dabei – integrierten sie ihre Truppen dann in die NATO Response Force (NRF): Finnland 2012, Schweden 2013. Noch vor dem Beginn der Kiewer Maidan-Proteste und dem darauf folgenden Umsturz in der Ukraine begannen die Vorbereitungen für die Unterzeichnung zweier »Host Nation Support«-Abkommen mit der NATO, die schließlich am 4. September 2014 am Rande des NATO-Gipfels in Newport (Wales) erfolgte. Die Abkommen sichern dem Militärpakt verlässliche Rechte zur Nutzung finnischen bzw. schwedischen Territoriums zu – bei Manövern, aber auch bei Truppenbewegungen im Rahmen militärischer Interventionen.

Die militärische Kooperation Finnlands und Schwedens mit der NATO ist seitdem immer weiter ausgebaut worden; Minister und sogar die Staats- bzw. Regierungschefs beider Länder nehmen regelmäßig an NATO-Veranstaltungen inklusive Gipfeltreffen teil. Lediglich die formelle Mitgliedschaft fehlt. Sie wurde – einmal mehr – diskutiert, als die Krise um die Ukraine und um die russische Forderung nach Sicherheitsgarantien Anfang 2022 eskalierte. Trieben die steigenden Spannungen die beiden ohnehin nur noch auf dem Papier neutralen nordeuropäischen Staaten nun auch formal in das Militärbündnis hinein? Man halte sich die NATO-Beitrittsperspektive auf jeden Fall offen, hieß es in Helsinki wie in Stockholm. Überstürzen werde man allerdings nichts. In Finnland stellte sich gleich ein doppeltes Problem. Es war klar, dass eine Aufnahme in die NATO die Spannungen an der rund 1.340 Kilometer langen Grenze zu Russland empfindlich steigen lassen würde. Hinzu kam, dass Ende 2021 laut Umfragen 51 Prozent der Bevölkerung gegen eine NATO-Mitgliedschaft ihres Landes waren, nur 24 Prozent hingegen dafür.[72] Natürlich könne man, sollten sich die politischen Eliten für einen NATO-Beitritt entscheiden, darauf verzichten, das für diesen Fall eigentlich erwartete Referendum abzuhalten, hieß es Anfang 2022 in einer Analyse des European Council on Foreign Relations (ECFR). Allerdings sehe das »aus der Perspektive der Demokratie« wohl »nicht völlig unproblematisch« aus.[73]

Ein Ereignis freilich könne die Lage in Finnland ändern, hieß es in der ECFR-Analyse: ein NATO-Beitritt des Nachbarlandes Schweden. Er könne erhebliche Sogkraft entfalten. In Schweden waren die Widerstände gegen die formelle Mitgliedschaft in dem Militärbündnis zwar gleichfalls stark. Ende 2020 hatte aber immerhin das Parlament in Stockholm beschlossen, sich die Option eines NATO-Beitritts offenzuhalten – eine Entscheidung, die zwar noch keine konkreten Folgen hatte, die aber als ein wichtiges Symbol der Öffnung für den Pakt galt. In Schweden hatte sich zudem die öffentliche Stimmung bereits erheblich verschoben. Sprachen sich 1994 noch 48 Prozent gegen eine NATO-Mitgliedschaft ihres Landes aus und nur 15 Prozent dafür, so lagen Befürworter und Gegner Ende 2020 mit je rund 30 Prozent gleichauf.[74] Anfang 2022, mit der eskalierenden Ukraine-Krise, zeichnete sich eine gewisse Polarisierung ab: Die Zahl der Befürworter eines schwedischen NATO-Beitritts war auf rund 37 Prozent, die Zahl der Gegner auf etwa 35 Prozent gestiegen. Allerdings waren immer noch 28 Prozent unentschieden – bei der heftigen antirussischen Agitation keine geringe Zahl.[75]

Schweden machte Anfang 2022 Schlagzeilen, als es seine militärischen Aktivitäten auf Gotland verstärkte. Die Insel liegt strategisch äußerst günstig mitten in der Ostsee; etwas über 300 Kilometer leicht südöstlich befindet sich die russische Exklave Kaliningrad, und wenig mehr als 400 Kilometer nordöstlich beginnt der Finnische Meerbusen, der nach Sankt Petersburg führt. Von Gotland aus lassen sich die Seewege dorthin gut kontrollieren. Entsprechend hat die schwedische Regierung, die erst 2005 ihre auf der Insel stationierten Truppen abgezogen hatte, 2015 begonnen, dort wieder eine feste Militärpräsenz aufzubauen; 2019 kündigte sie an, Gotlands Luftabwehr umfassend zu modernisieren. Die Insel bietet der NATO im Kriegsfall die Möglichkeit, einerseits die russische Luft- und Schiffsabwehr in Kaliningrad zu attackieren, andererseits Rückendeckung für eigene offensive Operationen in der Region zu leisten; nicht zuletzt ist sie geeignet, als Umschlagplatz für den Nachschub ins Baltikum zu dienen.[76] Schwedens NATO-Mitgliedschaft ist dazu gar nicht nötig: Das »Host Nation Support«-Abkommen von 2014 und die feste politische Einbindung des Landes in das westliche Bündnissystem reichen für gemeinsame Operationen gegen Russland völlig aus.

Südosteuropa und das Schwarze Meer

Defender Europe 21 war eine Großübung von gewaltigen Dimensionen. Rund 28.000 Soldaten aus 26 Staaten nahmen teil; Truppen und Material aus Nordamerika wurden über Häfen in fünf und über Flughäfen in zwölf europäischen Staaten nach Europa verlegt; darüber hinaus fanden von März bis Juni 2021 zahlreiche Einzelübungen in insgesamt 16 Ländern statt, darunter Teilmanöver wie Saber

Guardian, bei dem allein mehr als 13.000 Soldaten aus 19 Nationen mit scharfem Schuss übten. Ganz wie bei Defender Europe 20 ging es darum, den schnellstmöglichen Transport von US-Truppen über den Atlantik in Richtung russische Grenze zu proben. Im Unterschied zum Vorjahr lag der regionale Schwerpunkt diesmal jedoch nicht im Ostseegebiet, sondern in Südosteuropa: Es ging darum, das Anlanden von US-Truppen an der östlichen Adriaküste von Slowenien über Kroatien bis Albanien und darüber hinaus in Griechenland und anschließend ihren weiteren Vormarsch bis an die Grenzen zur Ukraine und zu Moldawien bzw. bis zum Schwarzen Meer durchzuexerzieren. Es ging also um den militärischen Aufmarsch an einem weiteren Abschnitt der Konfrontationslinie im Zweiten Kalten Krieg, wenngleich der Aufmarsch unmittelbar auf dem Territorium der Ukraine ausgespart wurde.

Defender Europe 21 zeigte: Die NATO nahm jetzt nicht mehr nur vor allem das Ostseegebiet, sondern stärker als zuvor auch den Südosten des Kontinents und das Schwarze Meer ins Visier. Dabei band sie nicht nur die Ukraine und Georgien ein, die als unmittelbare Nachbarstaaten Russlands eine sehr spezielle strategische Bedeutung haben und darüber hinaus die NATO-Mitgliedschaft anstreben, sondern auch drei der vier Länder Südosteuropas, die dem Militärpakt noch nicht angehören: Moldawien, Bosnien-Herzegowina sowie das völkerrechtswidrig von Serbien abgespaltene Kosovo. Lediglich Serbien blieb von dem Großmanöver ausgeschlossen. Der Grund: Das Land kooperiert eng mit Russland – auch bei der Rüstung und militärisch. So kauft es in größerem Umfang russische Waffen; seine Streitkräfte führen außerdem in zunehmendem Maß gemeinsame Übungen mit den russischen Streitkräften durch. Dazu zählen etwa die Manöver, die Russland, Belarus und Serbien regelmäßig Seite an Seite unter der Bezeichnung »Slawische Brüderlichkeit« durchführen, so etwa im Juni 2021[77] – parallel zur letzten Phase von Defender Europe 21. Serbien hat darüber hinaus seit 2013 Beobachterstatus bei dem von Moskau geführten Militärbündnis OVKS (Organisation des Vertrags über kollektive Sicherheit).

Die NATO hatte ihre gegen Russland gerichteten Aktivitäten ab 2014 zunächst vor allem auf den Nordosten des Bündnisgebiets fokussiert – auf die Ostseeregion mit den baltischen Staaten, die in der Tat strategisch heikel liegen, aber auch mit der russischen Exklave Kaliningrad, die überaus verwundbar ist. In Südosteuropa waren zunächst zwei NATO Force Integration Units (NFIU) errichtet worden, in Rumänien und in Bulgarien; zudem hatte das Militärbündnis in Rumäniens Hauptstadt Bukarest ein neues Multinational Division South-East Headquarters (HQ MND-SE) aufgebaut und zum 1. Dezember 2015 aktiviert, das seitdem in der Lage ist, NATO-Truppen im Südosten des Kontinents zu führen. Auf ihrem Warschauer Gipfel vom Juli 2016 ging die NATO einen Schritt weiter und beschloss die Gründung einer Multinational Brigade South-East in Craiova (Rumänien), einer im Kern rumänischen Einheit, die um Militärs aus anderen NATO-Staaten erweitert wurde; auch die Bundesrepublik sagte eine Beteiligung zu.[78] Die Einheit wurde unter der Bezeichnung tailored Forward Presence (tFP) der enhanced Forward Presence (eFP) in Polen und den baltischen Staaten gegenübergestellt – ein Detail mit Bedeutung: Die eFP werden ganz von auswärtigen NATO-Staaten gestellt. Hardliner waren mit der tFP recht bald unzufrieden.

Die NATO-Raketenabwehr

Noch vor dem NATO-Gipfel in Warschau – und unabhängig von ihm – hatte die NATO einen weiteren Aufrüstungsschritt im Südosten Europas vollzogen, der bereits Jahre vor der Eskalation des Ukraine-Konflikts geplant worden war: Am 13. Mai 2016 hatte sie ein von den USA im rumänischen Deveselu ungefähr 70 Kilometer südöstlich von Craiova installiertes Raketenabwehrsystem vom Typ Aegis Ashore in Betrieb genommen. Die Anlage ist Teil eines Gesamtverbundes, zu dem eine weitere Aegis-Ashore-Anlage im polnischen Redzikowo 110 Kilometer westlich von Gdańsk und vier im spanischen Rota stationierte, mit antiballistischen Systemen ausgestattete US-Kriegsschiffe gehören, die im Mittelmeer patrouillieren sollen; die Kommandozentrale für den Gesamtverbund ist auf der US-Basis Ramstein untergebracht. Hinzu kommt ein Radarsystem in der Türkei. Die Inbetriebnahme der Anlage in Redzikowo verzögerte sich mehrmals; Ende 2021 hieß es, mit ihr könne nun definitiv Ende 2022 gerechnet werden. In ihren Stellungnahmen zu dem Raketenabwehrsystem erklärte die NATO stets, es sei ausschließlich defensiv konzipiert und zur Abwehr etwaiger iranischer Langstreckenraketen errichtet worden. Freilich bestanden an beiden Angaben von Anfang an erhebliche Zweifel.

Geäußert wurden diese Zweifel regelmäßig von russischen Stellen. Moskau sei überzeugt, »dass der Ausbau des Raketenabwehrsystems eine reale Gefahr für die Sicherheit der Russischen Föderation darstellt«, äußerte im Mai 2016 etwa Dmitri Peskow, Sprecher von Präsident Wladimir Putin.[79] Der Grund: Es sei in der Lage, hieß es immer wieder, russische Raketen abzufangen und damit nicht zuletzt die russischen Nuklearpotenziale zumindest teilweise zu neutralisieren. Das gelte wohl nicht für die Aegis-Ashore-Raketen in Deveselu, aber durchaus für diejenigen in Redzikowo; und erst recht müsse man in Rechnung stellen, dass die in Rota stationierten Schiffe jederzeit beliebig verlegt werden könnten, beispielsweise in den Nordatlantik, wo sie auf die USA zielende russische Raketen abfangen könnten. Dadurch gerate, ohne dass die Vereinigten Staaten oder die NATO es zugäben, das gesamte Regime gegenseitiger Abschreckung aus dem prekären Gleichgewicht. Und es komme hinzu, heißt es regelmäßig in Moskau, dass die MK-41-Abschussrampen, die Aegis Ashore nutzt, nicht nur Abwehrraketen, sondern auch Angriffswaffen abfeuern können – Mittelstreckenraketen. Deren Stationierung oder gar Nutzung war nun aber lange Zeit durch den INF-Vertrag, der am 8. Dezember 1987 von US-Präsident Ronald Reagan und dem sowjetischen Staats- und Parteichef Michail Gorbatschow unterzeichnet worden war, strikt untersagt.

Verstießen die US-Anlage in Deveselu und die geplante Anlage in Redzikowo also gegen den INF-Vertrag? Die russischen Vorwürfe, »es handele sich um die nicht vertragskonforme Dislozierung eines Systems zum Einsatz landgestützter Marschflugkörper«, seien

»aus technischer Sicht schwer zu entkräften«, urteilte im Mai 2017 die Berliner Stiftung Wissenschaft und Politik.[80] Die Vereinigten Staaten stritten das ab – und warfen ihrerseits Russland vor, den INF-Vertrag zu brechen – mit Raketen mit der russischen Bezeichnung 9M729 (NATO-Kürzel: SSC-8), die es in Jekaterinburg östlich des Urals sowie auf dem Testgelände Kapustin Jar am Kaspischen Meer stationiert habe. Dem wiederum widersprach Moskau. Eine Lösung des Streits war unmöglich, da Washington, wie sogar die Bundesakademie für Sicherheitspolitik (BAKS) beklagte, sich »aus Geheimhaltungsgründen« weigerte, »eindeutige Belege« für seine Behauptungen zu präsentieren.[81] Im Jahr 2018 eskalierte der Streit – und am 1. Februar 2019 kündigte die Trump-Administration den INF-Vertrag, der mit Ablauf der Kündigungsfrist am 2. August 2019 unwirksam wurde. Das war für die Bemühungen um Rüstungskontrolle ein schwerer Schlag. Allerdings spricht vieles dafür, dass Washington mit dem Ausstieg aus dem INF-Vertrag Mittelstreckenraketen weniger in Europa, sondern vielmehr in Asien zu stationieren beabsichtigte – nahe China (vgl. Kapitel 2.2).

Von der tFP zur eFP

Zurück nach Südosteuropa. Mit der tailored Forward Presence (tFP) unzufrieden, drangen Hardliner auf einen Ausbau der NATO-Präsenz in Rumänien und Bulgarien nach dem Vorbild der enhanced Forward Presence (eFP) in Polen und im Baltikum. Der Militärpakt müsse Südosteuropa höhere »Priorität« einräumen, forderten im Sommer 2020 Generalleutnant a. D. Ben Hodges, ein einstiger Oberkommandierender der US-Landstreitkräfte in Europa (November 2014 bis Dezember 2017), und drei seiner Kollegen vom Washingtoner CEPA: Er müsse endlich seine Aktivitäten in der Schwarzmeerregion denjenigen im Baltikum angleichen.[82] Und in der Tat – es war Bewegung in die Sache gekommen. So wurde das Air Policing in Rumänien und Bulgarien schrittweise auf mehr Schultern verteilt als zuvor; im Juni 2021 beteiligte sich erstmals die deutsche Luftwaffe und stationierte Eurofighter vom Taktischen

Luftwaffengeschwader 71 »Richthofen« aus Wittmund auf der *Mihail Kogălniceanu Air Base nahe* der Hafenstadt Constanţa am Schwarzen Meer. Das war, nebenbei, eine der Luftwaffenbasen, über die die CIA im »Anti-Terror-Krieg« nach dem 11. September 2001 Verdächtige verschleppt hatte. In Rumänien hatte darüber hinaus nach dem NATO-Gipfel am 11./12. Juli 2018 in Brüssel der Aufbau des Headquarters Multinational Corps South-East (HQ MNC-SE) begonnen, dessen Anfangsbefähigung im Rahmen von Defender Europe 21 geprüft wurde. Das Hauptquartier ist in Sibiu angesiedelt; es soll spätestens ab 2024 voll einsatzfähig sein.

Ende 2021 deutete sich der nächste Schritt an. Am 17. Dezember traf Bulgariens neuer Ministerpräsident Kiril Petkow, gerade einmal vier Tage im Amt, im NATO-Hauptquartier in Brüssel mit Generalsekretär Jens Stoltenberg zusammen. Man prüfe »laufend«, ob die NATO ihre Stellung in Südosteuropa »anpassen« müsse, teilte Stoltenberg anschließend mit. Einen Tag später machten Berichte die Runde, NATO-Oberbefehlshaber Tod D. Wolters dringe darauf, schon bald nicht nur in Rumänien, sondern auch in Bulgarien eine eFP-Militärpräsenz wie im Baltikum zu installieren: Bataillone von vielleicht 1.500 Soldaten aus anderen NATO-Staaten, die dort – möglicherweise ebenfalls rotierend – permanent stationiert seien.[83] Am 21. Dezember bestätigte Bulgariens Verteidigungsminister Stefan Janew, die Berichte träfen zu; die bulgarische Regierung lehne die Stationierung neuer Truppen auf bulgarischem Territorium allerdings eindeutig ab. Am Vortag hatte Ministerpräsident Petkow die Debatte mit der Mitteilung zu beruhigen versucht, bislang gehe es in den Gesprächen mit der NATO »hauptsächlich« um strategische Infrastruktur; »Details« über eine eFP-Präsenz seien noch nicht besprochen worden.[84] In Bulgarien, das traditionell vergleichsweise enge Verbindungen nach Russland unterhält, ging jedoch prompt die prowestliche Fraktion in den einheimischen Eliten in die Offensive und sprach sich für eine Einwilligung in die Stationierungspläne aus. Sofia, ohnehin von Krisen geplagt, hatte damit eine kräftezehrende Grundsatzdebatte am Hals.

Russlands Sprungbrett ins Mittelmeer

Wozu das alles? Abgesehen davon, dass eine eFP-Präsenz in Bulgarien womöglich helfen würde, Russlands verbliebenen Einfluss in dem Land weiter zu schwächen: Die NATO-Strategen hatten bei alledem vor allem das Schwarze Meer im Visier. Das Gewässer hat für Russland hohe strategische Bedeutung. Es ist wichtig für die russische Exportwirtschaft: Noworossijsk an seiner Ostküste ist der größte russische Handelshafen, über den nicht zuletzt Erdöl ausgeführt wird; durch das Schwarze Meer verlaufen zudem mit Blue Stream und TurkStream zwei große Erdgaspipelines, die russisches Gas in die Türkei liefern, von wo ein Teil nach Südosteuropa weitergeleitet wird. Das Meer ist zudem, daran erinnerte im November 2018 etwa das deutsche Fachblatt *MarineForum*, für die »Verteidigung der russischen Südflanke« seit je praktisch unverzichtbar. Umgekehrt dient das Schwarze Meer auch als Basis für die russische Schwarzmeerflotte, die nicht nur defensive Aufgaben hat: Sie bildet auch »das strategische Rückgrat der Machtprojektion Russlands über den Bosporus hinaus ins östliche Mittelmeer und den Nahen Osten«, konstatierte das *MarineForum*.[85] Ein Beispiel: Als die russischen Streitkräfte im Herbst 2015 in Syrien zu intervenieren begannen – auf Bitte der Regierung in Damaskus –, da sorgte zunächst der Lenkwaffenkreuzer Moskwa für den Schutz der russischen Luftwaffe. Hätte Moskau zu diesem Zweck Kriegsschiffe aus der Ostsee, von der Halbinsel Kola oder gar aus dem Pazifik herbeiführen müssen, es wäre bei seinen Aktivitäten massiv eingeschränkt gewesen.

Russlands »Sprungbrett ins Mittelmeer« – in diesem Schlagwort fasste Klaus Mommsen, Marineexperte und regelmäßiger Autor im *MarineForum*, die strategische Bedeutung des Schwarzen Meeres bzw. der Basis der russischen Schwarzmeerflotte auf der Krim Ende Februar 2014 prägnant zusammen.[86] Ende Februar 2014 – das war noch vor der Aufnahme der Krim in die Russische Föderation, mit der zu diesem Zeitpunkt im Westen niemand rechnete; Mommsen nannte allerdings bereits damals unwissentlich Gründe, die aus

Moskauer Sicht klar dafür sprachen, sich die Krim anzueignen. Die Halbinsel, erläuterte der Marineexperte, rage »weit ins Meer« hinein und habe »eine für das Schwarzmeer beherrschende strategische Position«. Das auf der Krim gelegene Sewastopol »mit seinen vielen Buchten« sei zudem »der einzige Hafen, der wirklich die gesamte russische Schwarzmeerflotte aufnehmen kann, ihr Schutz und die entsprechende Logistik bietet«. Zwar sei Moskau dabei, den Hafen in Noworossijsk auszubauen; doch werde dieser »nur einen Teil der Flotte aufnehmen können« – auch weil er »keine schützenden Buchten« habe und ungünstige Winde dort liegende Kriegsschiffe beschädigen könnten. Nebenbei: Das ist auch der Grund, weshalb sich Moskau in den Jahren vor 2014 von Kiew stets die Nutzungsrechte für den Hafen in Sewastopol vertraglich zusichern ließ. So kam es auch, dass russische Soldaten, als sie im März 2014 die Abspaltung der Krim absicherten – die im Westen als »kleine grüne Männchen« bezeichneten Militärs –, völlig legal vor Ort waren und die Krim nicht etwa in einem bewaffneten Einmarsch mit militärischer Gewalt annektierten.

Die Aufnahme der Krim hat Russland in der Tat erhebliche strategische Vorteile eingebracht. Grundsätzlich ist die Lage im Schwarzen Meer durchwachsen. Auf den ersten Blick scheint der Westen im Vorteil zu sein: Die Südküste (Türkei) und die Westküste (Rumänien, Bulgarien) des Gewässers sind fest in NATO-Hand; die Ukraine und Georgien, an der Nord- bzw. Ostküste gelegen, streben den NATO-Beitritt an. Russland ist auf einen Teil der Ostküste nördlich Georgiens abgedrängt. Auf den zweiten Blick relativiert sich dieser Vorteil jedoch ein wenig. »Rumänien und Bulgarien verfügen … über unzureichende Seestreitkräfte«, hielt das *MarineForum* Ende 2018 fest; Bulgarien habe zudem ein »ambivalentes Verhältnis zu Russland«.[87] Die Türkei wiederum, die über »die stärkste Marine im Schwarzen Meer« verfüge, kooperiere recht eng mit Moskau und nehme dabei auch schlechtere Beziehungen zu den NATO-Staaten in Kauf; ein wirklich verlässlicher Verbündeter sei sie nicht mehr. Es kommt hinzu: Dank der Aufnahme der Krim kann Russland auf der

Halbinsel frei schalten und walten; so habe es dort etwa, bilanzierte das *MarineForum*, »Flugabwehrraketensysteme (S-300 und S-400) und Systeme zum Einsatz von Seezielflugkörpern (Bastion-P)« stationiert und »seine Küstentruppen und Marinelufteinheiten« verstärkt. Insgesamt sei ihm damit »die Errichtung einer russischen ›Anti-Access/Area-Denial‹-Zone (A2/AD)«, in die feindliche Kräfte im Kriegsfall kaum eindringen können, »in einem großen Teil des Schwarzen Meeres« gelungen. Der »Schutz der russischen Südflanke« sei dadurch erheblich verbessert worden.

»Sea denial« und »sea control«

Die NATO wiederum steht im Schwarzen Meer vor einem weiteren Problem: Der Zugang zu dem Gewässer ist für Nicht-Anrainerstaaten durch den Vertrag von Montreux aus dem Jahr 1936 strikt beschränkt. Auswärtige Kriegsschiffe dürfen sich maximal 21 Tage lang dort aufhalten; auswärtige U-Boote, Überwasserkriegsschiffe mit einer Verdrängung von mehr als 10.000 Tonnen und Flugzeugträger dürfen das Marmarameer und dessen jeweiligen Zugänge, die Dardanellen und den Bosporus, überhaupt nicht passieren. Damit steht ihnen der Seeweg von der Ägäis zum Schwarzen Meer nicht offen. Zudem darf die Gesamttonnage auswärtiger Kriegsschiffe im Schwarzen Meer zu keinem Zeitpunkt 45.000 Tonnen überschreiten; für einen einzelnen Staat liegt die Obergrenze sogar bei 30.000 Tonnen. Das setzt den NATO-Aktivitäten klare Grenzen. Anfang 2021 konnte der Militärpakt mitteilen, Kriegsschiffe seiner Mitgliedstaaten patrouillierten während immerhin rund zwei Dritteln des Jahres im Schwarzen Meer; darüber hinaus stärke man die Stellung des Westens, indem man die Seestreitkräfte der Ukraine und Georgiens auf verschiedenste Art und Weise unterstütze.[88] Zudem war eine weitere Aufstockung der westlichen Marinepräsenz geplant.

Reicht das aus? Nein, urteilte im Januar 2021 Ex-NATO-Oberbefehlshaber Ben Hodges. Aufgrund des Vertrags von Montreux werde die russische Schwarzmeerflotte »zahlenmäßig immer im

Vorteil sein«.[89] Die NATO müsse deshalb »innovative Wege finden, um die Initiative zu erlangen«. Wenn man es schon, anders als in der Ostsee, nicht schaffe, die Kontrolle über das Schwarze Meer (»sea control«) zu erlangen – »jedenfalls nicht in den frühen Phasen einer möglichen Krise« –, so könne man doch dafür sorgen, dass die russische Schwarzmeerflotte sich nicht nach Belieben in dem Gewässer bewegen könne (»sea denial«), erklärte Hodges. Anfangen könne man, indem die NATO Rumänien zu ihrem »Schwerpunkt« in der Region aufwerte. Rumänien wiederum könne dann beginnen, seine eigenen »anti-access/area denial (A2/AD)-Fähigkeiten« zu entwickeln. Es könne Antischiffsraketen in großer Zahl beschaffen, Kampfhubschrauber kaufen und vor allem seine Streitkräfte mit Drohnen aller Art aufrüsten. Geschickt platziert, genügten wohl schon Raketen mit einer Reichweite von 500 Kilometern, um von Rumänien aus die Hafenanlagen der russischen Schwarzmeerflotte auf der Krim bei Bedarf zu vernichten. Drohnen könnten derlei Angriffe zusätzlich unterstützen. Sicherlich müsse man dann auch das Air Policing zu einer vollumfänglichen Luftabwehr ausbauen und weitere Abwehrmaßnahmen gegen etwaige russische Gegenangriffe vorbereiten. Gelinge dies aber, dann habe der Westen im Kriegsfall im Schwarzen Meer durchaus eine Chance auf Sieg.

Ergänzend empfahl Hodges eine Ausweitung der Manövertätigkeit, vor allem eine Intensivierung der Kriegsübung Sea Breeze. Diese wird seit 1997 jährlich gemeinsam von den Vereinigten Staaten und der Ukraine organisiert und im und am Schwarzen Meer durchgeführt. In den Jahren vor 2014 stieß Sea Breeze auf der Krim zuweilen auf Protest – so etwa im Jahr 2006, als wütende Unmutsbekundungen und entschlossene Boykottmaßnahmen aus der Bevölkerung es selbst den USA ratsam erscheinen ließen, auf die Einbindung der Krim in das Manöver zu verzichten. Nebenbei: Die gewaltige Referendumsmehrheit für die Abspaltung der Krim im März 2014, die dem Umsturz zugunsten einer NATO-orientierten Regierung in Kiew folgte, kam nicht von ungefähr. Sea Breeze 2021, vom 28. Juni bis zum 10. Juli 2021 von der ukrainischen Marine in Kooperation mit der U.S. 6th Fleet abgehalten, die für den östlichen Atlantik und das Mittelmeer zuständig ist, war das bis dahin größte Manöver seiner Art; rund 5.000 Soldaten aus 32 Staaten mit 32 Kriegsschiffen und 40 Flugzeugen nahmen teil. Geübt wurden unter anderem Landemanöver, Rettungs- und Spezialkräfteoperationen, die Abriegelung von Seegebieten, U-Boot- und Luftabwehr. Das Manöver begann unmittelbar nach dem Abschluss von Defender Europe 21; zahlreiche Soldaten nahmen an beiden Übungen teil.[90] Hodges empfahl Anfang 2021, Sea Breeze in Zukunft noch weiter aufzustocken – auf eine Teilnehmerzahl, wie sie die Defender-Europe-Manöver haben, also mindestens um die 30.000 Soldaten mit gewaltigen Mengen an Kriegsgerät.

Apropos Manöver: Die USA und andere NATO-Staaten führen Manöver im Schwarzmeergebiet nicht nur zur See, sondern auch auf dem Territorium von Nicht-Mitgliedstaaten durch. In der Ukraine etwa findet seit 1997 regelmäßig die Übung Rapid Trident statt, bei der die ukrainischen Streitkräfte gemeinsam mit NATO-Staaten den Krieg zu Land proben. Im September 2021 nahmen rund 4.000 ukrainische Soldaten und etwa 2.000 Militärs aus 14 weiteren Staaten an dem Manöver teil. In Georgien findet seit 2011 regelmäßig die Übung Agile Spirit statt – zunächst in Reaktion auf den russisch-georgischen Krieg vom August 2008, mittlerweile zusätzlich motiviert durch den verstärkten Aufmarsch gegen Russland seit Beginn der Eskalation des Ukraine-Konflikts 2014. Beteiligt sind jeweils die Streitkräfte Georgiens, der Vereinigten Staaten und weiterer Verbündeter aus Europa. Hinzu kommt mit Noble Partner eine weitere, im Kern georgisch-US-amerikanische Kriegsübung mit Einbindung verbündeter Staaten, gleichfalls auf georgischem Territorium. In der georgischen Hauptstadt Tbilissi (Tiflis) hat die NATO bereits im Oktober 2010 ein eigenes Verbindungsbüro eröffnet; im August 2015 kam die Einrichtung eines Joint Training and Evaluation Centre (JTEC) hinzu. Das JTEC arbeitet systematisch daran, die georgischen Streitkräfte auf NATO-Standards zu orientieren und die Interoperabilität der georgischen Truppen mit der NATO zu optimieren.

Gefährliche »Zwischenfälle«

Aufrüsten, Positionen abstecken, Manöver durchführen – das ist im Schwarzen Meer und in den Anrainernstaaten längst Alltag. Wie schnell die Lage aber im Fall der Fälle eskalieren kann, das zeigen zwei Geschehnisse, die gern mit dem harmlos klingenden Begriff »Zwischenfall« bezeichnet werden. Einer davon ereignete sich am 25. November 2018 in der Straße von Kertsch, der schmalen Wasserstraße, die den östlichsten Zipfel der Krim vom russischen Festland nördlich von Sotschi und Noworossijsk trennt. Sie ist an ihrer engsten Stelle gerade einmal vier Kilometer breit und wird seit 2018 von einer Brücke überspannt, die die Krim erstmals seit 2014 wieder ohne Fähre vom russischen Hauptterritorium her zugänglich macht. Schiffe, die die Häfen im Südosten der Ukraine ansteuern – vor allem Mariupol und Berdjansk –, müssen sie durchqueren. Weil aus Moskauer Perspektive die Straße von Kertsch seit der Aufnahme der Krim quasi russisches Binnengewässer ist, regelt die russische Küstenwache dort den Schiffsverkehr; sie führt außerdem immer wieder Kontrollen durch. Im Laufe des Jahres 2018 hatten sich nun im Schwarzen Meer beträchtliche Spannungen aufgebaut: Die Ukraine hatte begonnen, Boote von der Krim willkürlich festzusetzen; Russland hatte gegengehalten und ukrainische Boote mit fantasievoller Begründung aufgegriffen; der Streit eskalierte, und in diesem Zusammenhang weitete Russland seine Kontrollen in der Straße von Kertsch noch einmal deutlich aus.

Am 25. November näherten sich nun drei Schiffe der ukrainischen Kriegsmarine der Straße von Kertsch – offenkundig in der Absicht, eigenmächtig und ohne jede Rücksicht auf die russische Küstenwache die Meerenge zu durchqueren, um zu demonstrieren, dass Kiew Moskaus Anspruch auf die Krim nicht anerkennt. Der Aufforderung der russischen Küstenwache, sich zur Durchfahrt anzumelden, kamen die ukrainischen Kriegsschiffe nicht nach; sie starteten stattdessen einen Durchbruchsversuch. Der ging schief: Die russische Küstenwache intervenierte, rammte eines der ukrainischen Schiffe, blockierte die Straße von Kertsch mit einem quergestellten Tankschiff. Die Lage eskalierte; die russische Seite forderte zwei Kampfflugzeuge und zwei Hubschrauber an; russische Küstenwächter schossen scharf; mehrere ukrainische Soldaten wurden verletzt. Nach einer dramatischen Jagd setzte die russische Küstenwache die ukrainischen Kriegsschiffe fest. Deren Besatzung wurde festgenommen; alle – 24 Militärs, darunter mehrere Mitarbeiter des Geheimdiensts SBU – wurden vor Gericht gestellt. Der »Zwischenfall« führte zu einem heftigen politischen Eklat; immerhin aber kam es nicht zur militärischen Eskalation.

Der zweite »Zwischenfall« ereignete sich am 23. Juni 2021. Zwei Tage zuvor hatten Vertreter Großbritanniens und der Ukraine an Bord des britischen Zerstörers HMS Defender, der im Hafen von Odessa ankerte, eine Vereinbarung unterzeichnet, die britische Hilfen für die ukrainische Marine vorsah, darunter die Lieferung zweier ausgemusterter Minenjagdboote. Anschließend machte sich die HMS Defender auf den Weg in die georgische Hafenstadt Batumi – nichts besonderes, sollte man meinen. Allerdings entschied London, das Kriegsschiff solle eine spezielle Route wählen: es solle knapp am Südzipfel der Krim vorbeisteuern und dabei gezielt in die Zwölfmeilenzone der Krim eindringen. Das sollte Londons Auffassung demonstrieren, die Krim und damit auch ihre Küstengewässer gehörten der Ukraine; für Russland gebe es keinen Anlass, sich zu beschweren. Um die Provokation zu dokumentieren, hatte der Zerstörer Journalisten der BBC und des Boulevardblattes *Daily Mail* an Bord genommen. Moskau allerdings reagierte scharf. Die HMS Defender wurde von zwei Schiffen der russischen Küstenwache und mehr als 20 Militärflugzeugen umgehend aus der Zwölfmeilenzone der Krim gedrängt; ein russisches Schiff gab Warnschüsse ab, ein Kampfjet warf Bomben unweit des britischen Zerstörers ins Meer. Beim nächsten Mal werde man nicht mehr danebenschießen, sondern treffen, teilte Moskau anschließend mit.

Die gezielte Provokation sorgte im Vereinigten Königreich wenige Tage später für ein kleines Nachbeben. Ursache war ein Stapel durchweichter Papiere, die jemand in einem Ort in der Grafschaft

Kent nach einer Regennacht an einer Bushaltestelle fand und nach einem kurzen Blick auf den Inhalt prompt an die BBC weiterleitete. Es handelte sich um Unterlagen, die ein Mitarbeiter des britischen Verteidigungsministeriums – aus welchen Gründen auch immer – dort verloren hatte. Sie bestätigten, was man sich denken konnte: London hatte die Route der HMS Defender durch die Zwölfmeilenzone der Krim gezielt ausgewählt, um Russland zu provozieren; dabei war auch eine harsche russische Reaktion ausdrücklich als denkbar eingestuft worden. Vor diesem Hintergrund Journalisten an Bord zu nehmen, das war nun schon bemerkenswert. Immerhin war letztlich niemand zu Schaden gekommen; die HMS Defender konnte ihre große Fahrt fortsetzen: Sie war Teil der Kampfgruppe um den neuen Flugzeugträger, die HMS Queen Elizabeth, die auf dem Weg in die Asien-Pazifik-Region war, und hatte sich nur für einen kleinen Abstecher ins Schwarze Meer von ihr abgesetzt. Nun reihte sie sich wieder ein – auf der Fahrt unter anderem ins Südchinesische Meer, wo es in einem Akt ähnlicher Kanonenbootpolitik darum ging, China die Machtansprüche des Westens zu demonstrieren. Mehr dazu in Kapitel 2.2.

Der Hohe Norden

Zur U-Boot-Jagd nach Island: Alle zwei Jahre mobilisiert die NATO die Seestreitkräfte mehrerer Mitgliedstaaten vor die Küste der weit im Nordatlantik gelegenen Insel zum Manöver Dynamic Mongoose. Regelmäßig beteiligt sind U-Boote, Überwasserkriegsschiffe und Seefernaufklärer; geübt wird dabei, feindliche U-Boote aufzufinden und zu bekämpfen. Die tiefen, kalten Gewässer dort und im nördlich angrenzenden Europäischen Nordmeer, in dem – vor der Küste Norwegens – Dynamic Mongoose in den Jahren zwischen den Übungen vor Island stattfindet, bieten keine einfachen Voraussetzungen, und die Manöverbedingungen werden, wie die Bundeswehr erläutert, nicht selten verschärft »durch wechselhaftes Wetter, starke Winde und raue See«.[91] Nach dem Ende des Kalten Kriegs hatte die NATO zwei Jahrzehnte lang auf U-Boot-

Jagd-Übungen in der Region verzichtet; schließlich war sie zunächst mit Kriegen gegen schwächere Staaten vor allem in der arabisch-islamischen Welt und mit der Bekämpfung von Piraten und Flüchtlingen befasst, wofür man keine U-Boot-Jagd braucht. Seit 2012 aber organisiert das Allied Maritime Command (MARCOM) in Northwood, einem nordwestlichen Vorort von London, nun wieder entsprechende Übungen, im Mittelmeer (»Dynamic Manta«) und eben im Nordatlantik. Beide Manöverserien haben russische U-Boote im Visier.

Geht es bei Dynamic Manta darum, russische U-Boote aufzuspüren, die aus dem Schwarzen Meer in Richtung Westen vordringen, so zielt Dynamic Mongoose auf U-Boote der russischen Nordflotte, die in Seweromorsk bei Murmansk ihren Haupthafen hat. Sollen sie in Konflikte oder Kriege intervenieren, so müssen sie durch die Barentssee an Norwegens Nordkap vorbei ins Europäische Nordmeer einfahren und versuchen, von dort weiter nach Süden vorzustoßen, nach Möglichkeit bis in den Nordatlantik. Auf diesem Weg haben Strategen vor allem zwei heikle Stellen identifiziert. Zum einen handelt es sich um »Bear Gap«, die Passage zwischen Nordnorwegen und der zu Norwegen zählenden, noch weiter im Norden liegenden Inselgruppe Svalbard (Spitzbergen), in deren Mitte die ebenfalls norwegische Bäreninsel liegt. Zum anderen geht es um »GIUK Gap«, die Passage zwischen Grönland (G) und Großbritannien (UK, United Kingdom), in deren Mitte sich Island (I) befindet. Gelingt es russischen U-Booten, an Island vorbei in die riesigen Weiten des Nordatlantiks zu gelangen, dann hat die NATO ein gravierendes Problem: Dann können die U-Boote die Nachschublinien aus Nordamerika nach Europa bedrohen – die Seewege, über die zuletzt etwa bei den Defender-Europe-Manövern US-Truppen und Material im großen Stil über den Atlantik auf den europäischen Kontinent befördert wurden, um dort zur russischen Grenze vorzustoßen. Darüber hinaus könnten die russischen U-Boote im Nordatlantik weiter in Richtung Westen vordringen und die US-Ostküste attackieren.

Die GIUK Gap besaß bereits im Ersten Kalten Krieg, wie der ehemalige NATO-Oberbefehlshaber James Stavridis einmal äußerte, aus Sicht der NATO »strategisch entscheidende Bedeutung«;[92] schließlich hätte die sowjetische Nordflotte wenig handlungsfähig im Europäischen Nordmeer festgesteckt, wäre es dem westlichen Militärpakt gelungen, die Passage zwischen Norwegen und Grönland für sie zu sperren. In den damaligen Kriegsplanungen habe vor allem das NATO-Gründungsmitglied Island »den geopolitischen Status einer Art Schlachtfeld«[93] besessen, berichtete Stavridis. Heute schließt die NATO mit Manövern wie Dynamic Mongoose an die Szenarien des Ersten Kalten Kriegs an. Besondere Bedeutung hat dabei, wie die Berliner Stiftung Wissenschaft und Politik (SWP) im November 2021 festhielt, eine umfassende militärische Aufklärung in den riesigen Weiten der Nordmeere – auch, aber nicht nur für die U-Boot-Jagd. »Im Gesamtgeflecht alliierter Lagebilderfassung und Verteidigungsplanung«, konstatierte die SWP, nehme zwar »Norwegen in der Region eine Vorreiterrolle ein«; doch seien seine Streitkräfte allein »nicht in der Lage«, der NATO »ein umfassendes und nahezu lückenloses Lagebild im riesigen maritimen Gebiet des arktisch-nordatlantischen Raums zu liefern«.[94] Andere verbündete Staaten müssten sich beteiligen.

Einer davon ist Deutschland. Zu den »vier Seeräumen«, die für die deutschen Seestreitkräfte besondere Bedeutung besäßen, gehöre neben der Ostsee, dem Mittelmeer und dem Indischen Ozean auch der Nordatlantik, erklärte der damalige Marineinspekteur, Vizeadmiral Andreas Krause, am 9. Januar 2020 auf der Historisch-Taktischen Tagung (HiTaTa) der Deutschen Marine; im Nordatlantik gehe es um den Schutz der »Sea Lines of Communication«, über die der Nachschub »aus den Vereinigten Staaten und Kanada« abgewickelt werde und die in Europa weiterführten »durch den englischen Kanal … hinein in die Nordsee«.[95] Dafür nimmt die Deutsche Marine nicht nur regelmäßig an Manövern wie Dynamic Mongoose teil; sie rüstet zudem einschlägig auf. Die künftige Fregatte F126 etwa, ursprünglich unter dem Namen Mehrzweckkampfschiff MKS 180 bekannt, soll den Angaben der Bundeswehr zufolge fähig sein, sich »im Nordatlantik … im Seegefecht gegen andere Kriegsschiffe [ihrer] Art und U-Boote durchsetzen zu können«.[96] Zudem hat der Bundestag im Sommer 2021 den Kauf von fünf Seefernaufklärern P-8A Poseidon für gut 1,1 Milliarden Euro beschlossen; das Modell ist laut der SWP »sowohl für die moderne U-Boot-Jagd als auch die Überwasseraufklärung ausgelegt«. Die Tatsache, dass es auch von den Streitkräften Norwegens genutzt wird, erleichtert die Kooperation im Hohen Norden. Zugleich beschafft die Deutsche Marine U-Boote des Modells U212 CD (»Common Design«), die von Deutschland und Norwegen gemeinsam entwickelt wurden und die auch Oslo anschafft. Kostenpunkt für Berlin: 2,8 Milliarden Euro.

Im schmelzenden Eis

Neben der GIUK Gap und dem Europäischen Nordmeer rücken im Machtkampf des Westens gegen Russland längst auch weitere Teile der Arktis in den Blick. Hintergrund ist der Klimawandel, der die polaren Eiskappen abschmelzen lässt. Der Anstieg des Meeresspiegels sowie die globalen Verwerfungen, die dadurch drohen, sind wohl die gravierendste Folge. Für die Arktis selbst ergibt sich vor allem zweierlei. Zum einen wird der Zugriff auf neue Rohstofflagerstätten frei; der U.S. Geological Survey schätzt beispielsweise, dass 13 Prozent aller noch nicht erkundeten Erdölvorräte sowie 30 Prozent des noch nicht erkundeten Erdgases nördlich des Polarkreises zu finden sind. Umfangreiche Ressourcen birgt nicht zuletzt die russische Arktis. Im Jahr 2020 wurden dort 17 Prozent des russischen Erdöls und satte 83 Prozent des russischen Erdgases gefördert. Schätzungen gehen davon aus, dass unter Russlands nördlichem Festlandsockel 17,3 Milliarden Tonnen Erdöl und 85,1 Billionen Kubikmeter Erdgas lagern. Zwar schmerzen mit Blick darauf die 2014 verhängten transatlantischen Sanktionen: Bereits diese sehen ein Exportverbot für High-Tech-Produkte zur Erdölförderung vor, ohne die in der Arktis nicht viel zu machen ist. Dennoch ist klar: Das Potenzial insbesondere beim arktischen Erdgas ist enorm.

Die zweite weitreichende Konsequenz des Klimawandels für die Arktis selbst besteht darin, dass er neue Seewege freisetzt. Wohl bekanntestes Beispiel ist die sogenannte Nordostpassage: der Seeweg entlang der russischen Nordküste, der das Europäische Nordmeer mit dem Nordpazifik verbindet; die Nordostpassage wird, wenngleich noch Eisbrecher benötigt werden, in zunehmendem Maß befahrbar. 2019 wurden 31,5 Millionen Tonnen Schiffsfracht über sie transportiert – überwiegend Flüssiggas, dessen Gewinnung in der russischen Arktis boomt und massiv ausgebaut werden soll. Die Schiffsfracht, die über die Nordostpassage transportiert wird, soll auf gut 80 Millionen Tonnen im Jahr 2024 steigen und dann bis 2035 auf 160 Millionen Tonnen verdoppelt werden. Ob das gelingt, steht freilich in den Sternen. Die Hürden sind enorm; so setzt die regelmäßige Nutzung der Nordostpassage als Seehandelsweg den Aufbau einer gewissen Infrastruktur voraus, der gewaltige Mengen an Geld verschlingt. Ob die Mittel dafür aufgebracht werden können, ist ungewiss.

Geostrategisch folgenreich ist, dass der Klimawandel in der russischen Arktis nicht nur Rohstoffe und Seehandelswege freilegt: Er nimmt der russischen Nordküste auch etwas von dem Schutz, den ihr Eis und extreme Kälte bislang boten. »Russland erhält gewissermaßen neue Außengrenzen, die es vor einem potentiellen Aggressor zu schützen gilt«, so erläuterte es im November 2020 eine Analyse der regierungsnahen Berliner Stiftung Wissenschaft und Politik.[97] Aggressor? Nun, zu der wachsenden Zahl an Staaten, die inzwischen eigene Arktisstrategien entwickelt haben, gehören auch die USA, bei denen neben der Regierung auch gleich die Teilstreitkräfte einschlägig tätig geworden sind. Die U.S. Navy legte ihr Strategiepapier für die Arktis im Januar 2019 vor, das Pentagon im Juni 2019; im Juli 2020 folgte die U.S. Air Force, im Januar 2021 dann die Army. Das Motto der Army-Arktisstrategie spricht eine deutliche Sprache, es lautet: »Die Dominanz in der Arktis zurückgewinnen«.[98] Washington weitete darüber hinaus die US-Kriegsübungen in arktischen Gefilden aus. Im Oktober 2018 kreuzte erstmals seit dem Zerfall der

Sowjetunion ein US-Flugzeugträger samt Begleitschiffen, die Harry S. Truman Carrier Strike Group, in der Arktis: im Europäischen Nordmeer, einem möglichen Ausgangspunkt für Angriffe auf Nordrussland. In einem Vertrag vom 16. April 2020 sicherten sich die USA die Option, auf vier norwegischen Militärstützpunkten eigene Einrichtungen aufzubauen; dazu zählen eine Marine- und eine Luftwaffenbasis weit im Norden des Landes. Für Russland stellt das US-Vorgehen eindeutig eine Bedrohung dar.

Was tun? Wenn nun tatsächlich, wie die SWP im Oktober 2021 einräumte, »Kriegsschiffe … theoretisch einen Angriff aus dem Osten, nämlich durch die Beringstraße, oder aus dem Westen über Grönland und Norwegen starten« könnten, wenn also »der Rückgang des Eises aus russischer Sicht eine neue, vierte Angriffsfront« neben dem Westen, dem Osten (Japan) und dem Süden (Kaukasus, Zentralasien) öffnet, dann hat »der Auf- und Ausbau militärischer Schutzeinrichtungen entlang der neuen Flanke« in der Arktis tatsächlich hohe Bedeutung.[99] Russland habe mittlerweile »viele der seit 1990 geschlossenen Stützpunkte aus Sowjetzeiten … reaktiviert und neue Basen errichtet«, war bei der SWP schon Ende 2020 zu erfahren, »darunter 10 Stationen zur Seenotrettung, 16 Tiefwasserhäfen, 10 neue Flughäfen (von insgesamt 14) und 10 Radarstationen zur Luftverteidigung«, alles an der russischen Nordküste.[100] »Russland zeigt ein defensives Verständnis der Arktis«, bilanzierte die SWP dabei; freilich sei es »im Konfliktfall … auf eine rasche Eskalation vorbereitet«, die »zur Verteidigung« durchaus auch »offensive Operationen« umfassen könne – unter Umständen sogar »die Eroberung von Teilen Nordskandinaviens«. Das ist eine der Regionen, die der Westen als Angriffsbasis nutzen kann.

Als Angriffsbasis? Nun, in Nordskandinavien finden regelmäßig Manöver der Serie »Cold Response« statt, die von den norwegischen Streitkräften ausgerichtet werden. Cold Response 2020 fand mit immerhin rund 16.000 Soldaten aus zehn Staaten, darunter Deutschland, in der weit im Norden gelegenen Region Ofoten statt; dort befinden sich mit der Luftwaffenbasis Evenes und der Marinebasis

Ramsund zwei der Militärstützpunkte, auf denen sich die Vereinigten Staaten das Recht zum Aufbau eigener Militäreinrichtungen gesichert haben. Musste Cold Response 2020 pandemiebedingt abgekürzt werden, so wurde Cold Response 2022 (Mitte März bis Anfang April 2022) als das größte Manöver in der Arktis seit dem Ende des Ersten Kalten Kriegs angekündigt – mit, je nach Quelle, 35.000 bis 40.000 Soldaten aus 26 Staaten, und zwar unter Teilnahme von 24 NATO-Mitgliedern, darunter der Bundesrepublik, sowie Finnland und Schweden; Großbritannien hatte den Flugzeugträger HMS Prince of Wales angekündigt, die Vereinigten Staaten den Flugzeugträger Harry S. Truman.[101] Ein Vorabbericht hatte bereits im April 2021 darauf hingewiesen, die Region Ofoten sei »im Falle eines größeren globalen Konflikts, der Russland im Nordatlantik einbezieht, von strategischer Kernbedeutung«: »Das Gebiet liegt 600 Kilometer von der Halbinsel Kola entfernt, auf der die Atom-U-Boote der [russischen, J. K.] Nordflotte stationiert sind.«[102]

2.
Der Machtkampf gegen China

Was für ein Fehler! John Mearsheimer, die zuvor genannte gewichtige Stimme im außenpolitischen Establishment der USA, schrieb sich sichtlich Ärger von der Seele, als er seinen Beitrag für die letzte Ausgabe der renommierten US-Zeitschrift *Foreign Affairs* im Jahr 2021 ausformulierte.[103] Welche Chance hätten die Vereinigten Staaten doch Anfang der 1990er Jahre gehabt, ihre globale Führungsposition zu zementieren! Was aber hatten sie stattdessen getan? Sie hatten ausgerechnet jenem Land durch enge Wirtschaftskooperation zum Aufstieg verholfen, das ihnen jetzt ihre globale Dominanz streitig machte: der Volksrepublik China. Dabei sei doch klar gewesen, wohin es führen musste, wenn man Beijing per Zusammenarbeit einen Wirtschaftsboom ermöglichte: »Bevölkerungsgröße und Wohlstand sind die Hauptbausteine militärischer Macht«, hielt Mearsheimer fest; man hätte es vorhersehen können, dass China mit seiner riesigen Bevölkerung bei raschem wirtschaftlichem Wachstum »dramatisch stärker« werden würde. Vorausschauende Beschränkungen für den Handel mit China und für Investitionen dort, gepaart mit Druck auf verbündete Staaten, gleichfalls Distanz zur Volksrepublik zu wahren – damit hätte Washington den Aufstieg seines jetzigen Rivalen verhindern können. Die Gelegenheit habe man verpasst.

Und nun? Mearsheimer zeichnete düstere Perspektiven. Klar, US-Präsident Trump habe, wenngleich sehr spät, die Notbremse gezogen und gegenüber Beijing hart auf Eindämmung gesetzt. Sein Amtsnachfolger Joe Biden habe in der Chinapolitik Trumps Kurs übernommen, und man dürfe davon ausgehen, dass es auch in Zukunft dabei bleibe, »egal, wer im Weißen Haus wohnt«. Ihre faktisch unantastbare Führungsposition aber hätten die Vereinigten Staaten verspielt – mit der Folge, dass nun »der Zweite Kalte Krieg« tobe; und da China im Verhältnis zu den USA erheblich stärker sei als einst die Sowjetunion, sei es wahrscheinlicher als damals, dass die Rivalität »zu einem Schießkrieg führt«. Auch die Gefahr, dass ein Krieg in den Einsatz von Atomwaffen münde, sei deutlich größer als im Ersten Kalten Krieg. Man dürfe sich nichts vormachen, warnte Mearsheimer: Im erbitterten Kampf um die Weltmacht stünden sich beide Seiten in nichts nach. »Die meisten Amerikaner« realisierten das nicht, da sie meinten, die USA seien »eine noble Demokratie«, die anders handle als »autoritäre Staaten wie China«. Das sei ein Irrtum: Im globalen Ringen gingen alle Staaten gleichermaßen rücksichtslos vor. Man müsse hoffen, dass es gelinge, wenigstens das Schlimmste zu verhindern.

Der Machtkampf der USA gegen China, den Mearsheimer – und nicht nur er – für gefährlicher als den Ersten Kalten Krieg hält, ist längst auf allen Ebenen im Gang. Die Vereinigten Staaten und ihre Verbündeten, darunter Deutschland und die EU, reagieren auf Chinas Erstarken mit massivem politischem Druck, mit heftigen Propagandaattacken und scharfen Sanktionen. Vor allem Washington greift zudem zu den Mitteln des Wirtschaftskriegs – ein Vorgehen, das in Berlin und in Brüssel noch auf Vorbehalte stößt: Allzu existenziell ist das Interesse vor allem der deutschen Wirtschaft an einer Beibehaltung, nach Möglichkeit sogar an einem Ausbau ihres Chinageschäfts. Dabei gelingt es den westlichen Mächten bislang nicht, chinesischen Expansionsprojekten wie etwa der Neuen Seidenstraße mit eigenen Vorhaben erfolgreich entgegenzutreten, also Einflussverluste zu verhindern. Das steigert die Gefahr einer militärischen Eskalation.

2.1
Wirtschaftskrieg, Sanktionen und Propaganda

»Die Welt bewegt sich nach Osten, und zwar schnell«: Unter diesem Titel publizierten der Münchner Allianz-Konzern, einer der größten Versicherungskonzerne weltweit, und die zu ihm gehörende Euler Hermes, der global führende Kreditversicherer, im Januar 2021 eine Analyse zum »ökonomischen Gravitationszentrum der Welt«.[104] Letzteres ist ein eigentümliches Konstrukt: Ökonomen berechnen, vereinfacht ausgedrückt, die Wirtschaftsleistungen aller Länder weltweit, verknüpfen die Resultate mit den jeweiligen geografischen Koordinaten und versuchen dann, einen geografischen Schwerpunkt zu ermitteln, den sie – weil er meist irgendwo im Erdinneren liegt – schließlich noch auf die Erdoberfläche projizieren. Es gibt für all dies keine einheitliche Methodik, und man mag so manches Detail des Konstrukts hinterfragen. Einen Vorteil bietet es aber: Es erlaubt es, langfristige Verschiebungen in der Weltwirtschaft aufzuzeigen.

Die Analyse, die die Allianz und Euler Hermes Anfang 2021 vorlegten, setzte Ende der 1990er Jahre ein, zu einer Zeit, zu der die entwickelten Industriestaaten – im Wesentlichen die Länder Nordamerikas und Europas sowie einzelne Länder der Asien-Pazifik-Region, etwa Japan und Australien – noch rund 80 Prozent der globalen Wirtschaftsleistung erzielten. Das ökonomische Gravitationszentrum der Welt lag damals nach der Berechnung der Versicherungskonzerne mitten im Atlantik, und es bewegte sich aufgrund der Folgen der Asienkrise zwei Jahre lang sogar noch weiter in Richtung Westen, bis es 2001 stehenblieb und 2002 die Richtung änderte; seitdem wandert es kontinuierlich – und in Krisenzeiten wie 2008/09 bzw. 2020 sogar beschleunigt – nach Osten. Hatte es 2010 schon das Zentrum des Mittelmeers erreicht, so befand es sich 2019 bereits in Asien, auf dem Territorium Irans, und es werde um 2030 wohl, das prognostizierten die Allianz- und Euler-Hermes-Ökonomen, in etwa bis Kaschmir gerückt sein, ins Grenzgebiet zwischen Pakistan, Indien und China. Das aber hieße: Die Weltwirtschaft kreist nicht mehr um ihr einstiges Zentrum im Atlantik; unter rein ökonomischem Blickwinkel ist die transatlantische Ära vorbei.

Die Ursachen liegen laut der Allianz-/Euler-Hermes-Analyse auf der Hand. Zum einen erreichten die Wachstumsraten im Westen seit der Jahrtausendwende oft nur mäßige Werte. Zum anderen aber wuchsen die Volkswirtschaften insbesondere asiatischer Staaten stark. Das hatte zur Folge, dass bereits 2019 die entwickelten Industrieländer nur noch 60 Prozent der globalen Wirtschaftsleistung stellten – mit weiter sinkender Tendenz. Nicht die einzige, aber fraglos die mit Abstand stärkste Wachstumslokomotive sei China gewesen, hielten die Autoren der Analyse fest – und die chinesische Wirtschaft wachse ungebrochen weiter. Habe das Bruttoinlandsprodukt der Volksrepublik, gemessen in US-Dollar, 2015 noch bei 61 Prozent desjenigen der USA gelegen, so habe es 2019 bereits 67 Prozent erreicht; die Covid-19-Pandemie, die China weitaus glimpflicher überstanden habe als die USA, habe den Aufholprozess beschleunigt, und es sei jetzt damit zu rechnen, dass die chinesische Wirtschaftsleistung voraussichtlich im Jahr 2030 so groß wie die US-amerikanische sei. Da Chinas Ökonomie wohl auch dann noch stärker wachsen wird als diejenige der Vereinigten Staaten, wäre China in einem Jahrzehnt aus ökonomischer Perspektive die Nummer eins in der Welt.

Aus chinesischer Sicht handelt es sich dabei genaugenommen nicht um einen einfachen Aufstieg, wie ihn beispielsweise im 20. Jahrhundert die Vereinigten Staaten erlebten, sondern um einen Wiederaufstieg. China ist jahrtausendelang eine bedeutende Macht gewesen; zwar folgten auf Blütephasen des Reichs der Mitte immer wieder Phasen der Schwäche, zeitweise gar des Zusammenbruchs, doch konnten sie stets überwunden werden und mündeten dann zuverlässig in eine neue Ära der Stärke. Als sich zu Beginn des 19. Jahrhunderts die jüngste Schwächephase abzuzeichnen begann, erarbeitete China alleine ein knappes Drittel der gesamten globalen Wirtschaftsleistung – eine stolze Bilanz. Der folgende Abstieg, forciert durch die europäischen Kolonialmächte, hat das Land und seine Bewohner furchtbar geschädigt. Wieder Boden unter die Füße bekommen hat es erst mit der Gründung der Volksrepublik am 1. Oktober 1949; der globale Wiederaufstieg hat dann Ende der 1970er Jahre mit Deng Xiaopings Öffnungspolitik begonnen – und nun ist das Land, gleichsam in einem Akt der Normalisierung, auf seinem Rückweg an die Weltspitze. Eine 2012 publizierte McKinsey-Analyse zu den Verschiebungen des ökonomischen Gravitationszentrums der Welt von der Zeitenwende bis in die Gegenwart gibt dieser Perspektive recht: Demnach lag der ökonomische Schwerpunkt der Welt stets in Zentralasien, bis er sich ab 1800 – zu der Zeit, zu der Chinas Abstieg begann – nach Westen zu bewegen anfing und 1900 Europa, 1940 den Atlantik erreichte. Um 2000 begann er nach Asien zurückzukehren.[105]

Aus der Perspektive der westlichen Staaten ist Chinas Wiederaufstieg freilich keine historische Normalisierung, sondern eine Bedrohung ihrer globalen Dominanz. Für die Mächte Europas war das 19. Jahrhundert, in dem sie das riesige Reich der Mitte in den Abgrund stürzten, zugleich die Ära, in der sie Afrika, Süd- und Südostasien fast vollständig ihrer Kolonialherrschaft unterwarfen; gegen Ende des 19. Jahrhunderts stießen die Vereinigten Staaten mit der Inbesitznahme der Philippinen hinzu. Die Zeit, in der das ökonomische Gravitationszentrum der Welt auf seinem Weg nach Westen erst in Europa, dann um die Mitte des 20. Jahrhunderts im Atlantik ankam, ist die Zeit, in der die Mächte Europas und die USA ihre Dominanz über weite Teile des Globus durchsetzten, die nach dem Zusammenbruch der realsozialistischen Staaten gegen Ende des 20. Jahrhunderts schließlich alleine übriggeblieben zu sein schien. Chinas Wiederaufstieg stellt diese Dominanz, bei der die Führungen von Ländern mit zusammen gerade einmal einer Milliarde Menschen (USA, Kanada, die EU, andere reiche Staaten Westeuropas, Japan) einer Weltbevölkerung von bald acht Milliarden die Regeln diktieren und Reichtümer horten, grundlegend in Frage. Und zwar nicht abstrakt, sondern ganz konkret.

»Der Trend: mehr China«

Zum Beispiel in Afrika. China ist zur stärksten Wirtschaftsmacht in den Ländern des Kontinents südlich der Sahara aufgestiegen. Lag sein Anteil am dortigen Außenhandel im Jahr 2001 noch bei lediglich vier Prozent, so erreichte er 2020 bereits 25,6 Prozent. 2010 überholte die Volksrepublik die Vereinigten Staaten, deren Anteil 2001 mit 15,5 Prozent beziffert worden war, 2020 aber nur noch 5,6 Prozent erreichte. Seit 2018 übersteigt Afrikas Handel mit China auch denjenigen mit der EU, der 2001 noch bei 30,3 Prozent gelegen hatte, bis 2020 jedoch auf 22,3 Prozent gefallen war.[106] Beim Investitionsbestand liegt die Volksrepublik zwar noch hinter den USA und den Staaten Europas, holt allerdings auf. Beim Ausbau von Afrikas Infrastruktur wiederum gilt sie inzwischen als Nummer eins. Zudem gehören chinesische Banken auf dem Kontinent zu den bedeutendsten Kreditgebern. Auch politisch rückt China in den Vordergrund: »Seit 30 Jahren« besuche der chinesische Außenminister »jedes neue Jahr zuerst Afrika«, bevor er sich in andere Weltregionen begebe, berichtete Cliff Mboya, ein kenianischer Experte für die chinesisch-afrikanischen Beziehungen, im Mai 2021 und war sich sicher, Beijing meine es damit ernst: »Das ist nicht nur Symbolik, sondern signalisiert Interesse an einer langfristigen Beziehung«.[107]

Zu den Folgen gehört, dass mit dem stärkeren Einfluss Chinas auf dem afrikanischen Kontinent der dortige Einfluss des transatlantischen Westens spürbar schrumpft. Deutlich zeigte sich das etwa, als am 30. Juni 2020 im UN-Menschenrechtsrat zwei konträre Erklärungen zu Hongkongs Nationalem Sicherheitsgesetz verlesen wurden, das an jenem Tag in Kraft getreten war. Eine trug der Repräsentant der ehemaligen Kolonialmacht Großbritannien vor; seiner massiven Kritik an dem Gesetz schlossen sich Vertreter 26 weiterer Staaten an, darunter vor allem europäische Länder sowie Australien, Neuseeland, Japan und zwei ehemalige Pazifikkolonien, die bis heute vertraglich an die USA gebunden sind. In der anderen Erklärung verwahrten sich die Repräsentanten von 53 Staaten entschieden gegen die Kritik der alten Kolonialmächte und wiesen darauf hin, bei Hongkongs Nationalem Sicherheitsgesetz handle es sich um eine innere Angelegenheit Chinas. Zu ihnen zählten 25 Länder Afrikas, zudem einstige Kolonien europäischer Staaten in Lateinamerika und im Nahen und Mittleren Osten, aber keine einzige frühere Kolonialmacht. Ähnlich verhielt es sich, als der deutsche UN-

Botschafter Christoph Heusgen am 6. Oktober 2020 eine Erklärung zu Xinjiang und Hongkong abgab, in der Beijing scharf attackiert wurde. Ihn unterstützten Vertreter von 38 anderen Staaten – im Wesentlichen dieselbe Gruppe wie am 30. Juni, erweitert vor allem um mehrere Länder Südosteuropas. Der Volksrepublik hingegen sprangen Vertreter von 45 Staaten zur Seite, die dem alten Westen vorwarfen, doppelte Standards anzulegen; es waren erneut vor allem einstige Kolonien, darunter 21 in Afrika.

Ein weiteres Beispiel: Lateinamerika. Auch dort ist es China gelungen, seine Position deutlich zu stärken – und zwar nicht nur in Staaten wie Kuba, Venezuela oder Bolivien, die sich dezidiert vom transatlantischen Westen absetzen. Auch in Brasilien etwa hat es Einfluss gewonnen. Eine Zeitlang beruhte dies auf dem gemeinsamen Interesse, den eigenen politischen und ökonomischen Aufstieg gegen die Großmächte durchzusetzen. Das war allerdings mit dem Amtsantritt des Trump-Anhängers Jair Messias Bolsonaro, eines offenen Gegners der Volksrepublik, am 1. Janaur 2019 vorbei. Was Bolsonaro daran hinderte, sein Land vollständig auf einen hart antichinesischen Kurs festzulegen, waren massive Wirtschaftsinteressen: China ist seit 2009, mittlerweile mit weitem Abstand, Brasiliens größter Handelspartner, und auf diese Stellung hat es belastbare Beziehungen aufgebaut.[108] Starke Wirtschaftsinteressen eines mächtigen Teils der brasilianischen Eliten an einer fortgesetzten Kooperation mit der Volksrepublik ließen es zunächst auch nicht zu, dass Bolsonaro den chinesischen Huawei-Konzern grundsätzlich vom Aufbau der brasilianischen 5G-Netze ausschloss. Ende 2021 gelang es ihm schließlich dank kräftiger Schützenhilfe aus Washington, Huawei-Technologie zumindest aus den 5G-Regierungsnetzen zu verbannen. Dennoch: An China kommen die USA in Brasilien nicht mehr vorbei.

Ähnlich verhalten sich die Dinge in so gut wie allen anderen Weltregionen – in Südostasien, in der geostrategisch wichtigen pazifischen Inselwelt und sogar auf der Arabischen Halbinsel, deren Herrscherclans lange als überaus zuverlässige Parteigänger der Vereinigten Staaten galten. Ein Beispiel bieten die Vereinigten Arabischen Emirate. Das Land kooperiert weiterhin eng mit den USA, von denen es einen Großteil seiner Rüstungsgüter bezieht. Allerdings haben die Vereinigten Staaten ihre Erdölkäufe am Persischen Golf deutlich reduziert, seit sie im eigenen Land immer mehr Fracking betreiben; China hingegen ist zum größten Erdölkunden auf der Arabischen Halbinsel geworden. Der strategische US-Schwenk zum Pazifik (»Pivot to Asia«) wirft in den arabischen Golfstaaten zudem die Frage auf, wie sehr man sich noch auf die Vereinigten Staaten verlassen kann; der überstürzte, mit den Verbündeten nicht abgesprochene US-Abzug aus Afghanistan hat die Irritationen verstärkt. Die Emirate setzen trotz starken Drucks aus Washington auf 5G-Technologie von Huawei; das Unternehmen Group 42 aus Abu Dhabi kooperiert mit Sinopharm bei der Herstellung von dessen Covid-19-Vakzin. Nicht, dass die engen Beziehungen zu den Vereinigten Staaten an sich in Frage gestellt würden; der emiratische Staatsfonds Mubadala hat dort mehr als 100 von seinen 232 Milliarden US-Dollar angelegt. »Der Trend« aber, urteilte der emiratische Politikwissenschaftler Abdulkhaleq Abdulla im September 2021, »geht hin zu mehr China«.[109]

Die Neue Seidenstraße und ihre Folgen

Beijing sucht die Wirtschaftsexpansion chinesischer Konzerne zumindest teilweise mit dem Konzept der »Neuen Seidenstraße« (Belt and Road Initiative, BRI) in einen konzeptuellen Rahmen zu spannen. Der »Wirtschaftsgürtel« aus China über die asiatischen Landmassen in Richtung Europa, den Präsident Xi Jinping erstmals am 7. September 2013 in Kasachstans Hauptstadt Astana (heute: Nur-Sultan) propagierte, beinhaltet den Ausbau der Verkehrskorridore über den gesamten asiatischen Kontinent nach Westen; die »maritime Seidenstraße«, die Xi erstmals am 3. Oktober 2013 in Jakarta (Indonesien) bewarb, gilt wiederum dem Ausbau der Seewege aus Ostasien nach Europa, vor allem der Häfen an den Küsten des Indischen Ozeans und im Mittelmeer. Inzwischen wird, da die polaren Eiskappen abschmelzen und die Gewässer vor der russischen Nordküste immer länger befahrbar werden, gelegentlich auch von einer »polaren Seidenstraße« gesprochen. Der Ausbau der Verkehrskorridore bringt den Anrainerstaaten oft Wirtschaftswachstum, er führt aber auch zu Konflikten mit den USA. So ging der Ausbau der Verkehrskorridore nach Iran, der 2016 die Eröffnung einer ersten direkten Zugverbindung aus China nach Teheran ermöglichte, mit Vorbereitungen für eine »strategische Partnerschaft« zwischen den beiden Ländern einher, die im März 2021 offiziell besiegelt wurde. Sie schwächt die Auswirkungen der US-Sanktionen und umfasst laut einem Bericht der iranischen Nachrichtenagentur Tasnim nicht zuletzt die Gründung einer iranisch-chinesischen Bank, die es vielleicht sogar erlauben würde, die US-Sanktionen komplett zu umgehen.[110]

Die Neue Seidenstraße bringt Beijing darüber hinaus in Konflikt mit der EU und mit deren Vormacht Deutschland. Das ergibt sich etwa aus der Entwicklung des unmittelbar bei Athen gelegenen Hafens von Piräus, der als einer der Zielpunkte der »maritimen Seidenstraße« in Europa gilt. Der Hafen dümpelte mehr schlecht als recht vor sich hin, als die China Ocean Shipping Company (COSCO) sich im November 2008 – von einer »Seidenstraße« war damals noch keine Rede – die Konzession zum Betrieb zweier Terminals sicherte. 2016 übernahm COSCO zudem eine Mehrheit am Hafenbetreiber, der Piraeus Port Authority. 2019 war der Hafen von Piräus, der ein Jahrzehnt zuvor auf einem der hinteren Ränge gelegen hatte, zum größten europäischen Containerhafen am Mittelmeer aufgestiegen und rangierte europaweit an vierter Stelle – hinter Rotterdam, Antwerpen und Hamburg.[111] Die chinesische Erfolgsgeschichte in Griechenland führte dazu, dass es sich die dortige Regierung zweimal zu überlegen begann, ob sie öffentlich gegen Beijing Position beziehen sollte – und als sich die EU etwa im Juli 2016 nicht auf eine Resolution einigen konnte, die mit Blick auf die Territorialkonflikte im Südchinesischen Meer die Volksrepublik scharf verurteilte, da schrieben Berlin und Brüssel dies, schwer verärgert, griechischen Einwänden zu.

Beijing gelang es mit Hilfe der »Neuen Seidenstraße« nicht zuletzt, Einfluss in Südosteuropa jenseits der EU zu erlangen – insbesondere in Serbien. Sein Kernprojekt dort ist der Ausbau der Zugstrecke von Belgrad nach Budapest. Das Vorhaben, dem nicht zuletzt die EU immer wieder Steine in den Weg legt,[112] kommt langsamer voran als geplant und wird womöglich erst 2025 abgeschlossen werden. Das hat jedoch weiteren chinesischen Investitionen in Serbien keinen Abbruch getan, etwa den Übernahmen des traditionsreichen Stahlwerks in Smederevo oder der großen Kupfermine in Bor. Punkten konnte die Volksrepublik in Serbien nicht zuletzt mit der Lieferung von Covid-19-Schutzausrüstung im Frühjahr 2020, die auf einen Exportstopp der EU folgte, sowie mit der Lieferung von Covid-19-Impfstoffen ab Anfang 2021, als die EU, selbst schwer von der Pandemie gebeutelt, für Serbien erneut nicht als Unterstützerin zur Verfügung stand. Eine deutliche Sprache sprechen Ergebnisse einer Umfrage, die der European Council on Foreign Relations (ECFR), eine in mehreren EU-Staaten aktive Denkfabrik mit Hauptsitz in Berlin, im Sommer 2021 durchführte. Demnach meinten 72 Prozent der befragten Serben, Chinas politisches System funktioniere »gut« oder sogar »sehr gut«, während dies nur 46 Prozent von der EU und nur 36 Prozent von den USA dachten. Als echten »Verbündeten« betrachteten sechs Prozent die EU, elf Prozent die USA und 47 Prozent China. 44 weitere Prozent hielten die Volksrepublik immerhin für einen »notwendigen Partner«.[113]

Nun sind die westlichen Mächte – mit gewissen Abstrichen in der Zeit des Kalten Kriegs – ihre globale Dominanz seit der Kolonialära gewohnt. Dass nun China, seinerseits eine ehemalige Halbkolonie, diese Dominanz in Frage stellt, bringt sie gegen Beijing auf. Am aggressivsten sucht dabei derjenige Staat, der am meisten zu verlieren hat, seine Vorherrschaft zu verteidigen – die USA. Nach ersten Ansätzen unter US-Präsident George W. Bush, dessen Regierung bald jedoch in den Kriegen in Afghanistan und vor allem im Irak feststeckte, leitete Präsident Barack Obama den Versuch ein, die US-Außen- und Militärpolitik weitgehend auf den Machtkampf gegen China zu fokussieren; dazu verkündete er im November 2011 seinen »Pivot to Asia« (»Schwenk nach Asien«). Der »Pivot« umfasste unter anderem eine Wirtschaftsoffensive, die mit dem transpazifischen Freihandelsabkommen TPP (Trans-Pacific Partnership) verbunden war – dieses sollte mehrere Anrainer des Pazifik, darunter neben den USA auch Mexiko, Chile, Australien und Japan, ökonomisch gegen China zusammenschließen. Obamas »Schwenk« hatte daneben eine militärische Komponente (vgl. 2.2). Freilich war Obama, wie zuvor Bush, ebenfalls gezwungen, umfangreiche politische und militärische Kapazitäten auf die Kriege im Nahen und Mittleren Osten zu verwenden, diesmal vor allem im Rahmen des Krieges gegen den Islamischen Staat (IS); zudem band der Machtkampf gegen Russland nach der Eskalation des Ukraine-Konflikts umfangreiche Ressourcen. Erst unter Präsident Donald Trump legten die USA wirklich alle Hebel auf den Machtkampf gegen China um.

Strafzollschlachten

Einen zentralen Stellenwert nahm dabei für die Trump-Administration der Wirtschaftskrieg gegen die Volksrepublik ein. Der Grundgedanke ist simpel: Chinas Aufstieg basiert maßgeblich auf seinem gewaltigen ökonomischen Wachstum; gelänge es, dieses Wachstum zu stoppen, dann könnte man seinen weiteren Aufstieg zumindest bremsen, vielleicht sogar ganz verhindern. Um das zu erreichen, griff die Trump-Administration nicht mehr auf Bündnisse wie das TPP zurück – aus ihm stieg sie sofort nach Trumps Amtsantritt aus –, sondern auf ökonomische Gewaltmaßnahmen: auf Strafzölle und Sanktionen. Die Strafzölle zielten im Kern darauf ab, Einfuhren aus China zu verteuern und sie, wenn möglich, durch eine Welle der Reindustrialisierung in den USA, ansonsten aber zumindest durch Importe aus prowestlichen Ländern zu ersetzen. Das sollte Chinas Industrie ein Stück weit schwächen. Ihre High-Tech-Spitze zu brechen, auf die die Volksrepublik angewiesen ist, wenn sie nicht dauerhaft auf dem Niveau eines Lieferanten schlecht bezahlter Massenprodukte verharren will: Das war die Aufgabe, die die Trump-Administration harten Sanktionen gegen chinesische Unternehmen zugedacht hatte. Anlässlich der Eröffnung seiner Strafzollschlachten twitterte Trump am 2. März 2018 großspurig: »Handelskriege sind gut und leicht zu gewinnen«. Rund vier Jahre später zeigt sich: Dem ist nicht so – und das gilt auch für die US-Sanktionskriege.

Ihre ersten Strafzölle verhängte die Trump-Administration im Januar 2018. Sie galten Solarzellen aus China und Waschmaschinen vor allem aus Südkorea. Es folgten Strafzölle auf Stahl und Aluminium, die außer China diverse weitere Länder trafen, darunter Staaten der EU. Im Sommer 2018 ging Trump mit seiner Handelsschlacht in die Vollen: mit US-Strafzöllen auf eine immer größere Menge chinesischer Waren, auf die China jeweils mit Gegenzöllen auf Importe aus den Vereinigten Staaten reagierte. Das ging im Wesentlichen so weiter bis Januar 2020, als sich Washington und Beijing auf ihren sogenannten Phase One Deal einigten. Der sah eine Reihe chinesischer Zugeständnisse vor. So verpflichtete sich die Volksrepublik, bestimmte Maßnahmen zum Schutz geistigen Eigentums zu ergreifen sowie US-Finanzdienstleistern besseren Zugang zum chinesischen Markt zu gewähren. Vor allem aber versprach Beijing, bis Ende 2021 US-Waren im Wert von 200 Milliarden US-Dollar zusätzlich zu kaufen. Letzteres sollte helfen, das US-Handelsdefizit gegenüber China zu reduzieren. Zwar senkte Washington im Gegenzug die Strafzollsätze ein wenig. Dennoch blieben US-Strafzölle auf 66,4 Prozent aller Einfuhren aus der Volksrepublik und chinesische Gegenzölle auf 58,3 Prozent aller Importe aus den USA in Kraft.[114]

Schon früh hatte es Warnungen gegeben, die US-Strafzölle würden ihr Ziel verfehlen, ja sogar dem eigenen Land schaden – Letzteres, weil in der Praxis US-Händler und -Konsumenten sowie US-Firmen, die auf chinesische Vorprodukte angewiesen sind, die Zölle zahlen müssten. Die Warnungen stellten sich als durchaus begründet heraus. Im August 2020 fasste die Washingtoner Brookings Institution die Ergebnisse diverser Untersuchungen, die sich mit den Maßnahmen befasst hatten, zusammen. So hatte etwa Moody's Analytics schon im September 2019 berechnet, Trumps Handelskrieg habe die Vereinigten Staaten bereits 300.000 Arbeitsplätze sowie 0,3 Prozent ihrer Wirtschaftsleistung gekostet.[115] Bloomberg Economics warnte, die USA würden durch die Strafzölle bis Ende 2020 316 Milliarden US-Dollar einbüßen, während die American Farm Bureau Federation klagte, die US-Landwirte hätten einen Großteil ihres einst 24 Milliarden US-Dollar schweren Absatzmarktes in China verloren. Mitte Juli 2021 erregte dann US-Finanzministerin Janet Yellen eine gewisse Aufmerksamkeit, als sie offen eingestand, die Strafzölle hätten »US-Verbraucher belastet«.[116] Einbrüche in der chinesischen Wirtschaft hingegen waren ausgeblieben. Anfang Oktober 2021 kündigte die US-Handelsbeauftragte Katherine Tai an, US-Firmen könnten ab sofort wieder Ausnahmen von den Strafzöllen beantragen. Die Biden-Administration strebte offenkundig eine Neujustierung des gescheiterten Trump'schen Strafzollregimes an.

Sanktionsgefechte

Gemischt war die Zwischenbilanz, die man Ende 2021 zu den zahlreichen US-Sanktionen gegen chinesische Konzerne ziehen konnte. Im großen Stil begonnen hatten sie mit den Strafmaßnahmen gegen den Telekomausrüster Huawei, deren erste die Trump-Administration im August 2018 verhängt hatte, als sie US-Behörden untersagte, Huawei-Technologie zu nutzen. Allerlei weitere Schritte folgten bis hin zum Verbot, dem Konzern Halbleiter zu liefern, ohne die in der High-Tech-Branche rein gar nichts geht. Die US-Regierung setzte weltweit alle Hebel in Bewegung, um möglichst viele Staaten von der Nutzung leistungsfähiger und zugleich relativ kostengünstiger 5G-Produkte von Huawei abzubringen. Und es kamen Sanktionen gegen weitere Konzerne aus China hinzu, die nicht mehr mit Bauteilen aus den USA beliefert werden durften – oft auch dann nicht, wenn die Bauteile in Produkten von Zulieferern aus anderen Ländern steckten. Unter anderem traf es Hikvision, einen Hersteller von

Videoüberwachungstechnologie, oder DJI, einen der größten Drohnenhersteller der Welt; auch der Halbleiterproduzent SMIC war betroffen, was besonders schwer wog, weil Chinas – noch vergleichsweise schwache – Chipherstellung als Achillesferse der chinesischen Industrie gilt. Diskutiert wurde immer wieder sogar über ein »Decoupling«, eine vollständige Abkopplung der chinesischen von der westlichen Industrie oder doch zumindest ein »Decoupling« in der Informations- und Kommunikationstechnologie.

Die Sanktionen haben den betroffenen chinesischen Unternehmen teils schwer geschadet; es ist Washington aber bislang nicht gelungen, sie in die Knie zu zwingen. Beispiel Huawei: Der Umsatz des Konzerns wuchs im Jahr 2020 erstmals nur schwach und brach im ersten Halbjahr 2021 um gut 30 Prozent ein; die Firmenvorräte an modernsten Halbleitern gingen zur Neige. Huawei war gezwungen, wichtige Teile seines Smartphonegeschäfts abzustoßen und dafür neue Geschäftsfelder aufzutun. Der Konzern begann Clouddienste und IT-Lösungen für die Industrie anzubieten; er stürzte sich in die Entwicklung von 6G-Technologien, stieg in die Ausstattung von Elektroautos mit IT ein und setzte mit seinem Halbleiterableger HiSilicon die Entwicklung modernster Chips fort. Ob es ihm gelingen würde, mit einem gewaltigen Maß an unternehmerischer Fantasie und mit äußerster Flexibilität den US-Chipboykott zu überstehen, war ungewiss; doch machten die raschen Erfolge auf den neu erschlossenen Tätigkeitsfeldern Mut.[117] Und: Huawei gelang es im ersten Halbjahr 2021 nicht nur, mit einem Weltmarktanteil von stolzen 28,8 Prozent seine Spitzenposition unter den Telekomausrüstern vor Ericsson (15 Prozent) und Nokia (14,9 Prozent) zu verteidigen; auf dem Weltmarkt für 5G-Basisstationen lag der Konzern ebenfalls mit rund 30 Prozent vorn. Viele Staaten nutzten eben trotz der US-Kampagne 5G-Technologie von Huawei, darunter Russland, diverse Länder Südostasiens, Südamerikas und Afrikas, aber etwa auch Saudi-Arabien und die Vereinigten Arabischen Emirate. »Huawei«, urteilte im März 2021 der US-amerikanische Council on Foreign Relations resigniert, »gewinnt das Rennen um 5G«.[118]

Huawei, SMIC und weitere von US-Boykotten betroffene chinesische Konzerne profitierten dabei davon, dass unter den Sanktionen auch die US-High-Tech-Industrie litt. Einen Eindruck davon, was für US-Konzerne auf dem Spiel stand, konnte man im August 2020 bekommen, als das *Wall Street Journal* über ernste Schwierigkeiten des Halbleiterherstellers Qualcomm aus San Diego im US-Bundesstaat Kalifornien berichtete. Qualcomm durfte zahlreiche Bauteile nicht mehr an Huawei liefern, fürchtete nun aber – aus gutem Grund –, das chinesische Unternehmen werde sich nun eben so weit wie möglich bei zwei Herstellern in Südkorea und auf Taiwan eindecken. Mit den Sanktionen habe die US-Administration »unbeabsichtigt gewaltige finanzielle Chancen für die beiden auswärtigen Konkurrenten von Qualcomm geschaffen«, beschwerte sich der Konzern, bezifferte das in Frage stehende Geschäftsvolumen auf acht Milliarden US-Dollar – und drang in Washington darauf, rasch Ausnahmegenehmigungen für Verkäufe an Huawei zu erhalten.[119] Immer wieder sah sich die US-Regierung gezwungen, derlei Genehmigungen zu erteilen, um Nachteile für die US-Branche zu vermeiden. Im Oktober 2021 wurde bekannt, dass das US-Handelsministerium allein zwischen November 2020 und April 2021 High-Tech-Exporte im Wert von 100 Milliarden US-Dollar an Huawei und andere mit Sanktionen belegte chinesische Konzerne ausnahmsweise erlaubt hatte.[120] Auch Sanktionen bringen eben Risiken und Nebenwirkungen mit sich.

Zu diesen Risiken gehört inzwischen auch, dass sich China Optionen zur Sanktionsabwehr und für Gegensanktionen geschaffen hat, also jederzeit zurückschlagen kann. Eher symbolisch waren die Sanktionen, die Beijing am 26. Oktober 2020 gegen Boeing Defense, Space & Security, Lockheed Martin und Raytheon verhängte, die kurz zuvor neue voluminöse Rüstungsexporte nach Taiwan angekündigt hatten: Zwar belieferten Raytheon und vor allem Boeing die zivile Luftfahrtbranche in der Volksrepublik; doch galten die chinesischen Strafmaßnahmen offenbar nur Rüstungsgeschäften, und die gab es wegen des US-Waffenembargos gegen Beijing nicht. Relevanter war allerdings, dass die Volksrepublik am 19. September 2020 die Bestimmungen für ihre »Unreliable Entities List« bekanntgegeben hatte, eine Liste, auf die Firmen gesetzt werden konnten, die China schadeten; sie hatten dann mit Strafen zu rechnen. Maßnahmen gegen US-Sanktionen sahen die »Blocking Rules« vom 9. Januar 2021 und dann vor allem das Antisanktionsgesetz vom 10. Juni 2021 vor; sie ermöglichen es, Unternehmen die Einhaltung antichinesischer Sanktionen zu untersagen.[121] Das Gesetz rief einigen Wirbel in der westlichen Wirtschaft hervor: Es bringt Konzerne, die wegen ihres US-Geschäfts auch US-Sanktionen befolgen müssen, in eine schwierige Lage. Freilich sei es nichts anderes, urteilte etwa Anton Börner, der Präsident des deutschen Außenhandelsverbandes BGA, als »die erwartbare, klare Antwort Chinas auf die jüngste US-amerikanische Sanktionspolitik«.[122]

Vor allem aber war da noch eine Gefahr, die Sanktionen immer mit sich bringen: die Gefahr, dass die sanktionierten Unternehmen nicht zusammenbrechen, sondern es schaffen, sich zu stabilisieren und die High-Tech-Produkte – vor allem Halbleiter –, die ihnen vorenthalten werden, selbst herzustellen oder sie bei sanktionssicheren Produzenten, im Falle Chinas in der Volksrepublik, zu beschaffen. Gelänge ihnen das, dann hätten sie die Sanktionen nicht nur überstanden; die US-Branche sähe sich dann sogar deutlich erstarkten, mit den Mitteln des Wirtschaftskriegs nicht mehr angreifbaren Konkurrenten gegenüber. Mit anderen Worten: Die USA können die Sanktionsgefechte, die sie angezettelt haben, auch verlieren. Nicht zuletzt an dieser Gefahr lag es, dass manche US-Konzerne, denen das möglich war, sich nicht um Washingtons Sanktionspolitik scherten und einfach wie gewohnt in China investierten – Tesla etwa. Der US-Elektroautohersteller gab am 10. Juli 2018, als sich die neue US-Sanktionspolitik gegen die Volksrepublik bereits abzeichnete, bekannt, er habe eine Vereinbarung zum Bau einer neuen Gigafactory in Shanghai unterzeichnet.[123] Aus leicht einsehbarem Grund: Chinas riesiger Markt war keiner, den ein Fahrzeugproduzent ungestraft boykottieren konnte.

»Partner, Wettbewerber, Rivale«

Wenn bedeutende US-Konzerne trotz der Eskalation des westlichen Machtkampfs gegen Beijing weiterhin auf Handel mit China und sogar auf Investitionen dort setzen, so gilt das umso mehr für eine große Zahl deutscher Unternehmen. China ist seit 2015 bedeutendster Lieferant der Bundesrepublik, seit 2016 ihr größter Handelspartner und seit 2020 ihr zweitgrößter Absatzmarkt; nur in die Vereinigten Staaten gehen – noch – mehr deutsche Exporte. 2019 stieg der Bestand der mittelbaren und unmittelbaren deutschen Direktinvestitionen in der Volksrepublik nach Angaben der Bundesbank auf 89 Milliarden Euro, Investitionen in Hongkong oder über andere Umwege noch gar nicht eingerechnet; größere Bestände lagen nur in den USA (391 Milliarden Euro), in Großbritannien (136 Milliarden Euro) und in Luxemburg (95 Milliarden Euro), das allerdings als Finanzdrehscheibe eine Sonderstellung einnimmt. Im Februar 2021 berechnete das *Handelsblatt* den Anteil des Chinageschäfts am Umsatz deutscher Konzerne und kam auf bemerkenswerte Prozentsätze – nicht nur bei IT-Unternehmen (Siltronic: 27 Prozent; Infineon: 39 Prozent; Aixtron: 59 Prozent) und Kfz-Konzernen (VW: 41 Prozent; BMW: 32 Prozent; Daimler: 29 Prozent)[124], sondern etwa auch bei Adidas (22 Prozent), Covestro (19 Prozent) oder Siemens (immerhin noch 14 Prozent).[125] Die deutsche Kfz-Branche ohne China? Undenkbar.

Die besondere Attraktivität der Volksrepublik für deutsche Unternehmen hat mehrere Ursachen. Eine davon ist ihr riesiger Absatzmarkt: 1,4 Milliarden Einwohner – da können weder die EU (450 Millionen) noch die Vereinigten Staaten (330 Millionen) auch nur annähernd mithalten. Die britische Großbank HSBC schätzte im Mai 2021 die Stärke der chinesischen Mittelschichten, die mit einem Jahreseinkommen zwischen 15.000 und 75.000 US-Dollar als durchaus zahlungskräftig gelten können, auf ungefähr 340 Millionen und sagte voraus, bis 2025 werde sie sich – ein Erfolg der chinesischen Armutsbekämpfung – wohl auf 500 Millionen vergrößern.[126] Hinzu kämen bereits heute rund zwei Millionen Chinesen, die mehr als 10 Millionen Yuan bzw. 1,55 Millionen US-Dollar Vermögen besäßen und einen Teil davon locker investieren könnten. Auch wenn die Ungleichheit in der Volksrepublik zuletzt eher zugenommen habe – der Gini-Koeffizient, ein zwar mit Mängeln behaftetes, aber doch zumindest Orientierung gebendes Instrument lag mit 0,46 bis 0,49 in den Jahren bis 2020 in etwa so hoch wie in den USA –, gelinge es Beijing, stetig mehr Wanderarbeiter aus der Armut zu holen. Damit hebt es natürlich vor allem den Lebensstandard – aber eben nicht nur das: Es steigert auch Chinas Attraktivität als Absatzmarkt.

Ein zweiter Faktor, der deutsche Unternehmen nach China zieht, besteht darin, dass sich dort die Entwicklung modernster Technologien besonders rasch vorantreiben lässt. Zum einen verfügt das Land über ein gewaltiges Reservoir an hochqualifiertem Personal; Wirtschaftsjournalisten sprachen bereits 2019 mit Blick darauf, dass etwa deutsche Kfz-Hersteller und -Zulieferer in der Volksrepublik eine rasch steigende Zahl an Forschern und Entwicklern beschäftigten – Bosch etwa erhöhte sie binnen nur fünf Jahren von 2.100 auf 5.600 (2019) –, von einem »Fachkräfteparadies«.[127] In Europa hingegen fehle es »teilweise an Fähigkeiten und Expertise«, warnte damals höflich VW-Vorstandschef Herbert Diess. Zum anderen schafft der chinesische Staat zumindest für einige Sektoren regulatorische und infrastrukturelle Rahmenbedingungen, die sich in anderen Ländern nicht finden. So baut Beijing beispielsweise die Infrastruktur für Brennstoffzellenfahrzeuge – etwa Wasserstofftankstellen – rasant aus und stellt für Wasserstoff- und Brennstoffzellenprojekte Milliardensubventionen bereit. Eine Konsequenz: Der Bosch-Konzern, der auf dem Weltmarkt für Brennstoffzellenantriebe eine führende Position erkämpfen will, setzt auf China und kooperiert dabei eng mit dem Nutzfahrzeughersteller Qingling Motors aus Chongqing.[128]

Bei aller Bedeutung der Volksrepublik für deutsche Unternehmen: Ihnen wachsen in China auch mächtige Konkurrenten heran. Schon geschehen ist das beispielsweise im Maschinenbau, wo chinesische Unternehmen 2020 erstmals den bisherigen Maschinenbau-

Exportweltmeister Deutschland ablösten: Sie exportierten in jenem Jahr laut Angaben der Außenwirtschaftsagentur Germany Trade & Invest (GTAI) Produkte im Wert von 226 Milliarden US-Dollar – 6 Milliarden mehr als die deutsche Konkurrenz. Im Gesamtjahr 2021 werde die Volksrepublik vermutlich die Ausfuhren von Maschinen und Anlagen um fast 31 Prozent auf 296 Milliarden US-Dollar steigern können, Deutschland seine Maschinenbauexporte hingegen nur um rund 13 Prozent auf fast 250 Milliarden US-Dollar, prognostizierte GTAI im August 2021; nur bei den Lieferungen in die EU und nach Osteuropa liege die Bundesrepublik noch klar vorn.[129] Noch nicht annähernd so weit ist es bei Elektroautos; allerdings warnen Branchenexperten bereits. »Die Lernkurve der Chinesen ist enorm steil«, wurde im April 2021 ein deutscher Kfz-Manager zitiert,[130] und der Direktor des Center of Automotive Management (CAM) in Bergisch Gladbach, Stefan Bratzel, riet, »die Deutschen« sollten bei der Elektromobilität »aufpassen, nicht überfahren zu werden«.[131] Was war geschehen? Nun, Chinas E-Auto-Produzenten, etwa Nio, hatten soeben begonnen, nach Europa zu exportieren.

Da wird ein Land, auf das die deutsche Wirtschaft für ihr Wachstum und für ihre technologische Entwicklung vielleicht mehr denn je angewiesen ist, zu gefährlicher Konkurrenz, und dies übrigens nicht zuletzt dank deutscher Investitionen: Der Bundesverband der Deutschen Industrie (BDI) hat schon im Januar 2019 versucht, die widersprüchlichen Aspekte in einem »Grundsatzpapier« zusammenzuführen und Konsequenzen daraus zu ziehen. Einerseits sei China »als dynamisch wachsender Markt … einer der wichtigsten wirtschaftlichen Partner«, heißt es in dem Papier; an allzu heftigem Konflikt oder an einem Decoupling habe »die deutsche Industrie kein Interesse«.[132] Andererseits müsse man auch in Rechnung stellen, dass in wachsendem Maß »deutsche und chinesische Hersteller in direkter Konkurrenz« zueinander stünden; dabei würden sie »auch auf Drittmärkten … immer stärker zu Konkurrenten«. An dieser Stelle, urteilte der BDI, komme ein drittes Moment hinzu: dass nämlich die starke chinesische Industrie nicht allein »Ausdruck eines dynamischen Unternehmertums in China, sondern auch maßgeblich durch gezielte staatliche Förderung und Lenkung begründet« sei. Die Volksrepublik sei also mit Blick auf die starke Rolle, die der Staat in der Wirtschaft spiele, nicht nur »Partner« und »Wettbewerber«, sondern zugleich »systemischer Rivale«. Diese Trias ist seither das Mantra der deutschen und auch der EU-Politik.

Die Folgen der Blockbildung

Und die Konsequenzen? Einerseits setzt vor allem Deutschland beharrlich darauf, die Rahmenbedingungen für Geschäfte europäischer Unternehmen in China weiter zu verbessern. Nicht zuletzt auf Druck der Bundesregierung einigten sich Brüssel und Beijing am 30. Dezember 2020 im Grundsatz auf ein Investitionsabkommen (Comprehensive Agreement on Investment, CAI), das – sofern es in Kraft tritt – neue Chancen für Firmen aus der EU schafft. Es hebt die Pflicht, europäische Investitionen in China in Form von Joint Ventures mit chinesischen Unternehmen zu tätigen, für weitere Branchen auf; es öffnet neue Sektoren, etwa die Telekommunikation, für den Einstieg auswärtiger Investoren. Zudem dürfen chinesische Staatskonzerne einheimische Lieferanten nicht mehr bevorzugen. Wem das CAI am meisten nutzen würde, liegt auf der Hand: Laut Angaben der EU-Kommission haben Firmen aus der EU in den ersten beiden Jahrzehnten des 21. Jahrhunderts 140 Milliarden Euro in China investiert; der Bestand allein der Investitionen aus der Bundesrepublik lag 2019 bei 89 Milliarden Euro. Das Interesse an dem Investitionsabkommen, das 2021 vom Europaparlament aus Protest gegen chinesische Gegensanktionen (dazu später) auf Eis gelegt wurde, ist entsprechend nicht überall in der EU so stark wie in Deutschland.

Andererseits haben die Bundesrepublik und die EU neue Maßnahmen getroffen, um die eigene Wirtschaft gegen die erstarkende chinesische Konkurrenz abzuschirmen. Einen besonderen Stellenwert hatte dabei ein systematischer Ausbau der Investitionskontrollen: Ab 2017 verschärfte die Bundesregierung sie stetig, dehnte die Liste der Sektoren aus, in denen Übernahmen deutscher Firmen staatlich genehmigt werden müssen, verlängerte die Prüffristen in Genehmigungsverfahren und senkte die Schwelle, ab der auswärtige Beteiligungen an Firmen untersagt werden können, bei kritischer Infrastruktur von 25 auf zehn Prozent. Im April 2021 kamen neue Sicherheitsprüfungen bei Teilübernahmen in High-Tech-Branchen hinzu. Die Maßnahmen wirkten. Hatten 2016 noch insgesamt 48 chinesische Firmen deutsche Unternehmen mehrheitlich oder ganz übernommen, so ging ihre Zahl seitdem zurück und lag 2020 bei gerade einmal elf.[133] »Die Genehmigungsprozesse sind so komplex geworden«, erläuterte im November 2021 ein Investmentbanker aus Frankfurt am Main dem *Handelsblatt*, »dass Bieter aus China de facto ausgeschlossen sind«.[134] Auch die EU schuf mit ihrer »Screening-Verordnung« vom 19. März 2019 Grundlagen für neue Restriktionen: Alle Mitgliedstaaten müssen seither Kontrollmechanismen für Schlüsselbranchen schaffen und bei der Überprüfung von Investitionen mit anderen EU-Staaten und der EU-Kommission kooperieren. Um die Kontrolle von Übernahmen in anderen EU-Staaten zu gewährleisten, richtete das Berliner Bundeswirtschaftsministerium eigens eine neue Kontaktstelle ein.[135]

Die Wirtschaftskooperation zugunsten der eigenen Industrie ausbauen, sie zugleich aber zu Lasten der chinesischen Konkurrenz reduzieren: Das ist ein widersprüchlicher Mix – eine Gratwanderung, bei der man jederzeit abrutschen kann, zumal die westlichen Mächte die politischen Spannungen gezielt eskalieren (dazu gleich mehr). Was tun, wenn die Sache schiefgeht, wenn die Beziehungen leiden oder wenn gar die Vereinigten Staaten mit einer Ausweitung ihrer extraterritorialen Sanktionen sämtliche Unternehmen, die in den USA tätig sind, zur Aufgabe ihres Chinageschäfts zu zwingen suchen? Auf diesen Fall bereiten sich deutsche Unternehmen seit geraumer Zeit sorgfältig vor. Mit ihren Notfallplanungen befasst hat sich unter anderem die Bertelsmann Stiftung, die dazu im Oktober 2021 eine ausführliche, mit Unterstützung des BDI erstellte Analyse publizierte. Das Papier zeigt: Bei der Gratwanderung in Sachen China steht für relevante Teile, ja sogar für Spitzenkonzerne der deutschen Industrie ungemein viel auf dem Spiel.

Denn wegen der immensen Bedeutung, die das Chinageschäft für eine ganze Reihe von ihnen hat – nicht nur für die Kfz-Industrie, auch für Firmen aus anderen Branchen –, sähe sich so manches deutsche Unternehmen, sollte es durch US-Sanktionen zur Entscheidung zwischen dem US- und dem Chinageschäft genötigt werden, zu dramatischen Schritten gezwungen. Denkbar sei dann »eine Zerschlagung von Unternehmen in unterschiedliche Einheiten«, wobei »eine für das China-Geschäft und eine für das Geschäft mit der restlichen Welt zuständig wäre«, berichtete die Bertelsmann Stiftung.[136] Im November 2021 war dem *Handelsblatt* zu entnehmen, »Bosch, Siemens und etliche andere Gesellschaften« ließen »dieses Szenario bereits durchrechnen«.[137] Laut der Bertelsmann-Analyse wurden dabei zumindest punktuell Optionen in den Blick genommen, die bislang als kaum vorstellbar galten. »Sollte es zu einer scharfkantigen Blockbildung in der Welt kommen«, dann »müssten einige Unternehmen ernsthaft in Erwägung ziehen, sich vom US-Markt abzuwenden«, berichtete die Stiftung nach intensiven Gesprächen mit Wirtschaftsvertretern. »Einige Unternehmen«, hieß es weiter, kämen sogar wohl nicht umhin, »die Abkehr vom europäischen Heimatmarkt in Erwägung zu ziehen«, um ihr immer wichtiger werdendes Chinageschäft zu retten: Bei existenziellen Bedrohungen, wie sie sich aus dem US-Machtkampf gegen China ergeben könnten, spielten »Tradition und personelle Verbundenheit mit der Heimat« unter Umständen »nur noch eine untergeordnete Rolle«. Die Folgen für die Bundesrepublik könnten ein dramatisches Ausmaß annehmen.

Das transatlantische »Juste Milieu«

Die immense Bedeutung des Chinageschäfts für starke Teile der deutschen Industrie und die wohl dramatischen Folgen, sollten deutsche Unternehmen zur Entscheidung zwischen ihm und dem Geschäft in den USA gezwungen sein, haben die Bundesregierung zumindest während der langen Amtszeit von Bundeskanzlerin Angela Merkel veranlasst, den harten Konfrontationskurs der US-Regierung nicht in vollem Umfang zu unterstützen. Dabei hat auch Berlin – schließlich geht es nicht zuletzt um die übergeordnete Frage, ob der Westen seine gewohnte globale Dominanz verliert – seine politischen Attacken gegen Beijing im Lauf der Jahre verschärft. Eine wichtige Rolle spielen dabei Versuche, die Konflikte vor allem in Hongkong und Xinjiang zu nutzen, um die inneren Spannungen in der Volksrepublik zu erhöhen sowie den äußeren Druck auf sie zu verstärken. Dabei greifen vor allem die USA immer wieder auf Sanktionen gegen chinesische Amtsträger zurück; die EU hat sich im März 2021 ein erstes Mal daran beteiligt. Massiv gehen die westlichen Mächte gegen tatsächliche oder angebliche Bemühungen Beijings vor, im Ausland kulturelle Einflussarbeit zu betreiben. Sämtliche Aktivitäten werden von einer heftigen antichinesischen Agitation begleitet, die das alte, aus kolonialen Zeiten stammende Feindbild China nicht nur hegt und pflegt, sondern es sogar noch verstärkt.

Bei den transatlantischen Attacken gegen China kommt auf deutscher Seite ein Faktor zum Tragen, der für Deutschland insgesamt von großer Bedeutung ist: die engen Elitenbindungen an die USA. Sie verdanken ihre Intensität der prägenden Rolle der Vereinigten Staaten in der Bundesrepublik nach dem Zweiten Weltkrieg, und sie sind gesellschaftlich, in vielen Fällen sogar biografisch tief verankert. Das transatlantische Elitennetzwerk, so hat es Stefan Baron, Ex-Finanzkorrespondent des *Spiegel*, Ex-Chefredakteur der *WirtschaftsWoche* und zuletzt als globaler Kommunikationschef der Deutschen Bank tätig, in einem 2021 publizierten Buch beschrieben, »spannt sich vom Schüleraustausch über den Studienaufenthalt in den USA, Stipendienprogramme wie Fulbright oder McCloy, die Mitgliedschaft in einer der vielen transatlantischen Vereinigungen wie Atlantikbrücke, Aspen Institute oder German Marshall Fund bis hin zur Teilnahme an Veranstaltungen der zahlreichen Washingtoner Denkfabriken« – etwa »Brookings Institution und Heritage

Foundation, Atlantic Council und Council on Foreign Relations«.[138] »In Summe«, urteilt Baron, der lange dem Board of Trustees des American Institute for Contemporary German Studies angehörte, »ist über die Jahre hierzulande ein transatlantisches Juste Milieu aus Mitarbeitern von Denkfabriken und Alpha-Journalisten, Politikern und wirtschaftlichen Entscheidern entstanden, das die Hegemonialstellung Amerikas in der Welt … immer wieder aufs Neue wie selbstverständlich bestätigt.«

Die transatlantischen Elitenbindungen ruhen dabei auch weiterhin auf überaus engen Wirtschaftsbeziehungen: Die Vereinigten Staaten sind unverändert der größte Auslandsstandort deutscher Unternehmen, die dort im großen Stil Geschäfte machen; 2018 etwa erwirtschafteten die Dax-Konzerne 22 Prozent ihres Gesamtumsatzes in den USA – mehr als in Deutschland (21 Prozent) und in China (16 Prozent).[139] Freilich muss man wegen des rasanten chinesischen Wachstums bei derlei Angaben ein Wörtchen hinzufügen: »noch«. Im Hinblick darauf sind aus Wirtschaftskreisen mittlerweile gelegentlich Meinungen zu hören, die etwas mehr Distanz zu den Vereinigten Staaten erkennen lassen; Barons erwähntes Buch, das – motiviert auch durch die desolate innenpolitische Situation in den USA und durch ernste Sorge um den Weltfrieden – unter dem Titel »Ami go home!« erschienen ist, ist ein Beispiel dafür. In den politischen Apparaten und den Denkfabriken sind die transatlantischen Kernmilieus unterdessen dabei, ihre Positionen mit Blick auf den sich verschärfenden Machtkampf gegen China eher noch zu konsolidieren. Die Deutsche Gesellschaft für Auswärtige Politik (DGAP) etwa, immer schon beste Beziehungen nach Washington unterhaltend, wird seit dem 15. Juni 2021 von Cathryn Clüver Ashbrook geleitet, die als ehemalige CNN-Journalistin und Mitgründerin des Future of Diplomacy Project an der Harvard Kennedy School in den USA bestens vernetzt ist. Mit Tyson Barker hat im Oktober 2020 ein ehemaliger Berater des US-Außenministeriums die Leitung des strategisch bedeutenden DGAP-Programms »Technologie und Außenpolitik« übernommen. Dass ein ehemaliger Berater der chinesischen Regierung eine ähnliche Position erhalten könnte, ist kaum vorstellbar.

Die engen transatlantischen Elitenbindungen sind etwa bei Bemühungen hilfreich, im Inneren Chinas Schwachpunkte zu identifizieren, die sich nutzen lassen, um der Volksrepublik Knüppel zwischen die Beine zu werfen. Prinzipiell kann jede innerchinesische Opposition, sofern es keine linke ist, auf große Sympathien im Westen hoffen. Daraus erklären sich der Friedensnobelpreis für den Autor Liu Xiaobo im Jahr 2010, der zuvor in einem Manifest (»Charta 08«) gemeinsam mit weiteren chinesischen Oppositionellen weitreichende Privatisierungen und die Föderalisierung der Volksrepublik gefordert hatte,[140] oder auch die Vergabe des Friedenspreises des Deutschen Buchhandels im Jahr 2012 an den Schriftsteller Liao Yiwu, der in seiner Dankesrede erklärte, die Volksrepublik sei ein »unendlich große(r) Müllhaufen«, der »auseinanderbrechen« solle.[141] Das Problem, auf das die westlichen Mächte bei ihrem Bestreben stoßen, die Volksrepublik mit Hilfe einer innerchinesischen Opposition zu schwächen: Personen wie Liu und Liao sind in China selbst eher isoliert. Eine im Juli 2020 publizierte Untersuchung der Harvard Kennedy School ergab, dass die Zufriedenheit der chinesischen Bevölkerung mit ihrer Regierung seit 2003 stets zugenommen hatte und, was die Zentralregierung betraf, bei 93,1 Prozent lag.[142] Andere – westliche – Studien kamen zu ähnlichen Ergebnissen.[143] Mit steigender Unzufriedenheit sei allenfalls dann zu rechnen, hieß es in der Harvard-Analyse, wenn Chinas wirtschaftliche Fortschritte gestoppt würden.

Hongkong

Freilich gibt es regionale Ausnahmen. Eine davon ist Hongkong. In der südchinesischen Metropole ist es seit der Jahrtausendwende immer wieder zu Massenprotesten gekommen, zuletzt im großen Stil im Jahr 2019. Hintergrund ist die spezielle historische Situation der heutigen Sonderverwaltungszone. 1842 hatte sich Großbritannien nach seinem Sieg im Ersten Opiumkrieg die Insel Hongkong als Kolonie einverleibt – eine Bestimmung des berüchtigten Vertrags von Nanjing –, 1860 dann mit der Pekinger Konvention das nördlich angrenzende Kowloon hinzugefügt und sich 1898 schließlich in einem 99 Jahre währenden Pachtvertrag zusätzlich die Kontrolle über die nördlich von Kowloon liegenden New Territories verschafft. Das Vereinigte Königreich behielt die Kronkolonie für sich – auch noch, als die Entkolonialisierung nach dem Zweiten Weltkrieg an Fahrt gewann und die meisten Kolonien in Asien, Afrika und der Karibik ihre Unabhängigkeit erkämpften. 1967 ließ London antikoloniale Proteste in Hongkong blutig niederschlagen; laut offiziellen Angaben kamen während der Unruhen 51 Menschen zu Tode.[144] Erst als sich der Pachtvertrag für die New Territories seinem Ende näherte, ließ sich London auf Verhandlungen über die Rückgabe der Kronkolonie an China ein. Sie erfolgte schließlich am 1. Juli 1997. Großbritannien hatte noch ausgehandelt, dass Hongkong 50 Jahre lang als »Sonderverwaltungszone« ein liberalkapitalistisches Einsprengsel in der Volksrepublik bleiben müsse – unter der Parole »Ein Land, zwei Systeme«.

Die Kolonialzeit hat – wie könnte es auch anders sein – tiefe gesellschaftliche Spuren hinterlassen. Nicht nur, dass die Kolonialmacht der Kolonie allgemein westliche Strukturen aufprägte. Die Gründung der Volksrepublik am 1. Oktober 1949 veranlasste außerdem zahlreiche Anhänger und Aktivisten der Guomindang sowie diverse Unternehmer aus Shanghai, nach Hongkong zu fliehen: Sie zogen ein Leben unter britischer Kolonialherrschaft dem Verbleib in einem kommunistischen Staat vor. Damit stärkten sie in der südchinesischen Metropole das soziale Fundament für einen soliden, von Großbritannien fleißig geförderten Antikommunismus. Nach den antikolonialen Protesten des Jahres 1967 begann London, Tendenzen in Hongkong zu fördern, eine eigene, gegenüber der Volksrepublik abgegrenzte Identität zu entwickeln; ein kultureller Ausdruck dieser Bestrebungen war etwa der seit den 1970er Jahren auch im Ausland populär werdende Cantopop, eine Art Verschmelzung traditionell chinesischer mit westlicher Musik. Die Bemühungen, eine eigenständige Hongkonger Identität zu bewahren, sind auch nach der Rückgabe der Stadt an die Volksrepublik erhalten geblieben. Seit Mitte der 2000er Jahre haben sie sich sogar noch verstärkt.

Leicht ist die Wiedereingliederung Hongkongs in die Volksrepublik unter diesen Umständen nie gewesen. Bestrebungen in der Stadt, sich kulturell abzugrenzen, vermischten sich mit dem Einsatz für mehr Demokratie: Die britische Kolonialherrschaft hatte ein Parlament, den Legislative Council (LegCo), hinterlassen, in dem nur 35 von 70 Abgeordneten von der Bevölkerung direkt gewählt wurden; das rief bei vielen Unmut hervor. Zudem kam es immer, wenn Beijing versuchte, seine Kontrolle über das widerspenstige, an einer eigenen Identität festhaltende Hongkong zu festigen, zu Massenprotesten – etwa 2003, als erstmals die Verabschiedung eines Nationalen Sicherheitsgesetzes auf die Tagesordnung kam. Dabei hatte schon Hongkongs Basic Law, das zum 1. Juli 1997 in Kraft getreten war, ein Gesetz gegen »Hochverrat, Sezession, Volksverhetzung, Umsturzbestrebungen« gefordert; wegen der Proteste wurde es 2003 dann aber doch wieder auf die lange Bank geschoben. Als 2012 die Lehrpläne geändert werden sollten – mit dem Ziel, die Geschichte der Volksrepublik stärker zu gewichten –, kam es erneut zu Massendemonstrationen wie zuvor schon im Jahr 2010; 2014 sollten weitere Proteste folgen. Dabei hat sich seit Mitte der 2000er Jahre eine Bewegung herauskristallisiert, die vor allem von jungen Menschen getragen wird; die »localists« setzen noch stärker als bisher auf eine spezifische Hongkonger Identität und grenzen sich in zunehmend rassistischer Weise von der Volksrepublik ab, deren Einwohner sie zuweilen als »Heuschrecken« oder »Wilde« beschimpfen.[145]

Das war die Konstellation, als im Frühjahr 2019 Proteste gegen den Plan der Regierung Hongkongs losbrachen, die Überstellung von Straftätern in die Volksrepublik zu ermöglichen; das war bei der Rückgabe der Stadt an China auf britisches Insistieren hin untersagt worden – mit der Folge, dass zunehmend Straftäter aus der Volksrepublik in Hongkong Zuflucht suchten. Die Proteste, befeuert von Demokratisierungsforderungen und von antichinesischer Agitation der »localists«, die zuweilen in Gewalt gegen Chinesen von außerhalb der Metropole mündete, eskalierten. Das war nun der Moment, in dem die westlichen Mächte begannen, die Unruhen nach Kräften anzuheizen – natürlich stets unter dem Vorwand, »Freiheit und Demokratie« zu fördern. Enge Absprachen führender Vertreter der prowestlichen Hongkonger Opposition mit US-Regierungsmitgliedern sind belegt: Martin Lee etwa, Gründer der Democratic Party, traf am 16. Mai 2019 mit US-Außenminister Mike Pompeo zusammen; Jimmy Lai, Medienmogul, Besitzer der prowestlichen Tageszeitung *Apple Daily* und tatkräftiger Unterstützer der Opposition, sprach am 8. Juli 2019 zunächst bei US-Vizepräsident Mike Pence, dann beim Nationalen Sicherheitsberater John Bolton vor.[146] Gleichzeitig forderten Oppositionelle in Hongkong US-Präsident Donald Trump öffentlich zur Intervention auf, während andere die alte britische Kolonialflagge schwenkten: »Ich vermisse«, klagte eine Demonstrantin, »die britische Hongkong-Regierung aus der Zeit vor 1997«.[147]

Über eines täuschten die Massenproteste und die einseitige Parteinahme des Westens und seiner Medien indes stets hinweg: Bei weitem nicht alle Einwohner Hongkongs standen auf Seiten der Demonstranten. Hatten diejenigen politischen Kräfte, die sich am Westen orientieren und gegen eine engere Einbindung der Metropole in die Volksrepublik Position beziehen, bei den Wahlen im Jahr 1998 zusammengenommen noch rund 66 Prozent erreicht, so waren sie bis 2016 schon auf rund 55 Prozent abgerutscht; gleichzeitig hatten die Pro-Beijing-Kräfte, die 1998 bei kaum 30 Prozent gelegen hatten, 2016 bereits mehr als 40 Prozent erreicht. Selbst bei den hochgradig polarisierten Lokalwahlen am 24. November 2019 gewann die Opposition zwar – dank des nach britischem Modell gestalteten Mehrheitswahlrechts – 17 von 18 Distrikten; allerdings erzielten die Pro-Beijing-Parteien, die die Demonstrationen dezidiert nicht unterstützten, immerhin 42 Prozent. Der Konflikt, der in Hongkong tobt, ist keiner zwischen der Stadt und der Volksrepublik; er ist einer, der vor allem die Metropole spaltet.

Als die Proteste immer gewalttätiger eskalierten, reagierte Beijing darauf, indem der Nationale Volkskongress Ende Mai 2020 das Nationale Sicherheitsgesetz beschloss, das im Basic Law vorgesehen, dann aber auf die lange Bank geschoben worden war; am 30. Juni 2020 trat es in Kraft. Das Gesetz stellt unter anderem Abspaltungsbestrebungen, Subversion und insbesondere jede Form der Zusammenarbeit mit äußeren Mächten, die die nationale Sicherheit gefährdet, unter Strafe; es hat deshalb Folgen für die eng mit dem Westen kooperierenden Teile der Opposition.[148] Die Trump-Administration reagierte entsprechend mit einem neuen Sanktionsgesetz, dem am 14. Juli 2020 in Kraft gesetzten Hong Kong Autonomy Act, der Strafmaßnahmen gegen Politiker in Hongkong und Beijing verhängte. Das hielt Beijing nicht davon ab, das Nationale Sicherheitsgesetz zu nutzen, um mit Härte gegen Oppositionelle vorzugehen, die in Zusammenarbeit mit dem Westen die Zugehörigkeit Hongkongs zur Volksrepublik in Frage stellten. Umgekehrt werden Hongkonger Oppositionelle nun im Westen mit offenen Armen empfangen – nicht selten übrigens solche, die im Spektrum der rechten, teils rassistischen »localists« zu verorten sind. Das gilt etwa für Ray Wong und Alan Li, die seit Mai 2018 in der Bundesrepublik Flüchtlingsschutz genießen; sie waren führende Mitglieder der »localists«-Organisation Hong Kong Indigenous gewesen, die sich mit Attacken auf Touristen aus der Volksrepublik hervorgetan hatte. Nebenbei: Die »localists« genießen unter jungen Menschen in Hongkong Zustimmungsraten von bis zu 40 Prozent.[149]

Xinjiang

Eine zweite, wenngleich völlig anders gelagerte Ausnahme von der verbreiteten Zufriedenheit der chinesischen Bevölkerung mit ihrer Regierung findet sich im Autonomen Gebiet Xinjiang. Xinjiang – der Name bedeutet »neue Grenze« – hatte bereits zur Zeit der Han-Dynastie unter chinesischer Herrschaft gestanden, ging dann an andere Reiche über, wurde jedoch Mitte des 18. Jahrhunderts erneut China eingegliedert. Nationalisten unter den Uiguren, der Mehrheitsbevölkerung in Xinjiang, haben immer wieder für die Abspaltung des Gebiets gekämpft. Die Tatsache, dass das Uigurische – wie viele andere Sprachen Zentralasiens – eine Turksprache ist, hat regelmäßig die Phantasie uigurischer, aber auch türkischer Nationalisten beflügelt und Pläne befeuert, das heutige Xinjiang als »Ostturkestan« einem großtürkischen Reich einzugliedern. Die Idee lebt bis heute fort. Im November 2021 machte ein Foto in den sozialen Medien die Runde, das den türkischen Präsidenten Recep Tayyip Erdoğan zeigt, als er sich gerade von Devlet Bahçeli eine Landkarte überreichen lässt. Bahçeli ist der Vorsitzende der extrem rechten Milliyetçi Hareket Partisi (MHP), die Erdoğans Regierung unterstützt. Auf der Landkarte konnte man eine Art großtürkisches Reich erkennen, das bis nach Xinjiang reicht.

Nach der Gründung der Volksrepublik verließen nicht wenige uigurische Nationalisten Xinjiang. Viele von ihnen gingen in die Türkei; manche migrierten später weiter in die Bundesrepublik. Dort haben sich Exilorganisationen gegründet wie etwa der World Uyghur Congress (WUC), der bei der Vernetzung des uigurischen Exils eine führende Rolle spielt. Der WUC bezeichnet Xinjiang bis heute als ein unter »kolonialer Besatzung« durch China stehendes Land. WUC-Repräsentanten sind beliebte Gesprächspartner westlicher Politiker; WUC-Präsident Dolkun Isa etwa trat im Mai 2019 auf einer öffentlichen Anhörung des Menschenrechtsausschusses im Deutschen Bundestag auf. Der WUC hält aus dem Exil Kontakt zu uigurischen Nationalisten in Xinjiang. Wozu diese wiederum fähig sind, zeigte sich am 5. Juli 2009 in Xinjiangs Hauptstadt Urumqi. Gewalt uigurischer Nationalisten gegen Han-Chinesen hatte es auch zuvor immer wieder gegeben, doch an jenem Tag explodierte sie blutig: Bei einem Pogrom massakrierten marodierende Uiguren in Xinjiangs Hauptstadt Urumqi willkürlich Han-Chinesen, plünderten ihre Läden, zerstörten ihre Wohnungen, Autos und anderes Eigentum. Beinahe 200 Menschen kamen zu Tode. Das Pogrom hallte in der Volksrepublik noch lange nach.[150]

Dabei kamen stets neue Gewalttaten hinzu, die zumeist auf das Konto uigurischer Dschihadisten gingen. Die Ursprünge des uigurischen Dschihad gehen letztlich auf uigurische Heimkehrer aus dem Afghanistankrieg der 1980er Jahre zurück, in dem sie die Mudschaheddin in deren Kampf gegen die sowjetischen Streitkräfte unterstützt hatten. Als ihre Kernorganisation gilt seit den 1990er Jahren die ETIM (East Turkestan Islamic Movement). Deren Terror kostete nach Angaben aus Beijing allein in den Jahren von 1990 bis 2000 mindestens 162 Menschen das Leben. Zahlreiche weitere Gewalttaten kamen im Lauf der Jahre hinzu: Attentäter überfielen mit Messern Märkte, griffen Buspassagiere an, rasten mit Autos in Menschenmengen. Furcht und Schrecken rief in China vor allem ein Terroranschlag am 1. März 2014 im Bahnhof von Kunming, der Hauptstadt der südwestchinesischen Provinz Yunnan, hervor; uigurische Dschihadisten brachten dort mit Messern – ganz im Stil etwa des späteren Attentats von Dschihadisten am 3. Juni 2017 auf und bei der London Bridge – 31 Chinesen um.[151] Das Massaker von Kunming, bei dem Uiguren erstmals außerhalb Xinjiangs eine hohe Anzahl an Menschen ermordeten, ist zuweilen als »Chinas 9/11« bezeichnet worden; Shannon Tiezzi, die Chefredakteurin des auf Asien spezialisierten Fachmagazins *The Diplomat*, vermutete schon wenige Tage später, der Massenmord werde zu einem »Einschnitt in Chinas Antiterrorkrieg« führen.[152] Sie hatte recht.

China ging schon bald nach dem Massaker von Kunming zu einer neuen Form des Antiterrorkriegs über – nicht zu einer, bei der, wie im Westen ab dem Herbst 2001, zahlreiche Verdächtige zunächst weltweit in Geheimgefängnisse bzw. Folterkeller verschleppt, in späteren Jahren oft mittels Killerdrohnen ermordet wurden. Chinas neuer Antiterrorkrieg setzt stattdessen darauf, Uiguren in Lagern zu internieren und sie dort zur Abkehr vom Dschihadismus wie auch von anderen besonders reaktionären Formen des Islam und zur Integration in die chinesische Gesellschaft zu veranlassen: Es wird »Umerziehung« angestrebt. Geleakte chinesische Unterlagen, die Ende 2019 im Westen unter dem Schlagwort »China Cables« kursierten, bieten einen Eindruck von den repressiven Verhältnissen in den Umerziehungslagern. Bis heute ist unklar, wie viele Menschen dort festgehalten werden; Schätzungen reichen von »einigen Hunderttausend« bis zu »zwei Millionen«.[153] Dabei zeichnen sich insbesondere höhere Schätzungen vor allem durch eines aus: Sie sind rein spekulativ und nicht belegt – wie die gesamte Xinjiang-Debatte im Westen daran leidet, dass sie als Instrument im Machtkampf gegen Beijing missbraucht wird und deshalb für willentliche Übertreibungen bis hin zu interessierten Falschaussagen offen ist. Das trifft unter anderem auf den populären Vorwurf zu, Uiguren müssten »Sklavenarbeit« leisten. Den Vorwurf hat etwa der Sinologe Björn Alpermann von der Universität Würzburg in detaillierter Quellenanalyse untersucht; sein Fazit: Er ist »nicht schlüssig beleg[t]«.[154]

Wie die Lage in Xinjiang zu politischen Zwecken missbraucht wird, ließ sich exemplarisch am Vorgehen der Trump-Administration beobachten, die kaum als Vorkämpferin für Menschenrechte gelten kann. Sie nutzte die – unbewiesene – Behauptung, die Behörden in Xinjiang nötigten Uiguren zu Zwangsarbeit, um in einer ihrer letzten Amtshandlungen im Januar 2021 die Einfuhr von Baumwolle und Tomaten aus Xinjiang zu untersagen.[155] Die Maßnahme wäre etwas glaubwürdiger gewesen, hätte Washington gleichzeitig Schritte gegen Zwangsarbeit in US-Gefängnissen unternommen.[156] Für Beijing ist der Boykott keinesfalls ungefährlich: Chinas Antiterrorkrieg setzt parallel zur Repression auf die Verbesserung der Lebensverhältnisse in Xinjiang; die aber gerät durch den US-Wirtschaftskrieg in Gefahr. Noch am Tag vor der Amtsübergabe legte Außenminister Mike Pompeo eine Schippe drauf und behauptete, die Volksrepublik begehe in Xinjiang einen »Genozid«. Was man von der US-Politik zu Xinjiang zu halten hat, ist ohnehin spätestens seit dem 6. November 2020 klar: An jenem Tag setzte die US-Regierung erstmals eine Organisation von Dschihadisten nicht auf ihre Terrorliste, sondern entfernte sie von ihr. Es handelte sich um die uigurische ETIM. Deren gegen die Volksrepublik gerichteter Dschihad ist laut Auffassung Washingtons seitdem wieder legal.[157]

Koordinierte Kampagnen

Die prowestliche Opposition in Hongkong und uigurische Aktivisten können sich über mangelnde Aufmerksamkeit seitens Politik und Medien in den westlichen Staaten nicht beklagen; ihre Anliegen werden regelmäßig und gewöhnlich mit großem Interesse rezipiert. Darüber hinaus gibt es Transmissionsriemen, die der Debatte zusätzlichen politischen Schwung verleihen. Ein solcher ist die Inter-Parliamentary Alliance on China (IPAC).

Die IPAC verdankt ihre Existenz maßgeblich dem ehemaligen Bundesvorsitzenden von Bündnis 90/Die Grünen, Reinhard Bütikofer. Bütikofer, Leiter der China-Delegation des Europaparlaments und in puncto Volksrepublik als transatlantischer Hardliner bekannt, hatte auf der Münchner Sicherheitskonferenz Mitte Februar 2020 einen »Transatlantic China Caucus« ins Gespräch gebracht – einen überparteilichen Zusammenschluss von Abgeordneten aus dem US-Kongress und aus dem Europaparlament, der die Chinapolitik auf beiden Seiten des Atlantik aus den Parlamenten heraus beeinflussen sollte. Er habe sich bereits umgehört, habe »im US-Regierungs- und Parlamentsviertel dazu schon zahlreiche Gespräche geführt«, berichtete Bütikofer Mitte Februar dem *Tagesspiegel*: »Das Interesse auf amerikanischer Seite ist groß.« Einige Tage später, am 21./22. Februar 2020, kam der Vorschlag auf einem Symposium zur Sprache, das die Bertelsmann Stiftung gemeinsam mit der US-amerikanischen Asia Society und der Elliott School of International Affairs der George Washington University in Berlin abhielt – organisiert unter anderem vom einstigen deutschen Botschafter in Beijing Volker Stanzel. Der Plan, einen »Transatlantic China Caucus« zu gründen, fand Anklang.

Nach weiteren vorbereitenden Tätigkeiten war es am 5. Juni 2020 schließlich soweit: Der entsprechende »Caucus« (Ausschuss) wurde gegründet – unter dem Namen IPAC. Er reichte von Anfang an weit über den US-Kongress und das Europaparlament hinaus und wuchs bis Ende 2021 auf rund 220 Abgeordnete aus gut 20 Parlamenten an. Die IPAC-Mitglieder, die einzig die Absicht eint, die politische

Agitation gegen die Volksrepublik zu koordinieren und zu intensivieren, gehören den unterschiedlichsten politischen Spektren an; zu ihnen zählen der US-Rechtsaußen Marco Rubio und der deutsche Grünen-Politiker Omid Nouripour, der frühere Parteivorsitzende der britischen Konservativen Iain Duncan Smith, Japans einstiger Verteidigungsminister Gen Nakatani, Belgiens ehemaliger liberaler Premierminister Guy Verhofstadt und Politiker ultrarechter Parteien wie der Schweizerischen Volkspartei (SVP) und der italienischen Lega. Beteiligt sind Abgeordnete aus Europa, Nordamerika, Indien, Australien, Uganda. Die IPAC unterhält ein Sekretariat in London, das von Luke de Pulford koordiniert wird, einem Mitglied der Menschenrechtskommission der britischen Konservativen; sie verfügt über einen Beirat, dem neben WUC-Aktivisten und Oppositionellen aus Hongkong etwa Robert L. Suettinger angehört, ein langjähriger Mitarbeiter des US-Außenministeriums und der CIA, daneben Nick Timothy, Ex-Stabschef der britischen Premierministerin Theresa May, oder Mareike Ohlberg, Ex-Mitarbeiterin des Mercator Institute for China Studies (MERICS), einer auf China spezialisierten Denkfabrik in Berlin.

Die IPAC gliedert ihre Aktivitäten in einzelne Kampagnen; zu ihnen zählen etwa eine für »Demokratie in Hongkong«, eine weitere gegen »mutmaßliche Massenverbrechen in der Uigurenregion«, eine dritte gegen »Zwangsarbeit in der Uigurenregion und Tibet« und eine vierte gegen die Olympischen Winterspiele 2022 in Beijing. Die IPAC kann ihre Kampagnen geschickt lancieren: Einzelne Mitglieder bringen Anträge zu den jeweiligen Themen in ihre Parlamente ein; von außen entsteht der Eindruck, da treibe eine global grassierende Sorge über die chinesische Politik Parlamentsabgeordnete weltweit spontan auf die Barrikaden. Neben ihren koordinierten parlamentarischen Aktivitäten widmet sich die IPAC auch dem öffentlichen Protest: Sobald hochrangige chinesische Regierungspolitiker, etwa der Außenminister, im Ausland auftreten, etwa in einem europäischen Land, organisiert die IPAC Kundgebungen gegen sie. Als etwa Chinas Außenminister Wang Yi Ende

Oktober 2021 zum G20-Gipfel in Rom erwartet wurde, da protestierten einige IPAC-Mitglieder, als »zivilgesellschaftliche Aktivisten« posierend, gemeinsam mit Oppositionellen aus Hongkong und Xinjiang. Per Video zugeschaltet war Taiwans Außenminister Joseph Wu.

Sanktionen gegen Personen

Selbstverständlich sind IPAC-Mitglieder ganz vorne mit dabei, wenn einmal mehr Sanktionen gegen China gefordert werden. Die Vereinigten Staaten sind längst dazu übergegangen, Sanktionen nicht mehr nur gegen Unternehmen, sondern auch gegen Personen zu verhängen – meist gegen exponierte Vertreter von Staat und Partei. Die Begründungen variieren, beziehen sich gewöhnlich auf Menschenrechte insbesondere in Hongkong und Xinjiang; sie trafen bisher etwa Funktionäre der Repressionsbehörden in beiden Regionen sowie Hongkongs Regierungschefin Carrie Lam, alle 14 stellvertretenden Vorsitzenden des Ständigen Ausschusses des Nationalen Volkskongresses und zwei Mitglieder des Politbüros der Kommunistischen Partei, dies in einer Reihe von Sanktionsrunden, die unter US-Präsident Trump begannen und unter Präsident Biden fortgesetzt wurden. Üblicherweise dürfen die Betroffenen nicht mehr in die USA einreisen, und sollten sie Vermögen dort haben, wird es eingefroren; US-Unternehmen können Geschäfte mit ihnen verboten werden. Am 22. März 2021 verhängte erstmals auch die EU personenbezogene Sanktionen, begründet mit menschenrechtlicher Sorge um Xinjiang; sie trafen vier Staats- und Parteifunktionäre aus Xinjiang und das Büro für Öffentliche Sicherheit in der Region. Großbritannien und Kanada schlossen sich den Maßnahmen umgehend an.

Wie so oft bei personenbezogenen Sanktionen stellt sich allerdings die Frage, was sie letztlich bewirken. Hongkongs Regierungschefin Carrie Lam klagte im November 2020, sie bekomme ihr Gehalt, weil die Banken in der Sonderverwaltungszone keine Geschäfte mehr mit ihr machen dürften, in bar und müsse ihr Geld zuhause aufbewahren.[158] Derlei Schwierigkeiten sind allerdings wohl auf Hongkong mit seiner starken Präsenz westlicher Unternehmen beschränkt. Wie im Fall Russlands werden die wenigsten Chinesen, die befürchten müssen, von westlichen Sanktionen getroffen zu werden, ihr Vermögen in den USA anlegen. Der unmittelbare Schaden ist also wohl begrenzt. Entsprechend urteilte im August 2021 der Politikwissenschaftler Jin Kai, der an der Guangdong Academy of Social Science sowie an der George Washington University tätig ist, die Sanktionen könnten »die bewährten politischen Pfade der chinesischen Zentral- und der Hongkonger Regionalregierung nicht beeinflussen«; und sollten die Sanktionen gegen Hongkong einmal stark genug werden, um »wirklichen Schaden« anzurichten, dann träfen sie auch die USA: Immerhin seien 85.000 US-Bürger und 1.200 US-Unternehmen in der Metropole ansässig; falls Hongkong leide, litten sie mit.[159]

Unabhängig davon hat die Volksrepublik begonnen, auch auf personenbezogene Sanktionen mit Gegensanktionen zu antworten, die jeweils nicht nur Einreisebeschränkungen beinhalten, sondern es auch Chinesen untersagen, Geschäfte mit den betroffenen Personen zu tätigen. Am 20. Januar 2021 etwa verhängte Beijing Sanktionen gegen eine Reihe teils hochrangiger Mitglieder der soeben aus dem Amt geschiedenen Trump-Administration, darunter Ex-Außenminister Mike Pompeo, der ehemalige Nationale Sicherheitsberater John Bolton und Matthew Pottinger, der – als stellvertretender Nationaler Sicherheitsberater – als einer der maßgeblichen Architekten der Trump'schen Chinapolitik galt. Am 23. Juli traf es weitere US-Politiker, darunter Ex-Handelsminister Wilbur Ross. Ross hatte zumindest bis Januar 2019 dem Vorstand von Huaneng Invesco WLR angehört, einem 2008 gegründeten Joint Venture seines Unternehmens WL Ross mit der US-Firma Invesco und dem staatlichen Stromerzeuger China Huaneng Group.[160] Chinesische Gegensanktionen gegen die EU-Strafmaßnahmen vom 22. März 2021 wiederum trafen unter anderem IPAC-Aktivisten wie Iain Duncan Smith und Reinhard Bütikofer sowie das Berliner

MERICS. Dass nun womöglich Berliner Chinaexperten und sogar der Leiter der China-Delegation des Europaparlaments, Bütikofer, nicht mehr in die Volksrepublik reisen dürfen, sollte zu verschmerzen sein.

Und auch wirtschaftlich hinterließ schon die erste Runde chinesischer Gegensanktionen gegen Strafmaßnahmen aus Europa überraschende Spuren. So mancher Nichtjurist schaute etwas verwirrt, als auf der chinesischen Sanktionsliste der Name Essex Court Chambers auftauchte. Essex what? Nun, bei der Firma handelt es sich um eine renommierte Londoner Anwaltskanzlei; sie war von den Sanktionen betroffen, weil vier ihrer Juristen eine völkerrechtliche Legitimation für die Behauptung konstruiert hatten, China verübe in Xinjiang einen Völkermord. Dumm nur: Ihre Kanzlei ist auf Wirtschaftsrecht spezialisiert und stark ins Asiengeschäft involviert. Die Sanktionen untersagten ihr nun Geschäftskontakte zu Chinesen. In Asien bleibt da nicht mehr viel übrig, und so musste die *Financial Times*, das Leib- und Magenblatt der Londoner City, schon wenige Tage später berichten, von Essex Court Chambers hätten sich umgehend einige ihrer führenden Juristen sowie die komplette Außenstelle in Singapur verabschiedet. Nun könnten Wirtschaftsanwälte zwar auch in den Steueroasen der Karibik eine Menge Geld verdienen; allerdings seien auch dort Chinesen stark vertreten. Beijings Gegensanktionen seien, konstatierte die *Financial Times*, ein Schlag »ins Herz des juristischen Establishments«.[161]

»Koloniale Stereotypen«

Personenbezogene Sanktionen mögen politisch wenig nützen und sogar der eigenen Seite schaden – eines leisten sie auf jeden Fall: Sie vermitteln dem steuerzahlenden Publikum den Eindruck, man kämpfe nicht einfach einen Machtkampf gegen einen aufsteigenden Rivalen, sondern für das Gute in der Welt und gegen das Böse, das sich personifizieren lässt – in Gestalt der Sanktionierten, die bestraft werden müssten, koste es, was es wolle. Sanktionen und die Propaganda, die sie begleitet, festigen damit ein negatives Chinabild – wobei dieses im Westen ohnehin dominiert. Zuverlässig reproduziert, ja sogar immer weiter verfinstert wird es durch eine Medienberichterstattung, die die Bezeichnung »Berichterstattung« kaum verdient.

Viele systematische Untersuchungen über die Chinaberichterstattung der deutschen Leitmedien gibt es nicht. Eine umfassende Studie, verfasst von der Kommunikationswissenschaftlerin Carola Richter und dem Politikwissenschaftler Sebastian Gebauer, hat die Heinrich-Böll-Stiftung (Bündnis 90/Die Grünen) im Jahr 2010 publiziert. Ausgewertet wurden sechs Zeitungen und Zeitschriften sowie das öffentlich-rechtliche Fernsehen. Das Ergebnis: In der Darstellung der Volksrepublik gebe es eine »Kernagenda«, die von einer »eurozentristische[n] Perspektive« beherrscht werde, hieß es in der Studie.[162] Immer wieder würden »offensichtlich gesellschaftlich inhärente Vorstellungen und Klischees über das Land unreflektiert kolportiert«; prägend seien dabei »normativ abwertende Bilder«. »Insgesamt« müsse man »von einer fortlaufenden Verbreitung existierender Stereotypen« sprechen, »die sich eher an gesellschaftlich verankerten Symbolen und Floskeln« orientierten als an einem differenzierten Blick auf die chinesische Realität. Es bestehe »die Gefahr einer Verfestigung dieser zumeist extrem versimplifizierten und verkürzenden Klischees«; durch die verzerrte Berichterstattung in der Bundesrepublik entstehe ein »sehr klischeebeladenes und stellenweise auch denunzierendes Bild der chinesischen Gesellschaft«.

Eine weitere Studie, die 2021 von der Rosa-Luxemburg-Stiftung (Die Linke) veröffentlicht wurde, kam zu einem ähnlichen Ergebnis. In ihr werteten der Sinologe Jia Changbao und die Sinologinnen Mechthild Leutner sowie Xiao Minxing sieben führende Printmedien im Zeitraum von Januar bis August 2020 aus. Die Chinaberichterstattung sei »durch ein verstärktes Aufgreifen von teils noch aus kolonialen Zeiten herrührenden Klischees und Stereotypen geprägt«, heißt es in der Studie.[163] Meist zeige sich »der Einfluss der in den USA … neu befeuerten These«, die Volksrepublik sei eine Bedrohung »nicht nur für den Führungsanspruch der USA, sondern für die gesamte Welt«. Dies werde faktisch dadurch untermauert, dass »quasi eine systematische ›Messung‹ Chinas mit deutschen, europäischen, westlichen Werten« erfolge. Dabei werde »der Gegensatz von ›wir‹ und ›China‹ als ›das Andere‹ betont«. Oft werde dann »›das Andere‹ als nicht gleichrangig dargestellt«, was »zur Tradierung von Klischees und Ängsten« führe. Würden in Medienbeiträgen Experten zitiert, dann seien es häufig etwa Mitarbeiter des German Marshall Fund of the United States (GMF), eines klar transatlantisch orientierten Think-Tanks, oder des MERICS. Dem Kuratorium der angeblich unabhängigen Denkfabrik gehörten im Herbst 2021 der Leiter des Planungsstabs im Auswärtigen Amt, Sebastian Groth, und der Leiter Außenpolitik im Bundespräsidialamt, Thomas Bagger, an.

Die Autorinnen und der Autor der Studie warnten: »Die weitere mediale Konstruktion und Vertiefung des Feindbilds China mit … eindimensionalen und eurozentrisch geprägten Facetten wird die jetzt schon zu beobachtende skeptisch-ablehnende Haltung besonders der intellektuellen und politischen Elite gegenüber China … verstärken.« Sie lagen richtig. Eine im November 2021 veröffentlichte Umfrage der Hamburger Körber-Stiftung ergab, dass 55 Prozent aller Deutschen den wachsenden Einfluss Chinas als negativ einstuften; ein Jahr zuvor waren es lediglich 43 Prozent gewesen. Zudem sahen nur 24 Prozent die Volksrepublik nicht als Bedrohung an; 74 Prozent hingegen stuften sie als solche ein – 48 Prozent als eine geringere, 26 Prozent sogar als eine größere Bedrohung.[164] Bereits im Sommer hatte eine Umfrage, die das Meinungsforschungsinstitut Forsa im Auftrag der Zeitschrift *Internationale Politik* durchgeführt hatte, ergeben, dass 75 Prozent der Deutschen der Ansicht waren, die Bundesregierung solle »eine härtere Haltung gegenüber China einnehmen«.[165] 58 Prozent befürworteten dies auch dann, wenn es negative Folgen für die Wirtschaftsbeziehungen zwischen den beiden Ländern habe. Keine Frage: Die »ablehnende Haltung« gegenüber China hatte sich in der Tat verstärkt.

Kulturkampf gegen Beijing

Und die Bundesregierung half weiter nach. Im Herbst 2021 setzte sie zu diesem Zweck genau dort an, wo Staaten üblicherweise ein positives Bild von sich im Ausland zu präsentieren suchen: in der auswärtigen Kultur- und Bildungspolitik bzw., genauer, bei den Konfuzius-Instituten, der chinesischen Entsprechung zu den Goethe-Instituten. Die Konfuzius-Institute sind organisatorisch seit 2020 an die Chinese International Education Foundation (CIEF) in Beijing angebunden, eine Stiftung, die offiziell als Nichtregierungsorganisation firmiert. Nun kann man sich streiten, ob eine kulturpolitisch so wichtige Einrichtung wie die CIEF nicht nur formell, sondern auch tatsächlich unabhängig sein kann – doch ginge das am Kern der Sache völlig vorbei. Denn auch im Westen, in Deutschland etwa, ist die auswärtige Kultur- und Bildungspolitik alles andere als unabhängig; das Auswärtige Amt finanziert sie und bezeichnet sie ganz offiziell als »dritte Säule der deutschen Außenpolitik«. Berlins »strategische Kommunikation« ziele darauf ab, nicht nur »die Vielfalt der Gesellschaft in Deutschland«, sondern auch »unsere Ansichten sowie außenpolitischen Ziele zu kommunizieren«, schrieb die Bundesregierung in ihrem Bericht zur auswärtigen Kultur- und Bildungspolitik im Jahr 2020: »Vielfältige Kanäle und Kommunikationsinstrumente werden strategisch eingesetzt«, um nicht nur »ein realistisches Deutschlandbild« und »objektive Fakten«, sondern auch »außenpolitische Schwerpunkte zu vermitteln«.[166] Dazu dienen eine ganze Reihe von Einrichtungen, darunter die Goethe-Institute.

Im Grundsatz verhält es sich mit den Konfuzius-Instituten nicht anders – mit der kleinen formalen Besonderheit, dass sie gewöhnlich organisatorisch an Hochschulen anzudocken suchen. Inhaltlich seien sie »sehr heterogen«, wurde Ende Oktober 2021 der Sinologe Björn Alpermann zitiert; als »ferngesteuerte Propaganda-Maschinen« könne man sie gewiss nicht bezeichnen. Er wisse das, denn er habe dort selbst bereits »kritische Vorträge« gehalten.[167] Der Anlass dafür, dass Alpermann um seine Einschätzung gebeten wurde: Die

Konfuzius-Institute in Duisburg und Hannover hatten soeben eine Onlineveranstaltung kurzfristig abgesagt, bei der die Journalisten Stefan Aust und Adrian Geiges ihre neue Biografie »Xi Jinping – der mächtigste Mann der Welt« hatten vorstellen wollen. Offenbar hatte es Einwände aus Beijing gegeben. Das mochte für Aust und Geiges unerfreulich sein – doch sind, siehe oben, etwa auch die Goethe-Institute alles andere als von staatlichem Einfluss frei.

Umso bemerkenswerter, dass sich die Bundesregierung der Sache annahm und nicht den dicken Hammer, sondern gleich das Schwert zückte. Es gelte, schrieb Bundesbildungsministerin Anja Karliczek in einem Brief an die Hochschulrektoren- und die Kultusministerkonferenz, »die Rolle der Konfuzius-Institute in der deutschen Hochschullandschaft neu zu bewerten und daraus die richtigen Schlüsse zu ziehen«. Sie rate den Hochschulen, die – noch – mit Konfuzius-Instituten kooperierten, »ihre Zusammenarbeit mit den Instituten prüfend zu hinterfragen« – eine kaum verhüllte Aufforderung, die Kooperation zu beenden. Zudem, so referierte der *Spiegel* den Inhalt des Schreibens, sollten die Hochschulen »einen engeren Kontakt zum Verfassungsschutz und zum Bundesnachrichtendienst pflegen«.[168] Da suchte also eine Bundesbildungsministerin, den Hochschulen ihren Willen aufzuzwingen: den Hochschulen, die offiziell – unter Berufung auf das hohe Gut von Freiheit der Wissenschaft – ein hohes Maß an Autonomie genießen und für die, wenn schon, dann die Bundesländer zuständig sind. Die Wissenschaft politisch beeinflussen zu wollen: Das war im Streit um die Vorstellung der Xi-Biografie den Konfuzius-Instituten vorgeworfen worden. Dass Karliczek gleich auch noch die Geheimdienste einschalten wollte, sagt viel.

Mit den Angriffen auf die Konfuzius-Institute geht der Versuch einher, ihnen Chinesisch-Sprachzentren aus Taiwan entgegenzusetzen. Die US-Regierung, die die Konfuzius-Institute noch schärfer attackiert, hat Ende 2020 begonnen, gemeinsam mit Taiwan Alternativen zu ihnen zu entwickeln. Das Ergebnis: Taipeh baut seit dem Sommer 2021 zunächst 15 Sprachzentren in den Vereinigten Staaten und drei in Europa – in London, Paris und Hamburg – auf, die damit werben, »liberal gesinnt« zu sein. An den Sprachzentren soll Berichten zufolge »ein positives Taiwan-Bild vermittelt werden« – genau das also, was den Konfuzius-Instituten im Hinblick auf die Volksrepublik nicht zugestanden wird.[169] An den Taiwan-Sprachzentren dürfen, wie weiter berichtet wird, »Lehrer mit chinesischem Pass oder Ausweisdokumenten aus Hongkong … nicht unterrichten«; zudem behält sich »die zuständige taiwanische Behörde … eine Genehmigung der Lehrbücher vor«, wobei »Materialien mit vereinfachten chinesischen Schriftzeichen«, wie sie in der Volksrepublik verwendet werden, streng »verboten« sind. Die westliche »Freiheit« hat eben auch ihre Grenzen.

Chinas »Schuldenfalle«

Die Versuche, die Volksrepublik zurückzudrängen, sie zu isolieren, sind nicht auf das Innere der westlichen Staaten beschränkt; sie finden selbstverständlich auch in der Außenpolitik statt. An der Schnittstelle zwischen beiden ist der Vorwurf angesiedelt, Beijing locke ärmere Staaten gezielt in Kredite, die sie nie zurückzahlen könnten, um die dadurch entstandene Zwangslage der betroffenen Länder zu seinem Vorteil auszunutzen. In die Welt gesetzt hat den Vorwurf Anfang 2017 Brahma Chellaney, ein antichinesischer Hardliner vom Centre for Policy Research (CPR) in Neu-Delhi und Fellow an der Robert Bosch Academy in Berlin.[170] Unter dem Schlagwort »Schuldenfalle« (»debt trap«) hat die Behauptung vor allem in westlichen Medien Karriere gemacht. Dabei trägt die »Schuldenfallen«-Kampagne nicht nur zur weiteren Festigung des Feindbildes China im Westen selbst bei; sie hat auch das Ausland im Blick: Könnte man Staaten in Asien, Afrika und Lateinamerika dazu bewegen, keine Kredite aus der Volksrepublik mehr anzunehmen, dann ginge das fraglos zu Lasten Beijings. Das Problem ist nur: Wenngleich chinesische Kredite wie alle anderen Darlehen gewisse Risiken bergen – der »Schuldenfallen«-Vorwurf trifft schlicht nicht zu.

Mehrere Wissenschaftler haben das in diversen Untersuchungen und Medienbeiträgen immer wieder nachgewiesen, allen voran Deborah Brautigam, die Direktorin der China Africa Research Initiative (CARI) an der School of Advanced International Studies (SAIS) der Johns Hopkins University; Brautigam ist eine der führenden Expertinnen zu den Beziehungen zwischen China und Afrika. Brautigam untersuchte mehr als 3.000 chinesische Infrastrukturprojekte in aller Welt – und sie stellte im April 2019 fest, das einzige Projekt, mit dem der »Schuldenfallen«-Vorwurf stets begründet werde, sei ein Hafenvorhaben im srilankischen Hambantota. Doch seien die Hinweise darauf, dass Beijing dort einem »Masterplan« folge, bestenfalls »dünn«.[171] Im August 2020 kam eine Untersuchung des Londoner Think-Tanks Chatham House, die sich mit Schuldenproblemen in Sri Lanka sowie in Malaysia befasste, zu dem Schluss, Ursache sei nicht etwa eine chinesische »Schuldenfalle«, sondern vielmehr »Fehlverhalten der örtlichen Eliten« – dies übrigens in Verbindung mit »westlich dominierten Finanzmärkten«.[172] Im November 2021 atmete Hannah Ryder, eine kenianische Ex-Diplomatin, Unternehmerin und Publizistin, erleichtert auf: Dank der Analysen von Brautigam und anderen, schrieb sie, werde sie nicht mehr ständig von Journalisten nach Chinas angeblicher »Schuldenfalle« gefragt.[173] In der Fachwelt ist Chellaneys Vorwurf mittlerweile in der Tat etwas aus der Mode gekommen. Das heißt freilich nicht, dass er aus westlichen Medien verschwindet; allzu nützlich ist er schließlich im Machtkampf gegen Beijing.

Gegenprojekte zur Neuen Seidenstraße

Schwer tun sich die westlichen Mächte und ihre Verbündeten bislang damit, Chinas wachsendem Einfluss nicht nur mit Agitation, Propaganda und Sanktionen, sondern mit eigenen, erfolgreichen Projekten entgegenzutreten. Versucht haben sie es mehrmals mit Gegenmodellen zur Neuen Seidenstraße. Am 23. Mai 2017 etwa gab Indiens Premierminister Narendra Modi bekannt, Neu-Delhi und Tokio hätten eine Infrastrukturinitiative namens »Asia-Africa

Growth Corridor« (AAGC) gegründet, die – als Alternative zu Chinas Neuer Seidenstraße – der Kooperation zwischen Asien und Afrika neuen Schwung verleihen solle. Drei Jahre später hieß es in einer Untersuchung des Institut français des relations internationales (ifri) in Paris, das AAGC-Projekt habe nicht nur »keine konkreten Erfolge« erzielt; es sei sogar mehr oder weniger in Vergessenheit geraten.[174] Im September 2018 startete die EU eine »EU-Asien-Konnektivitätsstrategie«, die ebenfalls auf den Ausbau der Infrastruktur abzielte, und das – es war ja immerhin ein EU-Projekt – nicht einfach nur so, sondern »nachhaltig« und »regelbasiert«.[175] Im Oktober 2021 – drei »nachhaltige« und »regelbasierte« Jahre waren verstrichen – räumte die bundeseigene Außenwirtschaftsagentur Germany Trade & Invest (gtai) ein, es gebe leider einen kleinen Haken an der Sache: »Bisher konnten … in keiner der drei Dimensionen«, die Brüssel für seine Initiative aufgelistet hatte, »nennenswerte Erfolge erzielt werden.«[176]

Weitere Anläufe folgten 2021. Zunächst gaben die G7 auf ihrem Gipfeltreffen Mitte Juni in Cornwall ein drittes Gegenprojekt gegen die Neue Seidenstraße bekannt: Unter der Bezeichnung »Build Back Better World« (»B3W«) sollten nun Infrastrukturvorhaben in ärmeren Ländern gefördert werden, und zwar »von Lateinamerika über die Karibik bis nach Asien und in den Indo-Pazifik«. Hunderte Milliarden US-Dollar würden bereitgestellt. Dabei sei »B3W« – die EU hatte mit ihrem PR-Vokabular schließlich die Latte hoch gehängt – »wertegetrieben, von hohem Standard und transparent«.[177] Das sollte natürlich auch implizieren, die Neue Seidenstraße verachte Werte, stehe auf qualitativ niedrigem Niveau und sei intransparent. Man musste schließlich nur wenig über den schrumpfenden Tellerrand des alten Westens hinausblicken, um etwa bei *Al Jazeera* aus Katar die trockene Einschätzung zu finden, »B3W« komme – gut acht Jahre nach dem Start der Seidenstraße – »sehr spät«; vor allem sei es bislang nicht mehr als »ein Traum«.[178] Zusätzlich legte die EU noch einmal nach. Kommissionspräsidentin Ursula von der Leyen gab in ihrer »State of the Union«-Rede am 15. September 2021 ein nächstes Infrastrukturprogramm namens »Global Gateway« bekannt, das diesmal nicht nur »wertebasiert« und »transparent« sein, sondern obendrein sogar »gute Regierungsführung« fördern solle. Dazu kommentierte sogar der US-Council on Foreign Relations (CFR) leicht pikiert, es sei völlig »unklar«, ob das Vorhaben zum Erfolg führen werde.[179]

Der »Indo-Pazifik«

Um ihre Stellung in Chinas unmittelbarem Umfeld auszubauen, haben mehrere westliche Staaten und die EU inzwischen eigene »Indo-Pazifik-Strategien« verabschiedet. Der Begriff »Indo-Pazifik« ist recht neu. Lange Zeit wurde neben Begriffen wie »Süd-«, »Südost-« oder »Ostasien«, die jeweils Großregionen mit gewissen historisch-kulturellen Gemeinsamkeiten bezeichnen, vor allem noch »Asien-Pazifik-Region« verwendet, um die teils boomenden, eng verbundenen Volkswirtschaften Ost- und Südostasiens sowie Australiens zusammenzufassen. Vom »Indo-Pazifik« sprach 2007 erstmals der indische Stratege Gurpreet S. Khurana, um einen gedanklichen Rahmen für Versuche zu spannen, Indien Zugänge zu den ost- und südostasiatischen Boomregionen zu eröffnen.[180] Die Trump-Administration nahm den Begriff ab 2017 auf – indes mit ganz anderem Ziel: Es ging ihr darum, sämtliche Rivalen Chinas von Japan über Australien bis Indien in ein umfassendes geostrategisches Aufmarschgebiet zu integrieren. Khurana hat sich bitter darüber beklagt: »Indo-Pazifik« stehe damit nun für den Versuch, China »in einer aktualisierten Version des Kalten Kriegs einzudämmen«; der Begriff definiere damit einen »geopolitischen Rahmen, der Asien in Freunde und Feinde teilt«.[181]

Der Begriff »Indo-Pazifik« ist, seit die Trump-Administration ihn zu propagieren begonnen hat, in den allgemeinen Sprachgebrauch eingegangen. Wie unsinnig er sachlich ist, zeigt exemplarisch die von der *Tagesschau* am 8. Oktober 2021 verbreitete Meldung, ein Atom-U-Boot der US-Marine sei »mit einem unbekannten Objekt« kollidiert – und zwar »im Indo-Pazifik«.[182] Ob das jetzt vor der Ostküste Afrikas, vor den Aleuten, unweit Neuseelands oder vielleicht an der Küste Bangladeschs geschehen war, blieb im Dunkeln: Der geografische Informationsgehalt des Begriffs tendiert gegen Null. Dennoch hat auch die Bundesregierung ihn aufgenommen und »Leitlinien zum Indo-Pazifik« verabschiedet; sogar die EU verfügt mittlerweile über eine »Indo-Pazifik-Strategie«. Im Berliner bzw. im Brüsseler Sprachgebrauch gehört der »Indo-Pazifik« mittlerweile zum sprachlichen Alltag. Über den Hintergrund konnte man im Mai 2020 bei der Stiftung Wissenschaft und Politik (SWP) erfahren, die EU und ihre Mitgliedstaaten sähen sich »verstärkt Druck aus Washington ausgesetzt, sich direkt oder indirekt zum ›Indo-Pazifik‹ zu bekennen – und damit aus Sicht der USA für Washington und gegen Peking«.[183]

Ganz ohne Einschränkungen hat die Bundesregierung der US-Administration diesen Gefallen allerdings nicht getan. Ihre »Leitlinien zum Indo-Pazifik«, die im August 2020 fertiggestellt und Anfang September veröffentlicht wurden, sehen allgemein eine deutliche Intensivierung der Kooperation mit den Anrainern des Indischen und des Pazifischen Ozeans vor. Zwar geht es dabei in hohem Maß darum, etwa die wirtschaftliche Zusammenarbeit mit Ländern Südostasiens oder mit Indien auszubauen, um in Zukunft weniger vom Produktionsstandort China abhängig zu sein. Zugleich sollen die Kooperationspartner in spe zu Gegengewichten gegen die Volksrepublik aufgebaut werden; es gehe um einen »Schulterschluss mit den Demokratien und Wertepartnern der Region«, heißt es in dem Strategiepapier.[184] Allerdings hält die Bundesregierung an der intensiven Wirtschaftskooperation mit China fest, auf die die deutsche Industrie angewiesen ist. Man wolle die Spannungen nicht maßlos zuspitzen, heißt es: »Kein Land soll – wie in Zeiten des Kalten Krieges – vor die Wahl gestellt werden, sich zwischen zwei Seiten«, dem Westen und China, »entscheiden zu müssen«.

Das hat die Bundesregierung nicht davon abgehalten, einen kräftigen Ausbau der deutschen Militärpräsenz im Indischen und im Pazifischen Ozean anzukündigen. So sehen die »Leitlinien zum

Indo-Pazifik« neben der »Teilnahme an sicherheitspolitischen Foren«, etwa dem jährlichen »Shangri-La Dialogue« des Londoner International Institute for Strategic Studies (IISS) in Singapur, auch die »Teilnahme an [militärischen, J. K.] Übungen in der Region«, die »Entsendung von Verbindungsoffizieren« und »verschiedene Formen maritimer Präsenz« vor. Berlin will »die bilaterale Verteidigungszusammenarbeit« mit den »Ländern der Region pflegen« und eventuell auch »Länder des Indo-Pazifiks« in die »Ertüchtigungsinitiative« des Bundesverteidigungsministeriums einbeziehen. Dabei handelt es sich um Ausbildungsprogramme der Bundeswehr für Streitkräfte von Drittstaaten. Schließlich kündigt die Bundesregierung an, sich auch in der NATO »für den Ausbau der Beziehungen zu den ›Partners Across the Globe‹« einzusetzen; das sind vor allem Australien, Neuseeland, Japan und Südkorea. Die deutschen Eliten haben also – zusätzlich zu den politischen, wirtschaftlichen und medial geschürten Aggressionen – auch den militärischen Aufmarsch gegen China fest im Blick.

2.2 Militärische Aktivitäten

12. März 2034, Südchinesisches Meer nahe Mischief Reef. Sarah Hunt, Captain der U.S. Navy, ist mit ihrem Geschwader – drei Zerstörer – auf einer sogenannten Freedom of Navigation Operation unterwegs, einer Patrouillenfahrt in den Hoheitsgewässern vor kleinen Inseln und Riffen, die China für sich beansprucht. Da gerät ein Fischerboot in ihren Blick, auf dem es offenbar brennt. Hunt befiehlt eine Rettungsaktion. Die Crew des Boots, chinesische Fischer, leistet Widerstand; Hunts Marinesoldaten setzen sie fest, durchsuchen das Boot, fixieren es am Flaggschiff des Geschwaders, dem Lenkwaffenzerstörer John Paul Jones. Chinesische Stellen, über den Vorfall im Bilde, legen Protest in Washington ein, verlangen die sofortige Freilassung des Fischerboots, zumal es sich – so lautet die chinesische Position –

in chinesischen Gewässern befindet. Chinesische Kriegsschiffe eilen herbei, kreisen das US-Geschwader ein. Dessen Kommunikation ist abgebrochen, vermutlich von einem Cyberangriff lahmgelegt. Die chinesische Marineeinheit stellt ein Ultimatum für die Freilassung des Fischerbootes; Sarah Hunt lässt es verstreichen. Mit dem Einschlag eines Torpedos in ihren Lenkwaffenzerstörer beginnt der Krieg.

»2034« lautet der Name des Romans,[185] in dessen Eingangskapitel James Stavridis und Elliot Ackerman den Beginn eines großen Krieges zwischen den Vereinigten Staaten und China schildern. Beide sind – wie Richard Shirreff – Personen, in denen man nicht auf den ersten Blick verkappte Schriftsteller wahrnehmen würde. Ackerman hat jahrelang im U.S. Marine Corps gedient und unter anderem Kampfeinsätze in Afghanistan durchgeführt. Stavridis, einstiger Admiral der U.S. Navy, war von 2009 bis 2013 NATO-Oberbefehlshaber (Supreme Allied Commander Europe, SACEUR) und wirkte nach seiner Pensionierung fünf Jahre lang als Dekan der renommierten Fletcher School of Law and Diplomacy an der Tufts University in Medford (Massachusetts). Er hat sich darüber hinaus als Autor mehrerer Bücher zu Marinethemen und zu Geostrategie hervorgetan. Den 2021 erschienenen Roman haben Stavridis und Ackerman verfasst, um ein möglichst breites Publikum auf die Gefahr eines drohenden Krieges zwischen den USA und der Volksrepublik aufmerksam zu machen, um den es in »2034« geht. Das gelang durchaus: Ende März 2021 schaffte es das Buch auf Platz sechs der Bestsellerliste der *New York Times*.

Die erste Inselkette

Dass Stavridis und Ackerman den Krieg zwischen den USA und China, den sie in »2034« beschrieben, ausgerechnet im Südchinesischen Meer beginnen ließen, ist kein Zufall: Der Konflikt zwischen den Vereinigten Staaten bzw. den westlichen Mächten und der Volksrepublik spitzt sich militärisch vor allem in den Seegebieten vor der chinesischen Küste zu. Aus chinesischer Perspektive ist das eine historisch relativ neue Situation. Jahrtausendelang war das Reich der Mitte von Land her bedroht worden, aus nördlich und nordwestlich gelegenen Regionen; Zeugnis davon legt bis heute die legendäre Große Mauer ab. Noch zur Mitte des 19. Jahrhunderts konnte China es nicht verhindern, dass Russland sich Teile seiner nördlichen Territorien unter den Nagel riss. Zu dieser Zeit hatte sich die strategische Gesamtlage jedoch bereits verschoben: Die gefährlichsten Angriffe kamen seit dem von Großbritannien angezettelten Ersten Opiumkrieg (1839 bis 1842) aus Westeuropa, wo sich die Kolonialmächte – nach Großbritannien bald Frankreich, später vor allem auch Deutschland – aufmachten, um China von See her zu attackieren. Das Reich der Mitte, das es versäumt hatte, zur Verteidigung eine schlagkräftige Marine aufzubauen, hatte dagegen keine Chance.

So wie Großbritannien im 19. Jahrhundert die Meere beherrschte, so tut es heute Chinas großer Rivale: die Vereinigten Staaten. Welche Konsequenzen das mit sich bringen kann, wurde Politikern in Beijing schlagartig und schmerzhaft in der Taiwan-Krise der Jahre 1995 und 1996 bewusst. Im Juni 1995 hatte mit Lee Teng-hui erstmals ein taiwanischer Präsident offiziell die USA besuchen dürfen: ein Kurswechsel Washingtons, auf den Chinas Regierung mit wütendem Protest, demonstrativen Manövern und Raketentests unweit Taiwan reagierte. Dagegen wiederum schritten die USA ein; sie schickten am 19. Dezember 1995 erstmals seit der Aufnahme diplomatischer Beziehungen zu Beijing einen Flugzeugträger durch die Taiwanstraße und im März 1996 gleich zwei Flugzeugträgerkampfgruppen in Gewässer nahe der Insel. Die chinesischen Streitkräfte, Lichtjahre davon entfernt, sich gegen die Provokation der U.S. Navy wehren zu können, waren – so wird berichtet – nicht einmal in der Lage, die US-Kriegsschiffe korrekt zu lokalisieren.[186] Politiker und Militärs in der Volksrepublik reagierten auf die dramatische Pleite, indem sie sich umgehend an die Arbeit machten: Entschlossen trieben sie den Aufbau leistungsfähiger Seestreitkräfte und wirksamer Abwehrwaffen voran.

Mit Erfolg. China hat bei der Aufrüstung seiner Marine gewaltige Fortschritte erzielt. Ende 2021 bestätigte das Pentagon in einer umfassenden Untersuchung über die Entwicklung der chinesischen Streitkräfte, die Volksrepublik besitze inzwischen mehr Kriegsschiffe als die Vereinigten Staaten – rund 355 gegenüber nicht ganz 300.[187] Zwar verfügt die U.S. Navy immer noch über mehr Flugzeugträger – elf, China hat nur zwei – sowie über mehr Zerstörer und Lenkwaffenkreuzer. Doch holt die Volksrepublik weiter auf; 2025 wird sie laut US-Prognosen rund 420 Kriegsschiffe zur Verfügung haben, 2030 wohl schon 460. Nicht nur quantitativ, auch qualitativ sind die chinesischen Streitkräfte ganz erheblich stärker geworden. »Kriegsschiffdesign und -material« seien »in vielen Fällen denen der US-Marine ähnlich«, urteilte 2020 der Marinegeheimdienst ONI (Office of Naval Intelligence), »und China schließt in Bereichen, in denen es noch Defizite hat, schnell die Lücken«.[188] US-Strategen sorgen sich inzwischen auch über einen weiteren Faktor: Die US-Kriegsschiffe sind meist erheblich älter als die chinesischen; sie sind anfälliger für Pannen, und ihre Lebensdauer geht früher dem Ende entgegen.[189] Die langfristige Perspektive begünstigt die Volksrepublik.

Für die Verteidigung gegen etwaige Angriffe von See her spielen neben der chinesischen Marine vor allem chinesische Abwehrraketen eine zentrale Rolle. Antischiffsraketen bilden einen Schwerpunkt der chinesischen Aufrüstung. Mit den neueren Modellen rücken beispielsweise die US-Militäreinrichtungen auf Guam oder auch der Indische Ozean ins Visier chinesischer Abwehrwaffen. Im Oktober 2021 sprach US-Generalstabschef Mark Milley mit Blick auf einen chinesischen Test einer Hyperschallwaffe von einem »Sputnik-Moment«.[190] Und ganz abgesehen davon: Der nächste Krieg, so formulierte es im November 2021 Nicolas Chaillan, ein einstig führender IT-Experte der U.S. Space Force, der im September 2021 wegen der allzu langsamen IT-Fortschritte in der Truppe entnervt seinen Posten aufgegeben hatte, »wird von Software bestimmt«, er werde nicht mit milliardenschweren Flugzeugträgern oder F35-Tarnkappenjets gewonnen.[191] Bei der Cyberkriegsführung und der militärischen

Nutzung von Künstlicher Intelligenz aber drohe China die USA abzuhängen.

Verfügt die Volksrepublik heute also über effiziente Abwehrwaffen und über eine schlagkräftige Marine, so hat sie es in den Gewässern vor ihrer Küste weiterhin mit einem geografischen Hindernis zu tun: mit der sogenannten ersten Inselkette. Gemeint sind viele große, mittlere und kleine Inseln, die sich in unterschiedlichen Abständen vor der chinesischen Küste in krummer Linie von Nord nach Süd erstrecken. Die erste Inselkette beginnt mit den japanischen Hauptinseln, setzt sich südlich von Kyushu mit den Ryukyu-Inseln fort – zu ihnen gehört Okinawa –, die fast bis Taiwan reichen; von dort geht die Inselkette über zu den Philippinen, deren nördlichste Inseln – die Batanes – noch recht nahe bei Taiwan liegen, während ihre südlichsten – Palawan und der Sulu-Archipel – schon fast Borneo erreichen, das letzte große Glied. Das Problem: Wer die erste Inselkette kontrolliert, kann nicht nur die chinesische Marine in den begrenzten Gewässern vor der chinesischen Küste einsperren; er kann darüber hinaus die Seewege von und zum chinesischen Festland blockieren, mit dramatischen Folgen nicht zuletzt für Chinas Rohstoffversorgung und Handel. US-Militärs diskutieren Blockadeszenarien längst[192] – und sie können dabei auf einen strategischen Vorteil bauen: In weiten Teilen der ersten Inselkette verfügen die Vereinigten Staaten über erheblichen Einfluss, auch militärisch.

Ganz besonders enge Beziehungen unterhalten die Vereinigten Staaten zu Japan. Dort, in Yokosuka bei Tokio, hat nicht nur die in Ostasien operierende U.S. 7th Fleet ihr Hauptquartier; in Japan sind darüber hinaus gut 54.000 US-Soldaten stationiert – mehr als in jedem anderen Land. Über die Hälfte von ihnen zählt zu den US-Einheiten auf Okinawa, das auf halber Strecke der Inselkette zwischen den großen japanischen Hauptinseln und Taiwan liegt.[193] Auf Okinawa kommt es immer wieder zu Protesten gegen die US-Militärpräsenz, die das Alltagsleben auf der kleinen Insel in hohem Maß dominiert; Okinawas erhebliche strategische Bedeutung lässt allerdings eine ernstzunehmende Truppenreduzierung unwahrscheinlich erscheinen. Starken Einfluss besitzen die Vereinigten Staaten darüber hinaus auf den Philippinen, einer einstigen US-Kolonie (1898 bis 1946). Auf der Hauptinsel Luzon unterhielten sie bis zu Beginn der 1990er Jahre mit der Clark Air Base und der Naval Base Subic Bay zwei ihrer größten Stützpunkte außerhalb der USA. Die militärischen Beziehungen sind lange Zeit sehr eng gewesen; unter der Präsidentschaft von Rodrigo Duterte (ab 2016), der bessere Beziehungen zu China anstrebte, gab es einige Spannungen. Ab dem Sommer 2021 schien sich der US-Einfluss auf die Regierung in Manila jedoch so langsam wieder zu konsolidieren.

Taiwan

Herausragende Bedeutung besitzt für Washington auf der ersten Inselkette neben Japan vor allem Taiwan, das die Vereinigten Staaten zunehmend als Hebel nutzen, um die Volksrepublik unter Druck zu setzen. Die Auseinandersetzungen um die Insel, die seit dem Ende des 17. Jahrhunderts zu China gehört, nach dessen Niederlage im Ersten Japanisch-Chinesischen Krieg im Jahr 1895 von Japan als Kolonie unterjocht, nach Japans Niederlage im Zweiten Weltkrieg aber wieder an China zurückgegeben wurde, sind hochkomplex, seit sich die im Bürgerkrieg unterlegene Guomindang 1949 auf sie zurückzog und proklamierte, dort existiere die Republik China fort. Die Volksrepublik, seit dem Sieg der Kommunisten im Bürgerkrieg die reguläre Rechtsnachfolgerin des alten Reichs der Mitte, hat diesen eigenwilligen Anspruch nie akzeptiert. Anders der Westen: Er setzte in der Systemkonfrontation auf Taiwan und sorgte dafür, dass Taipeh bei den Vereinten Nationen zunächst weiterhin China repräsentieren konnte – auch auf dessen ständigem Sitz im UN-Sicherheitsrat. Die Vereinigten Staaten schlossen am 2. Dezember 1954 sogar ein Verteidigungsabkommen mit der Insel, rüsteten deren Streitkräfte auf und stationierten dort auch eigene Truppen. Zur Zeit des Vietnamkriegs sollen es bis zu 30.000 US-Soldaten gewesen sein.[194]

Die Lage änderte sich, als zum einen die Vereinigten Staaten Anfang der 1970er Jahre sich um die Aufnahme diplomatischer Beziehungen zur Volksrepublik zu bemühen begannen und zum anderen die UN-Generalversammlung am 25. Oktober 1971 in ihrer Resolution 2758 entschied, »legitime Repräsentanten Chinas« könnten nur solche der Volksrepublik sein; deshalb seien die »Repräsentanten von Chiang Kai-shek«, dem damaligen Machthaber auf Taiwan, von dem Sitz zu entfernen, den sie »bei den Vereinten Nationen und in allen Organisationen, die mit ihnen verbunden sind, widerrechtlich innehaben«. Die Folge: Die Volksrepublik zog in die Vereinten Nationen und in den UN-Sicherheitsrat ein; Taiwan blieb von nun an aus allen UN-Gremien ausgeschlossen. Hinzu kam: Jeder Staat, der diplomatische Beziehungen zu Beijing aufnehmen wollte, musste dem »Ein-China-Prinzip« – der Auffassung, dass Taiwan von der Guomindang unrechtmäßig abgespalten wurde – Rechnung tragen und seine offiziellen Beziehungen zu Taipeh abbrechen. Das taten im Lauf der Jahre fast alle; die Bundesrepublik Deutschland etwa nahm am 11. Oktober 1972 diplomatische Beziehungen zu Beijing auf, die USA zum 1. Januar 1979, und beide stellten ihre offiziellen Kontakte zu Taipeh ein. Ende 2021 unterhielten nur noch 14 kleine und kleinste Staaten diplomatische Beziehungen zu Taiwan, etwa Guatemala, Palau und der Vatikan.

Die Vereinigten Staaten haben sich freilich bemüht, die praktischen Folgen ihrer Zugeständnisse an die Volksrepublik möglichst gering zu halten. Als Ersatz für die gezwungenermaßen gekappten diplomatischen Beziehungen gründeten sie im Januar 1979 das American Institute in Taiwan (AIT), offiziell eine private Institution, faktisch aber das Äquivalent zu einer Botschaft, zumal sein Personal wie dasjenige einer regulären diplomatischen Vertretung vom US-Außenministerium entsandt wird. Die USA mussten ihr Verteidigungsabkommen mit Taiwan einstellen und Beijing zusagen, sie würden »ihre Streitkräfte und militärischen Einrichtungen auf Taiwan fortschreitend reduzieren«;[195] auch »beabsichtigten« sie, »ihre Waffenverkäufe an Taiwan allmählich zu verringern«.[196]

»Beabsichtigen«, »allmählich« – das sind nun allerdings ziemlich dehnbare Vokabeln, und so sagte Washington Taipeh im Taiwan Relations Act vom 10. April 1979 denn auch zu, ihm »Verteidigungsgüter und -dienstleistungen in einem Umfang zugänglich zu machen, wie er notwendig ist, um Taiwan die Aufrechterhaltung einer hinlänglichen Fähigkeit zur Selbstverteidigung zu ermöglichen«. Eines jedoch taten sie nicht: Sie verpflichteten sich nicht, Taiwan im Kriegsfall zu Hilfe zu kommen; die Insel sollte sich in Sachen Aufrüstung gefälligst selbst anstrengen. Im US-Politjargon heißt dieses Vorgehen »strategische Ambiguität«.

Die nächsten Veränderungen vollzogen sich Anfang der 2000er Jahre. Teile der Eliten auf Taiwan rückten vom Anspruch, es gebe nur ein China, ab, proklamierten, es gebe eine eigene, von der chinesischen unterschiedene taiwanische Identität, und begannen zuweilen sogar, über eine offizielle Unabhängigkeitserklärung zu spekulieren. In der Volksrepublik stieß dies auf klare Ablehnung. Das Ergebnis: Am 14. März 2005 verabschiedete der Nationale Volkskongress in Beijing das sogenannte Anti-Abspaltungsgesetz, in dem er das Ein-China-Prinzip bekräftigte. Daneben sprach er sich für eine friedliche Wiedervereinigung aus und stellte Taiwan »ein hohes Maß an Autonomie« sowie die Beibehaltung eigener »Systeme« in Aussicht, »die sich von denen auf dem Festland unterscheiden«. Für den Fall einer formellen taiwanischen Unabhängigkeitserklärung oder für den Fall, dass alle Optionen zum Erreichen einer friedlichen Wiedervereinigung unwiderruflich gescheitert sind, sieht das Anti-Abspaltungsgesetz allerdings auch den Einsatz »nichtfriedlicher Mittel« vor. Die Position gilt bis heute; Chinas Präsident Xi Jinping sprach sich beispielsweise am 9. Oktober 2021 zum wiederholten Mal für die »friedliche Wiedervereinigung« mit Taiwan aus.[197]

Die Beziehungen zwischen Beijing und Taipeh sind gewiss nicht einfach; eine Eskalation des Konflikts aber ist alles andere als unvermeidlich. Die Spannungen werden dadurch abgefedert, dass die Wirtschaftsbeziehungen zwischen beiden Seiten überaus eng sind. Die Volksrepublik ist der mit Abstand größte Handelspartner Taiwans, das seinerseits laut Angaben aus Taipeh mit einem Investitionsvolumen von rund 188 Milliarden US-Dollar (Stand: 2019) zu den größten Investoren in der Volksrepublik zählt.[198] 2019 verzeichnete Taiwan zudem stolze 2,68 Millionen Besuche vom chinesischen Festland. Taiwans Bevölkerung befürwortet mit übergroßer Mehrheit eine Beibehaltung des Status quo. Regelmäßige Umfragen dazu führt etwa die National Chengchi University in Taipeh durch. Zuletzt sprachen sich im Juni 2021 zwar nur 1,5 Prozent für eine schnellstmögliche Wiedervereinigung mit dem Festland aus, allerdings auch nur 5,7 Prozent für eine schnellstmögliche Unabhängigkeit. Mehr als 87 Prozent plädierten dafür, auf absehbare Zeit keine grundlegende Veränderung vorzunehmen; lediglich 25,8 Prozent ergänzten dies um den Wunsch, die Insel auf lange Sicht – und nur dies – in Richtung Unabhängigkeit zu orientieren.[199] Es stünde also einer Art halbwegs friedlicher Koexistenz prinzipiell wenig im Weg.

Allerdings heizen die Vereinigten Staaten die Spannungen an. Bereits unter Präsident Barack Obama hatten sie begonnen, Taiwan nicht mehr nur durchschnittlich, sondern massiv aufzurüsten; Obama genehmigte während seiner zwei Amtsperioden Waffenlieferungen auf die Insel im Wert von rund 14 Milliarden US-Dollar. Sein Amtsnachfolger Donald Trump legte noch einige kräftige Schippen drauf; innerhalb nur einer Amtsperiode unterzeichnete er Liefergenehmigungen im Wert von 18 Milliarden US-Dollar. Im US-Haushaltsjahr 2020 durchquerte die U.S. Navy elfmal die Taiwanstraße – für die Volksrepublik eine offene Provokation; im Haushaltsjahr 2021 brachte sie es schon Mitte Juli auf zehn Fahrten, davon sechs unter der Biden-Administration.[200] Im Herbst 2021 bestätigten zudem US-Medienberichte ältere Meldungen, denen zufolge US-Soldaten nicht mehr nur kurzzeitig auf Taiwan präsent, sondern dauerhaft dort stationiert seien, um Bodentruppen und Marines auszubilden; von mehreren Dutzend US-Militärs war die Rede.[201] Mit den Vereinbarungen zwischen Washington und Beijing aus den 1970er und 1980er Jahren war das nun nicht mehr so recht vereinbar.

Ende Oktober 2021 startete die Biden-Administration dann obendrein eine globale politische Kampagne, die zum Ziel hat, Taiwan politisch aufzuwerten. US-Außenminister Antony Blinken forderte offiziell, Taipeh eine »bedeutende Beteiligung am gesamten UN-System« zu gewähren – eine klare Absage an die unverändert gültige UN-Resolution 2758.[202] Washington begann, international Druck zu machen, und es erzielte einen schnellen Erfolg in Deutschland, wo die neue rot-grün-gelbe Bundesregierung in ihrem Koalitionsvertrag festhielt, sie werde »die sachbezogene Teilnahme des demokratischen Taiwan in internationalen Organisationen« unterstützen. Mehrere Delegationen US-amerikanischer und europäischer Parlamentarier trafen in Taipeh ein, und sie kamen dort regelmäßig mit Führungskräften zusammen, darunter Präsidentin Tsai Ing-wen – ein klarer Bruch mit dem bisherigen Brauch, unter Wahrung der Ein-China-Politik nicht mit Spitzenvertretern Taiwans zu konferieren. Heftig eskalierte Ende 2021 ein Konflikt zwischen der Volksrepublik und Litauen, das der Eröffnung eines »taiwanischen Vertretungsbüros« in Vilnius zugestimmt hatte – auch dies ein demonstrativer Bruch mit der allgemein üblichen Praxis, zwar Kontakt zu Taiwan zu halten, dessen Vertretungen aber »Taipeh-Vertretung« oder ähnlich zu nennen, um die eigene Anerkennung der Ein-China-Politik deutlich zu machen. Beijing reagierte auf den Schritt, der außer stumpfer Provokation keinen erkennbaren Hintergrund hatte, im Dezember 2021 mit einem faktischen Abbruch der Wirtschaftsbeziehungen; der Konflikt schien zu eskalieren.

Mittelstreckenraketen

Welche militärische Aufgabe Taiwan und andere Länder der ersten Inselkette aus Sicht der Vereinigten Staaten im Machtkampf gegen die Volksrepublik übernehmen können, zeigen Aufrüstungsvorhaben, die noch unter US-Präsident Trump eingeleitet und unter seinem Nachfolger Biden weitergeführt wurden. Im Oktober 2020 genehmigte die US-Administration die Lieferung von 400 »Harpoon«-Antischiffsraketen an die taiwanischen Streitkräfte. Damit werde man in Zukunft chinesische Kriegsschiffe ebenso attackieren können wie nahegelegene chinesische Häfen, jubelten Medien in Taipeh. Zwar besitze man eigene Antischiffsraketen (»Hsiung-Feng II«, »Hsiung-Feng III«), die schneller und damit eigentlich wirkungsvoller seien, doch kosteten sie zu viel; »Harpoon«-Raketen könnten, weil sie kostengünstiger seien, in deutlich größerer Stückzahl beschafft werden. Die Strategie dahinter ähnelt im Kern der Abwehrstrategie Beijings: Auch sie zielt darauf ab, potenzielle Angreifer mit einer Art Raketenhagel ausschalten zu können. Der kleine, doch zentrale Unterschied: Die Volksrepublik nutzt ihre Raketen für ihre Verteidigung gegen einen etwaigen Überfall durch die USA; Taiwan hingegen trüge, sollte es zum Krieg zwischen Washington und Beijing kommen, mit seinen »Harpoon«-Raketen dazu bei, Chinas Verteidigung auszuschalten, das Land also sturmreif zu schießen.

Nun ist die Reichweite der »Harpoon«-Raketen beschränkt, sie wird mit 200 bis 300 Kilometern angegeben; Taiwan kann mit ihnen nur einen kleinen Teil der Gewässer vor der chinesischen Küste und des Festlands beschießen. US-Strategen sprechen sich allerdings schon seit Jahren dafür aus, in Ost- und Südostasien zusätzlich Mittelstreckenraketen gegen die Volksrepublik in Stellung zu bringen. Der Plan, dies zu tun, dürfte der Hauptgrund für die Entscheidung gewesen sein, aus dem INF-Vertrag auszusteigen, der den USA – nicht aber China – die Entwicklung und die Stationierung von Raketen mit einer Reichweite zwischen 500 und 5.500 Kilometern untersagte.[203] Präsident Trump kündigte den Vertrag am 1. Februar 2019, die Kündigung trat am 2. August 2019 in Kraft – und am 3. August gab US-Verteidigungsminister Mark Esper offiziell bekannt, er wolle so schnell wie möglich Mittelstreckenraketen in Asien stationieren. Noch im selben Monat testeten die USA einen bodengestützten Tomahawk-Marschflugkörper, schon im Dezember folgte der Test einer ballistischen Mittelstreckenrakete. Unklar war nur noch, wo die Waffen – die Tomahawk etwa hatte eine Reichweite von 1.600 Kilometern – stationiert werden sollten. Populär war das nirgendwo: Schließlich war klar, dass jedes Land, das US-Raketen aufstellte, nicht nur zum potenziellen Ziel chinesischer Waffen, sondern auch Objekt politischer Gegenwehr aus Beijing werden würde.

Anfang März 2021 wurde bekannt, dass die Vereinigten Staaten die Stationierung ihrer neuen Mittelstreckenraketen konkret auf der ersten Inselkette planten. Jim Risch, republikanisches Mitglied im Auswärtigen Ausschuss des US-Senats, brachte Japan als Standort ins Gespräch. Das stieß zunächst auf wenig Begeisterung; die Tageszeitung *Nikkei* etwa wies explizit darauf hin, es gebe schon jetzt Proteste gegen die US-Truppenpräsenz auf Okinawa.[204] Ende März 2021 räumten US-Strategen ein, es könne schwierig werden, den Plan zu realisieren: »Heute gibt es wahrscheinlich keinen unserer regionalen Partner in der ersten Inselkette, der bereit wäre, Raketen mit großer Reichweite zu stationieren«, konstatierte Thomas Spoehr, ein Dreisternegeneral a. D., der bei der konservativen Heritage Foundation tätig war.[205] Vorläufig müssten sich die Vereinigten Staaten womöglich darauf beschränken, die Mittelstreckenraketen auf Guam, ihrem westlichsten Außengebiet, unterzubringen. Sogar traditionell verbündete Länder wie die Philippinen werde man wohl nur zur Aufstellung der US-Waffen bewegen können, wenn der Konflikt mit China gewaltsam eskaliere.

Washington gab freilich nicht klein bei. Mitte Oktober 2021 etwa warb Admiral Philip Davidson, ein ehemaliger Kommandeur des U.S. Indo-Pacific Command, in einem Interview mit der japanischen Tageszeitung *Asahi Shimbun* für die Stationierung von Mittelstreckenraketen. Man könne nicht »durch Verteidigung allein abschrecken«, erklärte er: Ein Gegner müsse wissen, dass ihm schmerzhafte »Strafen« durch potenzielle Angriffe drohten. Es sei »wichtig für Japans Sicherheitsestablishment«, bald über die »Bedingungen« nachzudenken, unter denen man »diese Dinger aufstellen« würde; Davidson meinte damit die Mittelstreckenraketen.[206] Allzu verlockend schien die Option, zumindest Teile der ersten Inselkette in einem eventuellen Krieg gegen China nicht nur als Truppenstandort nutzen zu können, sondern auch als Raketenabschussrampe.

Das Südchinesische Meer

Die erste Inselkette, zu erheblichen Teilen den USA eng verbunden, schließt das an die chinesische Küste grenzende Südchinesische Meer ab. Dieses aber hat in gleich mehrfacher Hinsicht hohe Bedeutung. Zum einen versorgt es seine teils überaus dicht besiedelten Küstenregionen mit Fisch – ein Faktor, der oft unterschätzt wird: Es liefert fast ein Achtel des weltweiten jährlichen Fangs; allein China beschäftigt bis zu neun Millionen Fischer, die auf fast einer halben Million Booten ihrer Arbeit nachgehen. Aus der Ökonomie der Küstenregionen ist der Fischfang nicht wegzudenken. Ernste Probleme entstehen durch Überfischung, was die Konkurrenz zwischen den Anrainern verschärft.[207] Wird die immense Bedeutung des Fischfangs gelegentlich übersehen, so wird die konfliktverschärfende Rolle der Rohstoffe, die unter dem Boden des Südchinesischen Meeres liegen, zuweilen wohl überschätzt. Häufig zitiert werden Berechnungen der U.S. Energy Information Administration (eia), die von bis zu elf Milliarden Barrel Erdöl und 5,4 Billionen Kubikmetern Erdgas unter dem Südchinesischen Meer ausgehen.[208] Unterdessen urteilt die eia, es handle sich dabei um recht hoch gesteckte Schätzungen, die auch nicht profitabel anzapfbare Lagerstätten umfassten. Es müsse zudem mit Blick auf die Konflikte im Südchinesischen Meer berücksichtigt werden, dass der größte Teil der Vorräte unmittelbar vor den Küsten liege, also in territorial nicht umstrittenen Gebieten. Gregory B. Poling, ein Experte der Asia Maritime Transparency Initiative (AMTI) am Center for Strategic and International Studies (CSIS) in Washington, urteilte im Februar 2021, das »Energieargument« lenke von wichtigeren Konfliktursachen im Südchinesischen Meer ab.[209]

Wie auch immer man die Bedeutung der Ressourcen des Südchinesischen Meeres im Detail einschätzt: Die Frage, wer die Kontrolle über das Gewässer ausübt, spielt aus weiteren Gründen eine wichtige Rolle. Zum einen ist es eine der am stärksten frequentierten Handelsrouten der Welt; die Schiffe, die es durchqueren, transportieren – gemessen am Wert – mindestens ein Fünftel des globalen Handels, vermutlich sogar noch mehr.[210] Zu den Gütern, die Frachtschiffe dort mit sich führen, zählen Erdöl und Erdgas; das US-Verteidigungsministerium schätzte das Volumen im Jahr 2020 auf rund vier Fünftel der Einfuhren Japans, Südkoreas und Taiwans.[211] Würde der Handel über das Südchinesische Meer ernsthaft beeinträchtigt, hätte das gewaltige Folgen. Gelegentlich wird diskutiert, ob bei einer weiteren Eskalation der Spannungen zwischen den USA und China Washington versuchen würde, die Straße von Malakka zu sperren; die Meerenge zwischen Indonesiens Insel Aceh und Malaysia, an der auch Singapur liegt, ist die Hauptzufahrt zum Südchinesischen Meer. Um die Abhängigkeit von der Straße von Malakka zu mindern, treibt die Volksrepublik im Rahmen der Neuen Seidenstraße den Ausbau des China-Pakistan Economic Corridor aus der pakistanischen Hafenstadt Gwadar nach Xinjiang voran und hat Erdöl- und Erdgaspipelines von Myanmars Küste ins südwestchinesische Yunnan errichtet; beides eröffnet Wege zur Einfuhr von Waren direkt aus dem Indischen Ozean.

Zum anderen hat die Frage, wer das Südchinesische Militär kontrolliert, erhebliche militärische Bedeutung – und das hat etwas mit den zahlreichen kleinen Inseln, Riffen und Sandbänken zu tun, die sich in dem Gewässer befinden. Die wichtigsten Inselgruppen sind die Paracel-Inseln, die östlich der vietnamesischen Hafenstadt Danang und südöstlich der südchinesischen Insel Hainan liegen, sowie die Spratly-Inseln westlich der philippinischen Insel Palawan, nördlich von Borneo und weit östlich von Ho Chi Minh City. Beide Inselgruppen sind ursprünglich unbewohnt, sieht man von Fischern ab, die auf ihnen Station machen; sie bestehen jeweils aus zahlreichen Inselchen, die so gut wie nie eine Fläche von einem Quadratkilometer übersteigen und die sich über große Meeresgebiete erstrecken: die Paracel-Inseln (gesamte Landfläche: keine acht Quadratkilometer) über ein Gebiet von der Größe Thüringens, die Spratly-Inseln (gesamte Landfläche: zwei bis drei Quadratkilometer) über ein Gebiet von mehr als der Größe Deutschlands. Hinzu kommen jeweils allerlei Riffe und Sandbänke über und unter der Meeresoberfläche.

In den Streitigkeiten im Südchinesischen Meer haben einige weitere kleine Inseln eine gewisse Bedeutung erlangt, etwa das Scarborough Shoal westlich der philippinischen Hauptstadt Manila sowie Pratas Island südöstlich von Hongkong bzw. südwestlich von Taiwan.

Territorialstreitigkeiten um Inseln, Riffe und Sandbänke

Erbitterter Streit herrscht um die Frage, welchem Staat die zahlreichen Inseln, Riffe und Sandbänke im Südchinesischen Meer gehören. Die Auseinandersetzungen sind hochkomplex; geografisch und historisch begründete Ansprüche stehen dabei oft im Widerspruch zueinander. Ohne auf Details näher einzugehen,[212] lässt sich festhalten: Alle Anrainer erheben Anspruch auf wenigstens einige Inseln.[213] Deutlich wird das vor allem im Fall der Spratly-Inseln: Malaysia, Brunei und die Philippinen beanspruchen einige von ihnen. Die Volksrepublik, Taiwan und Vietnam reklamieren jeweils alle für sich und vertreten zugleich die Auffassung, sämtliche Paracel-Inseln gehörten ihnen. Streit zwischen der Volksrepublik, Taiwan und den Philippinen gibt es zudem um das Scarborough Shoal, während die Volksrepublik und Taiwan gleichermaßen Pratas Island zu ihrem Eigentum erklären. Den umfassendsten Anspruch erheben insgesamt die Volksrepublik und Taiwan: Er richtet sich auf praktisch alle Inseln im Südchinesischen Meer. Seit chinesische Geografen in den 1930er Jahren das von ihrem Staat beanspruchte Gebiet – es stand damals zu erheblichen Teilen unter japanischer Kolonialherrschaft – erstmals auf einer Landkarte einzeichneten und dies mit neun Strichen taten, wird Chinas Anspruch mit dem Schlagwort »Neun-Striche-Linie« verbunden. Furore gemacht hat ein Spruch des Ständigen Schiedshofs in Den Haag, der am 12. Juli 2016 im Streit zwischen der Volksrepublik und den Philippinen urteilte, die »Neun-Striche-Linie« sei völkerrechtlich unwirksam. China erkennt den Schiedsspruch freilich nicht an.[214]

Weiter verkompliziert wird die Lage dadurch, dass alle Anrainer bis auf Brunei einige der Inseln, die sie für sich beanspruchen, praktisch in Besitz genommen haben und sie auf die eine oder andere

Weise nutzen – auch militärisch. Zu letzterem Zweck sind Baumaßnahmen nötig, die es zuweilen erforderlich machen, kleine Inseln durch Aufschüttung zu vergrößern. Präzise Angaben zur Lage, zahlreiche Belegfotos inklusive, hat die genannte Asia Maritime Transparency Initiative (AMTI) publiziert.[215] Taiwan hat auf Pratas Island Berichten zufolge etwa 500 Soldaten stationiert[216] und dort sowie auf der Spratly-Insel Itu Aba (chinesisch: Taiping Dao) militärisch nutzbare Lande- bzw. Startbahnen errichtet. Malaysia hat laut der AMTI fünf Spratly-Inseln praktisch in Besitz genommen; zumindest eine davon, Swallow Reef, wird militärisch genutzt. Dasselbe gilt für Thitu Island, eine von neun Spratly-Inseln, die die Philippinen kontrollieren. Vietnam wiederum nutzt 21 Riffe und Felsen, die zu den Spratly-Inseln gehören, und es hat zudem sechs unterhalb des Meeresspiegels liegende Sandbänke mit Plattformen versehen; zu den rund 50 Anlagen, die es auf den Riffen und Sandbänken errichtet hat, gehören auch militärische. China schließlich hat sieben Spratly- und 20 Paracel-Inseln sowie das Scarborough Shoal in Besitz genommen. Laut der AMTI hat es auf seinen Inseln und Riffen zudem mehr Land aufgeschüttet als alle anderen Anrainer des Südchinesischen Meeres. Treffen die Angaben der AMTI zu, dann handelt es sich um Aufschüttungen in einer Gesamtgröße von fast 13 Quadratkilometern.

Wozu das Ganze? Nun, die Inseln und die Einrichtungen auf ihnen werden zu unterschiedlichen Zwecken genutzt. Es gibt Forschungsstationen aller Art; Fischer machen dort Station; manche der Inseln werden von Touristen besucht. Vor allem für China haben die Inseln zusätzlich militärische Bedeutung – und zwar, wie Michael Paul von der Stiftung Wissenschaft und Politik (SWP) im Jahr 2017 diagnostizierte, zu defensiven Zwecken.[217] So lasse »die Stationierung von Raketenbatterien und Radaranlagen … vermuten, dass die neu befestigten Stützpunkte dazu dienen, eine robuste ›Pufferzone‹ zu errichten, um künftig US-Streitkräfte auf Abstand halten zu können«. Langfristig könnten sie auch »strategische Bedeutung … für Chinas künftige seegestützte nukleare Abschreckung« erhalten: Mit Hilfe der militärischen Anlagen auf den Inseln im Südchinesischen Meer könnten die chinesischen Streitkräfte nicht nur ihre »Seeraumüberwachung sowie die Fähigkeiten zur elektronischen Kriegsführung verbesser[n]«, sondern insbesondere auch die U-Boot-Bekämpfung optimieren. Dann könnten US-amerikanische U-Boote erfolgreicher ferngehalten und eigene, auf der Insel Hainan stationierte »strategische Unterseeboote der Jin-Klasse … besser vor US-Streitkräften geschützt werden«, urteilte Paul. Manche sprächen sogar »von einem Schutzraum« für die chinesische U-Boot-Flotte.

Kanonenbootpolitik

Klar: Das liegt nicht im Interesse der Vereinigten Staaten. Washington geht gegen Chinas Aktivitäten im Südchinesischen Meer mehrgleisig vor. Zum einen sucht es die anderen Anrainer des Gewässers zur Kooperation gegen die Volksrepublik zu gewinnen – insbesondere Vietnam, einen traditionellen Rivalen seines großen nördlichen Nachbarstaats, gegen den es 1979 einen Grenzkrieg und noch 1988 ein Seegefecht bei Johnson South Reef führte, einer der Spratly-Inseln. Soldaten Vietnams und der USA führten bereits 2009 erste gemeinsame Übungen durch – zunächst noch unter dem Deckmantel, nur humanitäre und Rettungseinsätze zu proben.[218] 2010 folgte der erste Hafenbesuch eines US-Zerstörers in Vietnam. Die USA unterstützen das Land inzwischen beim Ausbau seiner Seeraumüberwachung und haben ihre Hafenbesuche verstetigt; 2018 traf mit der USS Carl Vinson erstmals ein US-Flugzeugträger in Danang ein, 2020 folgte der Flugzeugträger Theodore Roosevelt.[219] Vietnam rüstet außerdem mit Hilfe japanischer Waffenschmieden auf; so schloss es im August 2020 eine Vereinbarung zum Kauf von sechs Patrouillenbooten in Japan und unterzeichnete im September 2021 ein Abkommen, das grundsätzlich den Weg für japanische Waffenexporte frei macht. Allerdings hält Hanoi laut seinem militärpolitischen Weißbuch von Ende 2019 an seinen »vier Neins« fest: »keine Militärallianzen; keine Bündnisse zulasten Dritter; keine ausländischen

Militärbasen in Vietnam; und keine Gewalt oder Gewaltandrohung in den internationalen Beziehungen«.[220]

Zum anderen weisen die Vereinigten Staaten ihrerseits Chinas Anspruch auf die Inseln und Riffe im Südchinesischen Meer zurück – und stellen dies regelmäßig mit »Freedom of Navigation Operations« (Fonops) klar. Diese basieren im Kern auf Regeln des Seerechtsübereinkommens der Vereinten Nationen (United Nations Convention on the Law of the Sea, UNCLOS), dem, nebenbei, die USA nicht beigetreten sind. Das UNCLOS legt fest, dass Staaten in einer Zwölfmeilenzone vor ihrer Küste volle Souveränität beanspruchen dürfen und dass sie zudem in einer bis zu 200 Seemeilen breiten Allgemeinen Wirtschaftszone (AWZ) das Recht auf die Ausbeutung von Bodenschätzen besitzen. In der Zwölfmeilenzone haben Schiffe fremder Staaten das Recht auf »friedliche Durchfahrt«; in der AWZ dürfen sie womöglich noch mehr. Allerdings ist weder klar, wie die »friedliche Durchfahrt« im Detail vonstatten zu gehen hat – eine ganze Reihe von Staaten, vor allem frühere Kolonien mit leidvoller Erfahrung bezüglich westlicher Kanonenbootpolitik, fordern, dass fremde Kriegsschiffe ihre »friedliche Durchfahrt« vorab anmelden –, noch ist eindeutig festgelegt, was in einer AWZ alles zulässig ist. Der UNCLOS-Wortlaut sei »unklar«, räumte im Jahr 2017 US-Admiral Stavridis, ein hocherfahrener Praktiker, ein.[221] Ungeachtet dessen interpretieren die Vereinigten Staaten das Seerechtsübereinkommen so, dass sie in einer AWZ Manöver durchführen und Spionageboote kreuzen lassen sowie unangemeldet in eine Zwölfmeilenzone eindringen dürfen. All dies lehnen nicht nur China, sondern auch diverse weitere Staaten ab.

Fonops funktionieren nun folgendermaßen: US-Kriegsschiffe verhalten sich im Südchinesischen Meer so, dass China vor dem Hintergrund seines Rechtsverständnisses protestieren muss. Sie dringen also etwa unangemeldet in Zwölfmeilenzonen vor einer der Paracel- oder der Spratly-Inseln ein. Da Washington die Auffassung vertritt, die betreffende Insel gehöre nicht der Volksrepublik, darf Beijing ihrer Ansicht nach auch keine Zwölfmeilenzone beanspruchen und sich nicht über die Präsenz von US-Kriegsschiffen beschweren. Scheinheilig lässt die U.S. Navy dort also US-Zerstörer und -Fregatten kreuzen – wohl wissend, dass China sich dagegen zur Wehr setzen muss, um seine Rechtsauffassung nicht unglaubwürdig werden zu lassen. Washington verkauft dies dann der Weltöffentlichkeit als Einsatz für die »Freiheit der Seefahrt«. Selbst in den eigenen Reihen wird das als Propagandashow kritisiert. In Wahrheit handle es sich natürlich um eine »Provokation«, ließen Stavridis und Ackermann in »2034« Sarah Hunt, die Befehlshaberin eines US-Zerstörergeschwaders, konstatieren.[222] Stavridis hatte bereits 2017 darauf hingewiesen, man solle der Fairness halber doch auch mal »über unsere eigenen Reaktionen nachdenken«, die gewiss nicht ausblieben, wenn etwa chinesische Spionageschiffe regelmäßig in der US-AWZ im Golf von Mexiko »nahe bei US-Installationen« kreuzten.[223] So harmlos, wie es die US-Administration glauben machen wolle, seien die Dinge eben nicht.

Der Streit unter den Anrainerstaaten um einzelne Inseln, Riffe und Sandbänke wird häufig ruppig ausgetragen, und zuweilen nimmt er für Außenstehende skurrile Züge an. Beides trifft auf den Streit um eine Sandbank im Gebiet der Spratly-Inseln zu, die nur bei Ebbe über die Wasseroberfläche ragt und die im Westen als Second Thomas Shoal, auf den Philippinen als Ayungin Shoal und in China als Ren'ai Jiao bekannt ist. Im Streit mit der Volksrepublik, wem das Gebiet um die Sandbank denn nun gehört, rammten die philippinischen Streitkräfte dort 1999 ein altes US-Kriegsschiff aus dem Zweiten Weltkrieg auf Grund. Auf ihm ist seitdem stets eine Handvoll philippinischer Soldaten stationiert, die das vor sich hin rostende Schiff mit ihrer Anwesenheit in einen militärischen Außenposten ihres Staates verwandeln. Beijing, das die Sandbank als Teil seines Hoheitsgebietes betrachtet, fordert die Entfernung des schrottreifen Gefährts. Mitte November 2021 wurde in Manila Empörung laut: Chinas Küstenwache blockierte – nicht zum ersten Mal – die Anfahrt eines philippinischen Versorgungsschiffes zu dem glorreichen militärischen Außenposten und setzte zur Durchsetzung ihrer Blockade offenbar auch Wasserkanonen ein.[224] Es bedurfte intensiver diplomatischer Verhandlungen, um nach einigen Tagen die gewohnten Versorgungslieferungen an die philippinischen Soldaten auf der Sandbank wieder zu ermöglichen. Gelöst ist der Streit allerdings weiterhin nicht.

Wie die Vereinigten Staaten in derlei Auseinandersetzungen intervenieren, zeigt ein Beispiel aus dem Frühjahr 2020. Damals operierte ein Bohrschiff, die West Capella, im Auftrag des staatlichen malaysischen Erdölkonzerns Petronas am äußeren Ende von Malaysias AWZ. Das Seegebiet wird allerdings auch von China beansprucht – und um das deutlich zu machen, führte ein chinesisches Vermessungsschiff, die Haiyang Dizhi 8, parallel Vermessungstätigkeiten unweit der West Capella durch. Ähnliches geschieht im Südchinesischen Meer immer wieder; die Lage ist oft angespannt, zuweilen eskaliert sie. Bereits im Februar 2020 waren unweit der West Capella und der Haiyang Dizhi 8 eine Reihe vietnamesischer Fischerboote aufgetaucht; Beobachter waren sich sicher, ihre Anwesenheit sei weniger durch die dortigen Fischgründe als vielmehr durch das Bedürfnis des vietnamesischen Staates motiviert, Präsenz zu zeigen: Immerhin bewegte sich die West Capella zumindest zum Teil in Gewässern, die auch Vietnam als die seinigen ansieht, und der Übergang zwischen Fischerei und Bootsfahrten in staatlichem Auftrag ist im Südchinesischen Meer allgemein eher fließend. Im April 2020 griff dann allerdings die U.S. Navy ein.[225] Sie entsandte das amphibische Angriffsschiff USS America und zwei weitere Kriegsschiffe in das Seegebiet bei der Haiyang Dizhi 8, und schon bald gesellte sich die australische Fregatte HMAS Parramatta zu einem gemeinsamen Manöver hinzu. US-Außenminister Mike Pompeo begleitete die Kriegsübung mit markigen Worten – erst recht, als China zum Schutz der Haiyang Dizhi 8 seinerseits Kriegsschiffe entsandte.

Und Malaysia, um dessen Bohrschiff sich der ganze Flottenauflauf doch eigentlich drehte? Nun, die Regierung in Kuala Lumpur war, anders, als es Pompeo wohl erhofft hatte, von der US-Kanonenbootdemonstration zum Schutz der West Capella nicht begeistert. Die Präsenz von Kriegsschiffen im Südchinesischen Meer habe »das Potenzial, die Spannungen zu erhöhen, was wiederum zu Fehlkalkulationen führen kann, die Frieden, Sicherheit und Stabilität in der Region beeinträchtigen«, beschwerte sich Malaysias Außenminister Hishammuddin Hussein. Was ihm Unbehagen bereitete: Die US-Kriegsschiffe waren unangekündigt aufgetaucht, hatten die Spannungen zugespitzt und die Entsendung chinesischer Kriegsschiffe in die Region provoziert – und verschwanden nach wenigen Tagen wieder sang- und klanglos von der Bildfläche; schließlich operiert die U.S. 7th Fleet, zu der sie gehören, in einem riesigen Seegebiet, in dem sie unmöglich überall gleichzeitig Präsenz zeigen kann. Die Haiyang Dizhi 8 aber blieb nach dem Abzug der US-Kriegsschiffe noch eine Weile vor Ort, begleitet nun – dank der US-Showeinlage – von vier Schiffen der chinesischen Küstenwache. Malaysische Kritiker der protzigen US-Intervention könnten sich bestätigt fühlen, urteilte Euan Graham, ein Experte der Außenstelle des Londoner International Institute for Strategic Studies (IISS) in Singapur: Die USA seien einmal mehr großkotzig »mit der Kavallerie aufgetaucht« – »gerade lang genug, um die Lage zu verschlimmern«.[226]

Das Ostchinesische Meer

Streit um Inseln, und seien sie noch so klein – das ist beileibe keine Besonderheit des Südchinesischen Meeres. Man kennt das auch aus Europa, wo sich Griechenland und die Türkei nicht einigen können, wem einige Ägäisinseln wie etwa Imia (griechisch) bzw. Kardak (türkisch) gehören. Oder Spanien und Marokko: Sie haben sich über einen 15 Hektar großen Felsbrocken in der Straße von Gibraltar in den Haaren; die Isla del Perejil (spanisch), Îlot Persil (französisch) oder Ǧazīrat Tūra (arabisch) wird im wirklichen Leben allerdings eindeutig von weidenden Ziegen beherrscht. Konflikte um Inseln gibt es auch zwischen Japan und Südkorea; dabei geht es um eine Gruppe von zwei Inseln und allerlei aus dem Wasser ragenden Felsen mitten im Japanischen Meer, die eine Fläche von zusammengenommen bemerkenswerten 0,2 Quadratkilometern haben und Dokdo (koreanisch) bzw. Takeshima (japanisch) heißen. Umstritten sind zudem die südlichen Kurileninseln, die nach dem Zweiten Weltkrieg der Sowjetunion übertragen wurden und heute zu Russland gehören; Japan beansprucht sie bis heute für sich. Die südlichen Kurilen umfassen zusammen immerhin einige hundert Quadratkilometer und werden von einigen tausend Menschen bewohnt.

Für den Machtkampf des Westens gegen China spielen all diese Konflikte keine Rolle. Relevanz besitzt hingegen der Streit um fünf kleine Inseln und drei noch kleinere Felsen, die Diaoyu (chinesisch) bzw. Senkaku (japanisch) heißen und 170 Kilometer nordöstlich von Taiwan, 330 Kilometer östlich der chinesischen Küste und 410 Kilometer westlich der japanischen Insel Okinawa aus dem Ostchinesischen Meer ragen. Ihre Fläche beträgt gut sechs Quadratkilometer; bewohnt sind sie nicht. Die Inseln finden sich bereits auf Landkarten aus der Zeit der Ming-Dynastie (1368-1644); Berichte aus jener Ära kann man so verstehen, dass sie damals zu China gehörten. Unstrittig ist, dass Japan sie dem Reich der Mitte 1895 nach seinem Sieg im Ersten Japanisch-Chinesischen Krieg abnahm – als es auch Taiwan kolonisierte. Taiwan musste sie nach seiner Niederlage im Zweiten Weltkrieg an China zurückgeben; die Diaoyu/Senkaku-Inseln hingegen blieben zunächst unter US-Kontrolle, bis Washington sie 1972 Tokio übertrug. Dagegen wehrte sich nicht nur Beijing, sondern auch Taiwan; einer der Aktivisten, die 1971 im Protest gegen die bevorstehende Übergabe der Inseln an Japan Taipehs Flagge auf ihnen hissten, war der spätere taiwanische Präsident Ma Ying-jeou.[227]

Der Konflikt um die Diaoyu/Senkaku-Inseln ist bis heute nicht gelöst. Die Frage, wem sie denn nun gehören, hat strategische Bedeutung: Kontrolliert Japan sie, dann verbessert es seine Chancen, die chinesische Marine hinter der ersten Inselkette festzuhalten; hat die Volksrepublik sie in Besitz, dann werden die chinesischen Seestreitkräfte etwas leichter ausbrechen können. Beijing markiert seinen Anspruch inzwischen immer nachdrücklicher. Es tut dies unter anderem, indem es Schiffe seiner Küstenwache in den Gewässern rings um die Inseln kreuzen lässt. Das betrifft zum einen die sogenannte Anschlusszone, die so heißt, weil sie an die Zwölfmeilenzone – die eigentlichen Hoheitsgewässer – anschließt; sie ist ebenfalls bis zu zwölf Seemeilen breit. Dort dürfen sämtliche Schiffe, also auch Schiffe von Chinas Küstenwache, jederzeit kreuzen. Japans Küstenwache allerdings zählt genau nach, wie häufig chinesische Küstenwachschiffe dies tun, und sie kam 2020 zu dem Resultat, das sei in den 17 Monaten von November 2017 bis März 2019 an 227 Tagen geschehen, in den 17 Monaten von April 2019 bis August 2020 dann aber schon an 456 Tagen. Zudem setzten chinesische Küstenwachschiffe ihre Fahrt in die Zwölfmeilenzone um die Inseln durchschnittlich dreimal im Monat fort: eine klare Demonstration, dass Beijing die Zone als seinen Zuständigkeitsbereich, also als seine Hoheitsgewässer betrachtet.[228] In Einzelfällen haben dort chinesische Küstenwachschiffe auch schon japanische Fischerboote verfolgt.

Japan wiederum stützt sich im Streit um die Diaoyu/Senkaku-Inseln auf die USA, die laut Artikel 5 des »Vertrags über gegenseitige Kooperation und Sicherheit zwischen Japan und den Vereinigten Staaten« aus dem Jahr 1960 verpflichtet sind, einen Angriff auf japanisches Territorium als Gefahr für ihre eigene Sicherheit zu behandeln und entsprechend zu reagieren. US-Regierungspolitiker haben immer wieder bekräftigt, dass dies ihrer Ansicht nach auch für den Fall einer militärischen Auseinandersetzung um die Diaoyu/Senkaku-Inseln gilt.[229] Längst finden entsprechende Manöver statt. Am 15. August 2017 etwa führten zwei auf Guam stationierte strategische US-Bomber gemeinsame Übungen mit japanischen Kampfjets unweit der Diaoyu/Senkaku-Inseln durch.[230] Berichten zufolge wurden die Manöver in den folgenden Jahren intensiviert. Im März 2021 einigten sich die Verteidigungsminister beider Länder, größere gemeinsame Übungen für etwaige Kämpfe um die Inseln vorzubereiten.[231] Im April 2021 hielt die US-Luftwaffe Übungen in der Nähe der Inseln ab. Im November 2021 folgte ein gemeinsames Luftwaffenmanöver Japans und der USA bei den Ryukyu-Inseln Ishigaki und Miyako; Insider wurden damals mit dem Hinweis zitiert, das Manöverszenario sehe einen »Zwischenfall« bei den Diaoyu/Senkaku-Inseln und gemeinsame US-amerikanisch-japanische Reaktionen vor.[232]

Japan

Japan rüstet nicht nur mit Blick auf die Diaoyu/Senkaku-Inseln, sondern allgemein massiv auf. Für das Jahr 2021 hatte Tokio seinen Militärhaushalt zum siebten Mal in Folge erhöht; mit rund 51,5 Milliarden US-Dollar war er bereits der achtgrößte weltweit unmittelbar nach demjenigen der Bundesrepublik. Die gewaltige Summe genügte nicht: Ende 2021 wurde sie per Nachtragshaushalt um weitere 6,7 Milliarden US-Dollar aufgestockt.[233] Die Mittel sollten insbesondere in den Ausbau der Seeraumüberwachung sowie in neue Abwehrraketen fließen. Bereits zuvor hatte Japans Verteidigungsminister Nobuo Kishi angekündigt, neue Luftabwehr- und Antischiffsraketen unter anderem auf Ishigaki zu stationieren; von dort aus könnten sie in Kämpfe um die Diaoyu/Senkaku-Inseln eingreifen.[234] Zudem wäre Japan mit Abwehrraketen auf Ishigaki besser in der Lage, seine weitestmöglich im Südwesten installierte Radar- und Überwachungslage zu schützen, die auf Yonaguni stationiert ist, Japans südwestlichster Insel; diese wiederum ist nur noch 60 Seemeilen von Taiwan entfernt. All dies könnte sich lediglich als Anfang einer gewaltigen Aufrüstungswelle erweisen: Die in Tokio regierende Liberaldemokratische Partei (LDP) hatte im Wahlkampf vor der Parlamentswahl am 31. Oktober 2021 in Aussicht gestellt, den Militärhaushalt von rund einem Prozent des Bruttoinlandsprodukts – diese Schwelle wurde seit Mitte der 1970er Jahre im Wesentlichen eingehalten – auf zwei Prozent, den NATO-Standard, aufzustocken.[235] Das wären mindestens 100 Milliarden US-Dollar pro Jahr.

Dabei steht einer völlig ungehemmten Nutzung des gewaltig anschwellenden japanischen Militärpotenzials noch ein Überbleibsel der Niederlage Japans im Zweiten Weltkrieg im Wege: die Tatsache, dass die japanischen Streitkräfte verfassungsrechtlich strikt auf Verteidigung beschränkt sind, weshalb sie offiziell auch Selbstverteidigungsstreitkräfte heißen. Die Regierung hat im Jahr 2015 eine »Neuinterpretation« der Verfassung vom Parlament beschließen lassen, die es dem Militär erlaubt, »Selbstverteidigung« in Zukunft auch »kollektiv« zu begreifen und sie unter Umständen im Ausland durchzuführen. In diesem Zusammenhang hat die Amphibious Rapid Deployment Brigade für Aufsehen gesorgt, die die japanischen Selbstverteidigungsstreitkräfte im März 2018 aufstellten: Es war die erste japanische Brigade, die speziell dazu befähigt wurde, sich auf fernen Inseln an Land zu kämpfen. Die japanischen Hauptinseln hat sie dabei wohl kaum im Visier. Sie käme für etwaige Einsätze auf den Diaoyu/Senkaku-Inseln in Frage – aber womöglich eben auch für mehr: Amphibische Einsätze zur »kollektiven Selbstverteidigung«, zur »Verteidigung« wo auch immer intervenierender US-Truppen etwa, wären prinzipiell auch jenseits Japans denkbar.[236]

Dies befeuert inzwischen allerlei Spekulationen – umso mehr, seit Premierminister Yoshihide Suga und US-Präsident Joe Biden am 16. April 2021 bei Sugas Besuch im Weißen Haus erstmals seit 1969 »die Bedeutung von Frieden und Stabilität in der Taiwanstraße« offiziell betonten. Seitdem ist in Tokio vermehrt von Taiwan die Rede. Verteidigungsminister Kishi erklärte Ende April bei einem Besuch auf Yonaguni, er könne deutlich »sehen, dass Taiwan sehr nahe ist«; Taiwans »Friede und Stabilität« seien eindeutig »mit dem Frieden und dem Wohlstand der Region verbunden«.[237] Taro Aso, Finanzminister und stellvertretender Premier, erklärte Anfang Juli, ein bewaffneter Konflikt zwischen Beijing und Taipeh stelle womöglich eine »existenzbedrohende Situation« für Japan dar; das ist eine der Formeln, die nach gängiger Auffassung einen japanischen Kriegseintritt legitimierten. Aso fügte hinzu, man müsse ja auch in Rechnung stellen, dass Okinawa »als nächstes« von China attackiert werden könne.[238] Einen Grund für diese gravierende Verdächtigung nannte er nicht. Ende November erklärte schließlich der ehemalige Premierminister Shinzō Abe, ein Angriff Chinas auf Taiwan werde

Japan zum »Handeln« zwingen.[239] Die Drohungen kamen nicht aus heiterem Himmel. Bereits Ende 2020 hatte die US-amerikanische RAND Corporation eine ausführliche Untersuchung zu »Japans möglichen Beiträgen bei einem unvorhergesehenen Ereignis im Ostchinesischen Meer« publiziert. Der Autor schloss darin japanische »Beiträge« zu einem bewaffneten Konflikt um Taiwan nicht aus.[240]

Währenddessen begannen auch die Staaten Westeuropas, ihre militärische Zusammenarbeit mit Japan zu intensivieren. Am 24. Juli 2021 kündigten Frankreichs Präsident Emmanuel Macron und Japans Premierminister Suga in Tokio einen Ausbau der Kooperation an – die »maritime Sicherheit« inklusive. Kurz zuvor hatten französische Einheiten erstmals an einem gemeinsamen Manöver auf japanischem Territorium mit Truppen aus Japan, den USA und Australien teilgenommen. Großbritanniens Verteidigungsminister Ben Wallace kündigte am 28. September an, London werde mit Tokio Gespräche über eine umfassende Militärkooperation führen. Und auch Deutschland begann, die militärpolitischen Beziehungen zu Japan zu stärken. Nach der Unterzeichnung eines bilateralen Geheimschutzabkommens am 22. März 2021, das unter anderem als Grundlage für gemeinsame Rüstungsvorhaben und etwaige Militärinterventionen gilt, kamen am 13. April 2021 erstmals die Außen- und Verteidigungsminister beider Länder zu einem Treffen im »2+2-Format« zusammen. Besprochen wurden nicht zuletzt gemeinsame Übungen der Streitkräfte beider Länder. Es sei darum gegangen, hieß es anschließend, eine »vereinigte Front« zu bilden, um »den territorialen Ambitionen Beijings entgegenzutreten«.[241]

Der Pazifik

Anfang September 2021 brachen zwei Zerstörer der chinesischen Marine in die Gewässer des offenen Pazifik auf. Sie durchquerten das Ostchinesische Meer nördlich von Taiwan und stießen dann zwischen Miyako und Okinawa, zwei der japanischen Ryukyu-Inseln, durch die erste Inselkette vor dem chinesischen Festland hindurch.

Zwei Tage kreuzten sie im Pazifik, trafen dort auf ein weiteres chinesisches Schiff ihrer Art und fuhren anschließend – nun zu dritt – zwischen Japans südwestlichster Insel Yonaguni und Taiwan hindurch wieder zurück ins Ostchinesische Meer. Die Fahrt war genaugenommen nichts Besonderes. Die Lücke zwischen Miyako und Okinawa, die Miyako-Straße, hatte die chinesische Marine schon seit Jahren immer wieder durchfahren, und zuweilen hatten auch chinesische Kampfjets sie durchflogen; Strategen stufen die Passage – neben der Fahrt durch die Bashi-Straße, die zwischen den nördlichsten Inseln der Philippinen und der zu Taiwan gehörenden Lan Yu, der »Orchideeninsel«, aus dem Südchinesischen Meer in den Pazifik führt – als eine der zentralen Stellen ein, an denen Chinas Streitkräfte die erste Inselkette überwinden und das offene Meer erreichen können. Damit kommt ihr militärisch eine erhebliche Bedeutung zu.

Wenige Tage später kehrte eine kleine Flottille von vier chinesischen Schiffen aus dem Pazifik durch die Osumi-Straße im Süden von Kyushu, Japans südwestlicher Hauptinsel, in das Ostchinesische Meer heim. Sie hatte zuvor eine weniger gewohnte Strecke zurückgelegt. Noch im August war sie durch die Koreastraße zwischen Südkorea und Japan ins Japanische Meer eingefahren, hatte es anschließend durch die Soya-Straße zwischen Japans nördlichster Hauptinsel Hokkaido sowie dem Südzipfel der russischen Insel Sachalin verlassen und ihre Fahrt in den Nordpazifik fortgesetzt. Bald darauf tauchte sie unweit der Aleuten auf, einer Inselkette, die zum überwiegenden Teil zum US-Bundesstaat Alaska gehört. Dort wurde sie von der US-Küstenwache beobachtet. Die chinesische *Global Times* kommentierte die Route der Flottille anschließend mit dem Hinweis, die chinesische Marine habe zum einen erneut gezeigt, dass sie sich nicht hinter der ersten Inselkette einsperren lasse; zum anderen könne man ihre Fahrt als Reaktion auf die stetige US-Präsenz in den Gewässern vor der chinesischen Küste interpretieren.[242] Es sei davon auszugehen, dass die chinesische Marine in Zukunft immer weiter in den Pazifik, in den Indischen Ozean und vielleicht sogar in den Atlantik vordränge.

Die erste Inselkette bei Bedarf durchstoßen und damit aus den Gewässern unmittelbar vor dem chinesischen Festland ausbrechen zu können – das ist ein wichtiges Ziel der chinesischen Marine. Sollte es dereinst zu einem Krieg mit den Vereinigten Staaten um Taiwan oder mit Japan um die Diaoyu/Senkaku-Inseln kommen, dann sei es für die chinesischen Streitkräfte von besonderer Bedeutung, Macht jenseits der ersten Inselkette projizieren und etwa Verstärkung für die US-Streitkräfte frühzeitig stoppen zu können, erläuterte im September 2019 Derek Grossman, ein Verteidigungsspezialist der RAND Corporation.[243] Darüber hinaus sei es strategisch von erheblichem Vorteil, potenzielle Feinde – Taiwan und Japan – umgehen und von ihren östlichen Küsten her angreifen zu können. Jenseits des Ziels, feindliche Militärs aus den Gewässern vor der eigenen Küste fernhalten zu können, rückt damit die Option in den Blick, in Zukunft selbst im offenen Pazifik zu operieren. Bereits 2016 war Chinas – damals einziger – Flugzeugträger Liaoning mit diversen Begleitschiffen erstmals durch die Miyako-Straße in den Westpazifik eingefahren. Spätestens seit diesem Schritt ist klar: Die Volksrepublik igelt sich militärisch nicht einfach an der eigenen Küste ein.

Die zweite Inselkette – oder: Die USA als pazifische Militärmacht

In den riesigen Weiten des Pazifik, der allein rund ein Drittel der gesamten Erdoberfläche umfasst, weisen Strategen oft auf eine spezifische geografische Gliederung hin: die zweite Inselkette. Sie beginnt ebenfalls in Japan, setzt sich dann aber nicht wie die erste Inselkette über die südwestlichen Ryukyu-Inseln, sondern über die weit südöstlich liegenden, zu Japan gehörenden Ogasawara-Inseln nach Süden fort; die nächsten Stationen sind die Nördlichen Marianen und Guam, worauf, südwestlich von Guam gelegen, Palau und danach Papua-Neuguinea folgen. Die zweite Inselkette – freilich viel lockerer gebildet als die erste Inselkette – begrenzt, wenn man so will, im Osten die Philippinensee. Ihre geostrategische Bedeutung hat RAND-Spezialist Grossman im September 2020 mit dem Hinweis erläutert, von ihr aus könnten die USA Operationen auf der ersten Inselkette und sogar im Süd- und im Ostchinesischen Meer unterstützen; wirklich wichtig sei sie darüber hinaus für den Fall, dass die Vereinigten Staaten ihre Positionen auf der ersten Inselkette nicht halten könnten: Dann bilde die zweite Inselkette sozusagen eine Art Abwehrbasis gegen ein weiteres militärisches Vorrücken Chinas. Washington werde daher seine militärischen Positionen auf ihr, das sagte Grossman voraus, systematisch auszubauen suchen.[244]

Eine zentrale Stellung auf der zweiten Inselkette nimmt Guam ein, die größte und am weitesten südlich gelegene Insel des Marianen-Archipels – rund 540 Quadratkilometer groß, knapp 170.000 Einwohner. Guam beherbergt mit der Naval Base Guam und der Andersen Air Force Base zwei äußerst wichtige US-Militärstützpunkte, deren Bedeutung daraus resultiert, dass sie – rund 6.000 Kilometer westlich von Hawaii gelegen – für die US-Streitkräfte auf dem Weg nach China die allerletzte Basis auf eigenem Territorium sind: Guam, das während der Kriege in Korea sowie in Vietnam als Drehscheibe für US-Truppen diente, ist ein US-Außengebiet. Die Vereinigten Staaten können von Hawaii auf dem Weg nach Guam zwei ausgedehnte Inselgruppen, die ihnen einst als Kolonien unterstanden, quasi als Trittsteine über den Pazifik nutzen: die Marshallinseln und die Föderierten Staaten von Mikronesien, die beide, als sie unabhängig wurden, den USA das Recht übertragen mussten, ihr Territorium bei Bedarf militärisch zu nutzen. Sie bilden – zusammen mit Guam – eine Art »Superhighway« über den Pazifik, so hat es Grossman einmal formuliert. Guam hatten US-Militärs bereits im Zweiten Weltkrieg als »Speerspitze« für Operationen in Ostasien bezeichnet; diese Funktion besitzt es heute für den US-Aufmarsch gegen China.

Dabei ruft der spezielle Status von Guam als US-Außengebiet immer wieder Unmut und Protest hervor. Die Insel ist eins von 17 Territorien, die die Vereinten Nationen bis heute auf ihrer Liste der »Hoheitsgebiete ohne Selbstregierung« verzeichnen. Diese Liste, 1946 aufgestellt, enthielt einst Kolonien zumeist europäischer

Mächte wie Kenia, Suriname oder Vietnam, die inzwischen längst eigene Staaten sind; die 17 bis heute auf ihr verbliebenen Territorien harren weiterhin ihrer Entkolonialisierung – so auch Guam. Dessen Einwohner verfügen unverändert nicht über die vollen US-Bürgerrechte, was immer wieder Forderungen nach der Aufwertung zu einem regulären US-Bundesstaat oder sogar nach Eigenstaatlichkeit Auftrieb verleiht. Befeuert wird der Unmut zudem durch die Lärm- und die Umweltbelastung, die die US-Streitkräfte auf Guam verursachen. Von wachsender Bedeutung für die Bevölkerung ist nicht zuletzt, dass Guams Funktion als »Speerspitze« bzw. Drehscheibe des militärischen Aufmarschs gegen China ihre Insel mehr und mehr ins Visier chinesischer Abwehrwaffen rückt. Die Naval Base Guam und die Andersen Air Force Base gelten längst als wichtige Ziele chinesischer Raketen im Falle eines transpazifischen Kriegs.

Auch deshalb rückt Palau immer stärker ins Visier von US-Strategen. Die Insel teilt historisch und politisch so einiges mit den Föderierten Staaten von Mikronesien und den Marshallinseln, den beiden erwähnten »Trittsteinen« der US-Streitkräfte auf ihrem Weg über den Pazifik: Waren alle drei zeitweise deutsche, später dann US-Kolonien, so sind sie heute zwar formal eigenständig, aber per Assoziierungsvertrag (»Compact of Free Association«) mit den Vereinigten Staaten verbunden. Washington hat sich im Prozess der Entkolonialisierung auch von Palau das Recht auf militärische Nutzung seines Territoriums zusagen lassen. Den rund 22.000 Einwohnern des Inselstaats steht der Militärdienst in den US-Streitkräften offen; im Jahr 2021 nahmen rund 500 Palauer diese Möglichkeit wahr. Nach dem Abschluss ihrer Dienstzeit in den USA wechseln palauische Soldaten nicht selten auf hochrangige Positionen in Palaus Regierung und Wirtschaft; das öffnet Washington zusätzliche Einflusskanäle.

Den Ausbau ihrer militärischen Präsenz auf dem Territorium der drei »Compact«-Staaten hat die US-Administration im Mai 2019 in den Blick genommen; damals lud sie deren Regierungschefs erstmals gemeinsam ins Weiße Haus ein.[245] Im Monat zuvor hatten die US-Streitkräfte zum ersten Mal seit 1982 ein Manöver auf Palau durchgeführt. Anfang September 2020 »bat« Palaus Regierung die USA offiziell, neue Militärstützpunkte auf ihrem Territorium zu errichten; es gehe, so hieß es, um Häfen, Flugplätze und Truppenstützpunkte, und außerdem wünsche man Patrouillen der US Coast Guard in palauischen Gewässern.[246] Palau brachte auch eine ständige US-Militärpräsenz ins Gespräch, wobei nicht ganz klar ist, ob Washington dieser Bitte folgt: In US-Militärkreisen heißt es zuweilen, eine nicht ständige, sondern rotierende Truppenpräsenz auf den zahlreichen Pazifikinseln sei strategisch die wohl den größten Erfolg versprechende Option. Palau liegt bei alledem – im Unterschied zu den »Trittsteinen«, den Marshallinseln und Mikronesien – so weit im Westen, dass es, ähnlich wie Guam, unter Umständen als Startbasis für Angriffe auf China taugt. Abgesehen davon sei die Insel hilfreich, urteilen Strategen, um etwaige Lücken in der ersten Inselkette im Süden der Philippinen zu schließen.

Welche Rolle Palau, die US-Kolonie Guam und weitere Pazifikinseln in einem etwaigen Krieg der Vereinigten Staaten gegen China spielen könnten, lässt sich exemplarisch an Manövern ablesen, die die US-Streitkräfte in der Region abhalten; mittlerweile sind rund 60 Prozent der U.S. Air Force und der U.S. Navy im Pazifischen und im Indischen Ozean stationiert. Eine der Kriegsübungen, die die USA im Sommer 2021 im Pazifik durchführten, war »Forager 21«; es ging darum, Heerestruppen von der US-Westküste über den Ozean bis nach Guam zu verlegen. Zusätzlich wurden – teils gemeinsam mit japanischen Militärs – Luftlandeoperationen geprobt. Im Rahmen von »Pacific Iron« wiederum trainierte die U.S. Air Force mit zehn Jagdbombern und mehr als zwei Dutzend Tarnkappenjägern, sich von Guam aus rasch auf verschiedene Startbahnen auf unterschiedlichen Inseln zu verteilen; das soll verhindern, dass China mit massivem Raketenbeschuss weniger zentraler Flugplätze die US-Luftwaffe handlungsunfähig machen kann. 2014 haben die USA die

Manöverreihe »Pacific Pathways« gestartet, in der US-Einheiten zu gemeinsamen Übungen in andere Länder Asiens und der Pazifikregion verlegen, etwa nach Palau oder auf die Philippinen. Im Oktober 2021 kündigten die US-Streitkräfte an, »Pacific Pathways« unter dem Namen »Operation Pathways« ausbauen zu wollen. »Operation Pathways« soll offenbar den eine Zeitlang genutzten Namen »Defender Pacific« ersetzen, eine Entsprechung zur gegen Russland gerichteten Manöverserie »Defender Europe«.[247]

Weitere Militärmächte mit Ambitionen im Pazifik

Australien | Die USA sind nicht der einzige westliche Staat, der ausdrücklich nach militärischem Einfluss im Pazifik strebt. Auch Australien ist darum bemüht. »Die Länder des Südwestpazifik sind für Australien strategisch wichtig«, hieß es schon im offiziellen »Weißbuch zur Verteidigung«, das die Regierung in Canberra 1994 unter dem Titel »Defending Australia« publizierte: »In dem unwahrscheinlichen Fall, dass eine potenziell feindliche Macht ungebührlichen Einfluss auf eine oder mehrere der Inselstaaten erlangt, könnten die Folgen schädlich … für Australiens Sicherheit sein.«[243] Man werde daher die eigenen militärpolitischen Aktivitäten in der Region fortsetzen. Spätere Weißbücher sowie andere offizielle Grundlagendokumente drückten das militärische Einflussstreben noch deutlicher aus. Im »Defence Strategic Update« aus dem Jahr 2020 etwa heißt es – indirekt Bezug nehmend auf Chinas ökonomisch-politisches Erstarken in der pazifischen Inselwelt –, man sei »besorgt«, im »Indo-Pazifik« könnten perspektivisch auch neue Militärbasen errichtet werden, die »die Stabilität … in unserer unmittelbaren Region untergraben« könnten: Der »Indo-Pazifik« befinde sich schließlich »im Zentrum eines größeren strategischen Wettbewerbs«. Australien werde deshalb seine Aktivitäten in der gesamten Region »stärken«.[249]

Dabei setzt Australien zugleich auf sein enges Bündnis mit den USA. War Canberra unter dem Labor-Premierminister Kevin Rudd, der von Dezember 2007 bis Juni 2010 amtierte, noch bemüht, ein

Abgleiten in einen offenen Konflikt mit China zu verhindern, so schwenkte es unter den konservativen Premierministern Malcolm Turnbull (2015 bis 2018) und vor allem Scott Morrison (seit 2018) auf eine nahezu bruchlose Unterordnung unter die immer aggressivere Chinapolitik der Vereinigten Staaten ein. Australien verabschiedete bereits im Juni 2018 ein Gesetz zur Abwehr »ausländischen Einflusses«, das – dem Ursprung nach vor allem gegen angebliche Einflussnahme aus China gerichtet – auch kritisch recherchierende Journalisten in eine rechtliche Grauzone stürzt. Es preschte im August 2018 mit dem Ausschluss von Huawei aus den australischen 5G-Netzen vor. Australien verlangte vehementer als andere eine internationale Untersuchung zum Ursprung der Covid-19-Pandemie in China mit Ermittlungsrechten, wie sie westliche Staaten immer wieder genutzt haben, um politisch erwünschte Vorwürfe zu fabrizieren; und es schloss sich im Dezember 2021 als erster Staat der US-Ankündigung an, Washington werde die Olympischen Winterspiele in Beijing politisch boykottieren. China reagierte ab 2020 mit ökonomischen Gegenmaßnahmen.

Frankreich | Als »pazifische Macht« begreift sich neben den USA und Australien auch Frankreich. Grundlage dafür sind vier Inselterritorien, die Frankreich bis heute als Überseegebiete kontrolliert. Eins davon, die Île Clipperton, gut 1.000 Kilometer südwestlich von Mexiko gelegen, ist unbewohnt und gerade einmal 1,7 Quadratkilometer groß. Ein zweites, Wallis-et-Futuna, aus drei größeren und vielen kleinen Inseln bestehend, hat rund 12.000 Einwohner und liegt im Südpazifik zwischen den Fidschi und Amerikanisch-Samoa, einem weiteren US-Außengebiet, das die Vereinten Nationen auf ihrer Liste der Hoheitsgebiete ohne Selbstregierung führen. Die Liste umfasst auch zwei französische Territorien im Pazifik, Neukaledonien und Französisch-Polynesien. Neukaledonien liegt etwa 1.200 Kilometer nordöstlich von Australien und zählt rund 282.000 Einwohner; Französisch-Polynesien mit seinen 118 Inseln und Atollen und seinen etwa 276.000 Einwohnern liegt im Südpazifik, südlich von Hawaii. In Französisch-Polynesien fordern schon lange starke Kräfte die staatliche Unabhängigkeit. Auf Neukaledonien fanden 2018 und 2020 Unabhängigkeitsreferenden statt, in denen sich zuletzt nur noch 53,3 Prozent dafür aussprachen, ein französisches Überseegebiet zu bleiben. Ein drittes Referendum wurde am 12. Dezember 2021 abgehalten, schien aber auch keine Lösung zu bringen: Die Befürworter der Unabhängigkeit – weitestgehend die indigene Bevölkerung der Insel – hatten wegen der Pandemie eine Verschiebung der Abstimmung gefordert, was die Befürworter eines Verbleibs bei Frankreich – zu einem guten Teil Nachkommen französischer Kolonialisten – und Paris jedoch ablehnten. Die Folge: Die Unabhängigkeitsbefürworter boykottierten das Referendum, das zwar bei einer Wahlbeteiligung von lediglich 44 Prozent eine übergroße Mehrheit für den Verbleib bei Frankreich ergab, dem nun aber jegliche Legitimität fehlt.

Frankreich nutzt seine pazifischen Territorien auch militärisch. Den Schwerpunkt bilden dabei Neukaledonien und Französisch-Polynesien. Laut Angaben des Verteidigungsministeriums in Paris vom Mai 2019 verfügten die Forces armées de la Nouvelle-Calédonie (FANC) damals über rund 1.660 Soldaten, vier Kriegsschiffe sowie mehrere Flugzeuge und Helikopter. Die Forces armées en Polynésie française (FAPF) zählten rund 1.180 Soldaten, drei Kriegsschiffe und ebenfalls mehrere Fluggeräte.[250] Die französischen Streitkräfte führen im Pazifik selbstverständlich Manöver durch. Ein Beispiel bietet die Kriegsübung »Heifara-Wakea«, bei der im Sommer 2021 zunächst drei Kampfjets vom Typ Rafale, zwei Transportflugzeuge sowie ein Tankflugzeug aus Frankreich über die Travis Air Force Base bei San Francisco nach Tahiti verlegt wurden, die Hauptinsel von Französisch-Polynesien; anschließend trainierte die französische Einheit noch gemeinsam mit US-Tarnkappenjets im Luftraum über Hawaii. Unvergessen sind freilich bis heute die 193 Atombombentests, die die französischen Streitkräfte von 1966 bis 1996 auf den zu Französisch-Polynesien gehörenden Atollen Mururoa und Fangataufa durchführten – mit verheerenden gesundheitlichen

Folgen für viele Einwohner. Weil Frankreich sie immer noch nicht angemessen entschädigt, fanden im Juli 2021 große Protestdemonstrationen auf Tahiti statt.

Es liegt auf der Hand, dass die französische Militärpräsenz im Pazifik Paris zwar ein gewisses Maß an Macht sichert, dass sie aber bei weiterm nicht genügt, um im Alleingang Chinas Erstarken in der Region und damit eine Schwächung der französischen Position zu verhindern. Frankreich, nicht gewillt, seine militärischen Aktivitäten im Pazifik auf das Bündnis mit den Vereinigten Staaten zu beschränken und damit faktisch zum Anhängsel eines übermächtigen Verbündeten zu werden, hat sich deshalb schon bald nach Obamas Ankündigung vom November 2011, einen »Schwenk nach Asien« zu vollziehen, eigenständig um ein Bündnis mit Australien bemüht. Äußeres Zeichen dafür war ein Riesengeschäft über die Lieferung von zwölf U-Booten an Australien, das die französische Naval Group (damals noch DCNS) nach zweijährigen Verhandlungen im Jahr 2016 abschließen konnte. Dabei war das Geschäft, das sich nach den branchenüblichen Kostensteigerungen letzten Endes auf gewaltige 56 Milliarden Euro belief, nur das industrielle Herzstück der »Strategischen Partnerschaft«, die Paris und Canberra 2012 geschlossen hatten und die sie 2017 zu einer »Erweiterten Strategischen Partnerschaft« aufwerteten; 2018 ergänzten sie sie schließlich noch um eine gemeinsame »Vision« für ihre Kooperation.[251] Für Frankreichs Pazifikpolitik war das Bündnis mit Australien zentral.

Entsprechend entsetzt reagierte die französische Regierung, als am 15. September 2021 Australien, die USA und das Vereinigte Königreich den Abschluss ihres AUKUS-Pakts (Australia, United Kingdom, United States) bekanntgaben. Die öffentliche Debatte wurde damals weitgehend von der Tatsache beherrscht, dass mit dem Pakt die Kündigung von Australiens U-Boot-Geschäft mit der Naval Group und die Einigung auf die Lieferung von acht nuklear angetriebenen U-Booten durch britische und US-amerikanische Rüstungskonzerne verbunden waren; Frankreich verlor also den

56-Milliarden-Euro-Deal. Nun ist das natürlich alles andere als ein Klacks; wohl noch deutlich schwerer wog allerdings, dass Canberra mit dem AUKUS-Pakt implizit die Orientierung an den USA zur Priorität und die Kooperation mit Frankreich für nachrangig erklärte. Das war umso folgenreicher, als das neue Dreierbündnis sich nicht nur auf das U-Boot-Geschäft beschränkt, sondern auch eine enge rüstungsindustrielle Kooperation auf strategisch bedeutenden High-Tech-Feldern umfasst, darunter Künstliche Intelligenz (KI) und Quantentechnologien. Tom Tugendhat, Vorsitzender des Auswärtigen Ausschusses im britischen Unterhaus, beschrieb den Pakt auf Twitter als Versuch, »den militärisch-industriellen Komplex dieser drei Verbündeten zusammenzubringen«. Mit alledem war klar, wer unter den westlichen Mächten in Zukunft im Pazifik den Ton angab: Frankreich war es nicht.

Hat der AUKUS-Pakt zu heftigen Verstimmungen zwischen Frankreich und den drei AUKUS-Staaten geführt – Paris zog zeitweise sogar seine Botschafter aus Washington und Canberra ab –, so stärkt er Australiens Rolle als Militärstandort für den US-Aufmarsch gegen China. Die Kooperation der Vereinigten Staaten mit Australien reicht weit zurück; sie wurde bereits 1952 mit dem ANZUS-Pakt (Australia, New Zealand, United States) formalisiert. Im November 2011 kündigte US-Präsident Obama bei einem Besuch in Australien an, im Rahmen des »Schwenks nach Asien« würden US-Marines künftig rotierend in Darwin, der nördlichsten, China am nächsten gelegenen australischen Militärbasis, stationiert. Stockten die US-Streitkräfte die Zahl ihrer dorthin entsandten Soldaten bald von 250 auf bis zu 2.500 auf, so war im Juni 2021 von einer weiteren Erhöhung der US-Truppenobergrenze die Rede. Nur zwei Tage nach der Bekanntgabe des AUKUS-Pakts teilte Australiens Verteidigungsminister Peter Dutton mit, in Zukunft sollten darüber hinaus US-Militärflugzeuge, US-Kriegsschiffe und weitere Truppen regelmäßig Präsenz in Australien zeigen. Zudem werde man systematisch gemeinsam trainieren – teilweise in enger Zusammenarbeit mit weiteren Verbündeten aus der Region.[252]

Großbritannien | Auch Großbritannien weitet mit dem AUKUS-Pakt seine ohnehin schon enge Militärkooperation mit Australien aus. Der Schritt ist Teil des »Schwenks zum Indopazifik« (»tilt to the Indo-Pacific«), den die britische Regierung in einem umfassenden außen- und militärpolitischen Strategiepapier vom März 2021 (»Global Britain in a Competitive Age«) angekündigt hat.[253] Ziel ist es, dass das Vereinigte Königreich bis 2030 zum europäischen Staat mit dem stärksten Einfluss in der Asien-Pazifik-Region wird. Dabei strebt London zwar einerseits den Ausbau der Wirtschaftsbeziehungen zu China an, deren Unternehmen in keinem europäischen Land so hohe Summen investiert haben wie im Vereinigten Königreich. Gleichzeitig setzt es jedoch alles daran, Beijings weiteren Aufstieg zu bremsen. So bemüht es sich um den Beitritt zu CPTPP, jenem transpazifischen Freihandelsabkommen, aus dem US-Präsident Trump die Vereinigten Staaten sofort zu Beginn seiner Amtszeit löste, das in Großbritannien aber weiterhin als potenzielles Gegengewicht zu China gilt. Vor allem jedoch baut es seine militärische Präsenz in der Asien-Pazifik-Region aus. In einem auch symbolisch bedeutenden Schritt brach der neue Flugzeugträger HMS Queen Elizabeth im Mai 2021 mit einer kompletten Flugzeugträgerkampfgruppe in den Indischen und Pazifischen Ozean auf. Im September 2021 hat London zudem zwei Patrouillenboote in den »Indo-Pazifik« entsandt; sie sollen dort fünf Jahre lang operieren – als »Augen und Ohren« der britischen Marine.[254]

Deutschland | Eine stärkere Militärpräsenz in der Asien-Pazifik-Region strebt nicht zuletzt Deutschland an. In ihren »Leitlinien zum Indo-Pazifik«, die sie im September 2020 offiziell vorgelegt hat, kündigt die Bundesregierung an, sie werde künftig »die bilaterale Verteidigungszusammenarbeit« mit den »Ländern der Region pflegen«. Geplant sei nicht nur die »Teilnahme an sicherheitspolitischen Foren«, sondern auch die »Teilnahme an Übungen in der Region«. In der NATO werde sich Berlin »für den Ausbau der Beziehungen zu den ›Partners Across the Globe‹« einsetzen, also vor allem

Australien, Neuseeland, Japan und Südkorea.[255] Bilateral stärkt die Bundesregierung ihre militärpolitischen Beziehungen nicht nur zu Japan, sondern vor allem auch zu Australien, mit dem sie schon am 28. Januar 2013 eine »Strategische Partnerschaft« schloss; Außenminister Guido Westerwelle teilte damals zur Begründung mit, Berlin betrachte Australien als »strategisches Sprungbrett in den asiatisch-pazifischen Raum«.[256] Am 10. Juni 2021 gaben die Regierungen beider Länder schließlich eine »Erweiterte Strategische Partnerschaft« bekannt, in der sie unter anderem gemeinsame militärische »Ausbildungsmaßnahmen und Übungen« sowie einen gemeinsamen »Fähigkeitsaufbau im indopazifischen Raum« ankündigten. All das geht mit einem starken Anstieg der deutschen Rüstungsexporte einher: Seit 2016 gehört Australien regelmäßig zu den zehn Top-Kunden deutscher Waffenschmieden.

Die »Teilnahme an [militärischen] Übungen« in der Asien-Pazifik-Region, die die »Leitlinien zum Indo-Pazifik« in Aussicht stellten, hat inzwischen begonnen. Am 2. August 2021 brach die Fregatte Bayern zu einer großen, ein halbes Jahr dauernden Rundfahrt auf, die sie durch den Indischen Ozean nach Australien, über Palau und Guam nach Japan, dann weiter nach Südkorea, anschließend durch das Südchinesische Meer nach Vietnam und nach Singapur führte. Immer wieder hielt die Fregatte Bayern gemeinsame Übungen mit Schiffen anderer Seestreitkräfte ab; zwischendurch nahm sie eine Zeit lang an der Überwachung des UN-Embargos gegen Nordkorea teil. Im November 2021 wurde zudem bekannt, dass die deutsche Luftwaffe im September 2022 sechs Eurofighter, drei Tankflugzeuge sowie drei Transportflugzeuge nach Australien entsenden soll; im Norden des Landes findet alle zwei Jahre das Großmanöver Pitch Black statt, bei dem die australischen Luftstreitkräfte gemeinsam mit Einheiten aus diversen Ländern Nordamerikas, Westeuropas und Südostasiens trainieren. 2023 soll dann wieder ein deutsches Kriegsschiff in die Region aufbrechen. Kreuzen wird es dabei zunächst, wie die Fregatte Bayern, den Indischen Ozean, der längst ebenfalls zu einem Schauplatz des westlichen Machtkampfs gegen China geworden ist.

Der Indische Ozean

Unter den Anrainern des Indischen Ozeans besitzt vor allem Indien für den Machtkampf des Westens gegen China große Bedeutung. Das riesige Land – in Asien sind nur Russland und China größer – mit einer Bevölkerung, die wie diejenige der Volksrepublik rund 1,4 Milliarden Menschen zählt, begreift sich traditionell als Chinas großen asiatischen Rivalen. Auch Indien ruht auf einer jahrtausendealten Hochkultur; es wurde gleichfalls im 19. Jahrhundert von den europäischen Kolonialmächten, vor allem von Großbritannien, unterjocht, und es erlangte seine Unabhängigkeit fast zum selben Zeitpunkt (1947), zu dem China beginnen konnte, mit der Gründung der Volksrepublik (1949) seinen Aufbau in die eigenen Hände zu nehmen. Wirtschaftlich steigt Indien seit längerer Zeit auf; im Jahr 2019 gelang es ihm, Großbritannien als Land mit der fünftgrößten Wirtschaftsleistung weltweit zu verdrängen, und wenngleich es 2020 und 2021 von der Pandemie härter getroffen wurde als die ehemalige Kolonialmacht und auf Rang sechs zurückfiel: Prognosen zur Entwicklung der Weltwirtschaft wie diejenige, die das Beratungsunternehmen PricewaterhouseCoopers (PwC) 2017 publizierte, sehen Indien im Jahr 2050 auf der Weltrangliste der Länder nach Wirtschaftsleistung zwar immer noch hinter China, aber doch wenigstens nach Kaufkraftparität auf Rang zwei mit deutlichem Abstand vor den USA.[257]

Im direkten Vergleich mit China konnte Indien freilich in den vergangenen Jahren nicht mithalten. Erarbeiteten beide Länder noch 1980 eine Wirtschaftsleistung von jeweils etwa 190 Milliarden US-Dollar, so zog China in den folgenden Jahrzehnten rasch davon; im Jahr 2020 lag die Volksrepublik bei 14,7 Billionen US-Dollar, Indien gerade einmal bei 2,6 Billionen. Der Unterschied liegt dabei nicht nur in der Masse: Boomende High-Tech-Industrien auf globalem Spitzenniveau, die – nebenbei – auch ein ausgesprochen attraktives Umfeld für auswärtige Investoren schaffen, sind in China immer stärker vertreten, in Indien jedoch eher dünn gesät. Als Washington im Herbst 2021 nach Möglichkeiten suchte, in Indien eine Solarzellenproduktion aufzubauen, um chinesischen Herstellern – gestützt auf die niedrigen indischen Löhne – das Wasser abzugraben, da sah die Regierung sich genötigt, dem US-Hersteller First Solar über ihren Entwicklungsfinanzier DFC (U.S. International Development Finance Corporation) eine halbe Milliarde US-Dollar dafür zu besonders günstigen Konditionen zu leihen: Das Vorhaben wurde als recht riskant eingeschätzt.[258] »Inder mögen oft den Vergleich … zwischen Indien und China«, hielt die indische Außenpolitikexpertin Aparna Pande Anfang 2020 fest: »Indien spricht unaufhörlich von seinem Potenzial für Größe«.[259] Leider werde oft vergessen, dass »den Weg zu solcher Größe« nur ein konsequenter Aufbau der indischen Wirtschaft bahnen könne. Beijing habe jahrzehntelang »einen laserartigen Fokus darauf gelegt, wirtschaftliches und militärisches Leistungsvermögen aufzubauen«, bevor es als Weltmacht aufzutreten begonnen habe. Neu-Delhi versäume das bisher.

Die Rivalität zu China ist nicht nur im Bewusstsein von Neu-Delhis politischen Eliten präsent; sie schlägt sich auch in harten Grenzkonflikten nieder. Nach wie vor sind zwei größere Territorien zwischen beiden Ländern umstritten: zum einen das von der Volksrepublik verwaltete Aksai Chin, hoch im Himalaya weit im Westen der rund 3.500 Kilometer langen gemeinsamen Grenze gelegen, auf das Indien Anspruch erhebt; zum anderen der nordostindische Bundesstaat Arunachal Pradesh, den Beijing als chinesisches Territorium ansieht. Einen ausgewachsenen Grenzkrieg führten die beiden Staaten 1962; zu bewaffneten Auseinandersetzungen kam es dann erneut 1967 und 1986/87. Gravierende politische Folgen hatten die Kämpfe am 15. Juni 2020 an der Demarkationslinie zwischen Aksai Chin und dem indischen Unionsterritorium Ladakh, bei denen vermutlich 20 indische und vier chinesische Soldaten zu Tode kamen. Als ein wichtiger Auslöser für den Konflikt gilt, dass Neu-Delhi im August 2019 entschied, den Bundesstaat Jammu und Kaschmir aufzulösen und aus ihm zwei Unionsterritorien unter direkter Kontrolle der Zentralregierung zu bilden. Die direkten Durchgriffsrechte, über die Neu-Delhi seither in Ladakh verfügt, und der Ausbau der militärischen Infrastruktur in dem Gebiet haben die Kräfteverhältnisse verschoben. Die seitherigen Aktivitäten chinesischer Truppen in der Region können, urteilte etwa die Stiftung Wissenschaft und Politik (SWP), »als Reaktion auf die indische Politik« gesehen werden.[260]

Den fortdauernden Konflikt machen sich die westlichen Mächte zunutze. Man müsse Indien unter anderem »im Grenzkonflikt mit China« unterstützen, legte die Trump-Administration im Februar 2018 in ihrem »Strategic Framework for the Indo-Pacific« fest. Allgemein sah das Papier nicht nur vor, »Indiens Aufstieg zu beschleunigen«, um es als »Gegengewicht zu China« zu positionieren, sondern auch, eine »dauerhafte strategische Partnerschaft« mit dem Land aufzubauen. »Ein starkes indisches Militär« solle künftig in der Lage sein, »wirkungsvoll« mit den Vereinigten Staaten zu kooperieren. Um eine intensivere militärische Zusammenarbeit mit Indien sind die USA schon lange bemüht. Erste US-amerikanisch-indische Marinemanöver fanden bereits in den 1990er Jahren statt; von 2002 an wurden sie verstetigt. Am 28. Juni 2005 schlossen beide Seiten ein Rahmenabkommen zur Militärkooperation. Neu-Delhi ging dazu über, eine größere Menge seiner Rüstungsgüter bei US-Waffenschmieden zu beschaffen, und es hält seit 2018 jährlich »2+2-Gespräche« mit Washington ab, bei denen die Außen- und Verteidigungsminister beider Seiten zusammentreffen. Dabei intensiviert es nicht nur seine Kooperation mit den USA: Es stärkt auch seine Beziehungen zu den Mächten Westeuropas, zu Großbritannien, Frankreich und Deutschland. So gehört es mit jährlichen Rüstungskäufen im meist dreistelligen Millionen-Euro-Bereich zu den wichtigeren Waffenabnehmern der Bundesrepublik.

Folgenreich ist vor allem Indiens Bereitschaft gewesen, sich auf die Wiederbelebung des Quad-Paktes (»Quadrilateral Security Dialogue«) einzulassen. Der Zusammenschluss der Vereinigten Staaten mit Japan, Australien und Indien, der bereits 2007 gegründet worden, aber schon nach kurzer Zeit wieder eingeschlafen war, hat seit 2017 seine Tätigkeiten ausgedehnt und nicht zuletzt die militärische Kooperation intensiviert; seit 2020 halten die Quad-Staaten die jährlichen »Malabar«-Manöver, die in den 1990er Jahren als bilaterale US-amerikanisch-indische Übungen begonnen hatten, zu viert im Indischen und im Pazifischen Ozean ab. Punktuell werden die Quad-Manöver inzwischen erweitert; Anfang April 2021 etwa führte die französische Marine ihre Übung »Le Pérouse« im Golf von Bengalen gemeinsam mit Einheiten aus den USA, Japan, Australien und Indien durch. Auch die EU hat in ihrer Indo-Pazifik-Strategie Interesse an einer Zusammenarbeit mit dem Quad gezeigt, diese freilich – noch – auf Bereiche wie den Klimawandel oder Covid-19-Impfstoffe, nicht auf gemeinsame Kriegsübungen bezogen.[261] Untereinander dehnen die Quad-Staaten ihre Aktivitäten auf vielfältige Bereiche aus, darunter nicht zuletzt Cybersicherheit, Halbleiterproduktion und 5G. Explizit beschlossen sie auf ihrem ersten nicht virtuellen, sondern real durchgeführten Quad-Gipfel am 24. September 2021 im Weißen Haus, ihre Technologie an »demokratische Werte und Respekt für universale Menschenrechte zu binden«.[262] Nach ihrem Verständnis schließt das China aus.

Eigentlich sollte das erstaunen. Denn mit Menschenrechten lassen sich nicht nur die zahlreichen US-Kriege in aller Welt oder Australiens berüchtigte Flüchtlingsabwehr nicht in Einklang bringen, sondern auch allerlei Praktiken des indischen Staats. Unter der hindunationalistischen Regierung von Premierminister Narendra Modi haben die strukturelle Diskriminierung der indischen Muslime wie auch die Polizeigewalt gegen sie deutlich zugenommen; Muslime werden physisch attackiert, zuweilen des Schlachtens von Kühen verdächtigt und gelyncht, und im Nordosten des Landes werden Inder islamischer Religion, wenn sie ihre Staatsbürgerschaft nicht zweifelsfrei nachweisen können – das ist vor allem im Grenzgebiet zu Bangladesch aus historischen Gründen oft der Fall –, zu »unerwünschten Ausländern« erklärt und in Internierungslager gepfercht. Besonders in Kaschmir sind indische Muslime bis heute blutiger Repression ausgesetzt. Im Juli 2021 wurde bekannt, dass die indischen Behörden nicht nur Journalisten und oppositionelle Aktivisten, sondern auch Oppositionschef Rahul Gandhi mit der

Spionagesoftware »Pegasus« ausforschten.[263] Indien ist das Land, in dem weltweit mit großem Abstand die meisten Internet-Shutdowns durchgeführt werden; von den 155 Shutdowns, die 2020 weltweit registriert wurden, wurden 109 in Indien verhängt, häufig parallel zur Niederschlagung von Protesten. Als Amnesty International gegen das Ausspionieren von Aktivisten protestierte, sprach sich ein Politiker der regierenden BJP (Bharatiya Janata Party) für das Verbot der Menschenrechtsorganisation aus. Dabei hatte sich diese bereits im September 2020 gezwungen gesehen, ihre Aktivitäten in Indien einzustellen – wegen zunehmender Hausdurchsuchungen, Kontensperrungen und weiterer Schikanen.[264]

Unterdessen sucht Indien, trotz seiner engen Kooperation mit den Vereinigten Staaten, sich im Machtkampf gegen China eine eigenständige Position zu bewahren. Womöglich am deutlichsten zeigt das seine teils recht enge Zusammenarbeit mit Russland. Neu-Delhi und Moskau kooperierten schon im Kalten Krieg, und sie haben sich eine gewisse Nähe bewahrt; seit dem Jahr 2000, in dem beide eine »Strategische Partnerschaft« schlossen, führen sie einmal im Jahr ein indisch-russisches Gipfeltreffen durch. Russland war im Zeitraum von 2016 bis 2020 mit einem 49-Prozent-Anteil Indiens größter Rüstungslieferant – zwar nicht mehr so deutlich wie noch 2011 bis 2015, als es sogar 70 Prozent der indischen Rüstungsimporte abdeckte, aber immerhin.[265] Ein klares Signal war, dass Neu-Delhi trotz heftiger Proteste aus Washington am Kauf des russischen Raketenabwehrsystems S-400 festhielt; dessen erste Elemente wurden Ende 2021 geliefert. Pikant an dem Deal war, dass das Abwehrsystem in Indien im Kriegsfall vor allem chinesische Raketen unschädlich machen soll. Die Zusammenarbeit zwischen Moskau und Neu-Delhi hat sich allerdings auch als hilfreich zur Konfliktbeilegung erwiesen: Als es nach den Kämpfen an der chinesisch-indischen Demarkationslinie im Juni 2020 darum ging, die Lage etwas zu stabilisieren, vermittelte Russlands Außenminister Sergej Lawrow zwischen seinen Amtskollegen Subrahmanyam Jaishankar und Wang Yi – mit Erfolg.[266]

Das Bemühen der indischen Eliten, sich eine eigenständige Machtposition zu sichern, zeigt sich nicht zuletzt an ihren militärischen Aktivitäten im Indischen Ozean. Das Weltmeer passieren Schätzungen zufolge drei Viertel des gesamten globalen Seehandels und vier Fünftel des weltweit auf dem Seeweg transportierten Erdöls; es ist besonders als Verbindung zwischen den Fabriken Ostasiens und deren Rohstoffquellen im Nahen und Mittleren Osten und in Afrika einerseits, deren Absatzmärkten in Europa andererseits von Bedeutung. Neu-Delhi hat seit Modis Amtsantritt seine militärischen Positionen im Indischen Ozean verstärkt; es baut etwa seine Stützpunkte auf den Andamanen und Nikobaren aus, einer Inselkette, die im Indischen Ozean westlich des südlichen Teils von Myanmar beginnt, sich nach Süden fast bis zum indonesischen Aceh erstreckt und als Unionsterritorium zu Indien gehört. Beim Versuch, »dem Aufstieg Chinas im Indischen Ozean entgegenzuwirken« und sich zu »einer starken maritimen Macht« zu entwickeln, sei Neu-Delhi zudem um die »Unterstützung durch die Inselstaaten in der Region« bemüht, konstatierte im Herbst 2020 die indische Expertin Priyanjoli Ghosh.[267] Versuche, eine indische Militärbasis auf den Seychellen im Westen des Indischen Ozeans zu errichten, wurden 2018 vom Parlament des Inselstaats verhindert.[268] Bislang mit Erfolg baut Indien an Militäreinrichtungen auf Agaléga, einer kleinen, zu Mauritius gehörenden Insel südlich der Seychellen. Allerdings wächst die Unruhe unter den Einwohnern, die negative Auswirkungen auf ihren Alltag beklagen.[269]

China ist tatsächlich im Indischen Ozean immer stärker präsent. Es baut, eingebunden in die maritime Seidenstraße, Häfen etwa in Hambantota (Sri Lanka) und in Gwadar (Pakistan) aus. Immer wieder ist behauptet worden, es handle sich dabei um heimliche Marinestützpunkte. Was ist da dran? Nichts, bekräftigte bezüglich Hambantota im Februar 2018 Admiral Ravindra Wijegunaratne, der oberste Kommandeur der srilankischen Streitkräfte: Es handle sich um völlig haltlose Gerüchte.[270] Und wenngleich die Gerüchte von interessierter Seite – vom Westen, von Indien – weiterhin genährt werden: Es gibt keinen Beleg dafür. Nicht anders sieht es in Gwadar aus: »Nein, Pakistans Hafen Gwadar ist keine chinesische Marinebasis«, titelte im November 2019 leicht genervt das in Arlington (Virginia) ansässige Asien-Fachportal *The Diplomat*; die pakistanische Marine mache sich in Gwadar breit; von chinesischem Militär aber sei dort unverändert nichts zu sehen.[271] Eine Marinebasis hat Beijing inzwischen allerdings errichtet, und dies ganz offiziell: in Dschibuti. Sie unterstützt vor allem die chinesische Beteiligung am internationalen Kampf gegen die Piraterie am Horn von Afrika. Damit trägt sie dazu bei, Chinas Handel mit Europa zu schützen, der ganz überwiegend auf dem Seeweg abgewickelt wird. In Dschibuti unterhalten auch die USA und Frankreich Militärstützpunkte; China ist dort also nicht allein. Die Bundeswehr hat ihre Logistikbasis in dem Land 2021 aufgelöst.

Frankreich hat über seinen Stützpunkt in Dschibuti hinaus, auf dem – Stand: Mai 2019 – offiziellen Angaben zufolge 1.450 Soldaten mit fünf Militärflugzeugen und acht Helikoptern stationiert sind, Militärbasen auf La Réunion und Mayotte mit insgesamt rund 2.000 Soldaten, fünf Kriegsschiffen sowie mehreren Flugzeugen und Helikoptern.[272] La Réunion, östlich von Madagaskar gelegen, und Mayotte sind Übersee-Départements und gehören als solche auch zur EU. Mayotte, eine Haupt- und diverse Nebeninseln im Norden der Straße von Mosambik zwischen Mosambik und Madagaskar, gehörte ursprünglich zu den Komoren, bis es nach deren Unabhängigkeitsreferendum vom 22. Dezember 1974 von ihnen abgetrennt wurde: Frankreich nahm die Tatsache, dass es auf Mayotte – anders als auf den anderen Inseln der Komoren – keine Mehrheit für die Unabhängigkeit gab, zum Anlass, die Insel nicht in die Eigenständigkeit zu entlassen, sondern sie trotz heftiger Proteste der Vereinten Nationen für sich zu behalten. Die kolonialen Narben bleiben allerdings: Die Komoren haben den Verlust Mayottes nie anerkannt. Zuletzt kam es etwa im Frühjahr 2018 zu Straßenprotesten auf den Komoren, bei denen der Anspruch auf Mayotte lautstark bekräftigt wurde.[273]

Unter den Militärstützpunkten im Indischen Ozean nimmt einer eine herausgehobene Position ein: der US-Marine- und Luftwaffenstützpunkt Diego Garcia. Er liegt sehr zentral, knapp 1.800 Kilometer leicht südwestlich der Südspitze Indiens, etwa auf halbem Weg zwischen Tansania und der zu Indonesien gehörenden Insel Aceh. Seiner zentralen Lage verdankt er seine geostrategische Bedeutung; der US-Reserveoffizier und Marineexperte Blake Herzinger hat ihn einmal als »strategischen Schlüsselaußenposten der USA im Indischen Ozean« eingestuft.[274] Die US-Luftwaffe hat ihre Basis auf Diego Garcia als Startplatz für Angriffe auf Afghanistan und den Irak genutzt; von ihr aus wären Operationen in Ostafrika und in Südostasien gleichermaßen problemlos möglich. Der US-Militärstützpunkt ist auch bei der Verschleppung von Verdächtigen in CIA-Folterverliese im Rahmen des sogenannten Anti-Terror-Kriegs dienlich gewesen. Er habe der CIA als »Durchgangsstation« gedient, bestätigte Anfang 2015 Lawrence Wilkerson, ehemaliger Stabschef von US-Außenminister Colin Powell in den Jahren von 2002 bis 2005: Der US-Geheimdienst habe Verdächtige dorthin geflogen, »wenn andere Plätze belegt waren oder als zu gefährlich oder unsicher galten oder wenn sie gerade nicht zur Verfügung standen«. Anschließend habe man die Betroffenen »dort, sagen wir mal, untergebracht und ab und zu befragt«.[275]

Diego Garcia ist bis heute eine Kolonie – eines der zahlreichen Territorien, die die westlichen Staaten in ihrem Machtkampf gegen die ehemalige Halbkolonie China als Stützpunkte nutzen und die sie bis heute in unterschiedlichen Formen direkter Abhängigkeit halten: die französischen Überseegebiete, Guam, die militärpolitisch immer noch den USA unterstellten Ex-Kolonien Palau, Mikronesien und Marshallinseln. Diego Garcia, die Hauptinsel des Chagos-Archipels, wurde 1783 von Frankreich in Besitz genommen, das dort Sklaven auf Kokosplantagen schuften ließ. 1814 übernahm Großbritannien das Archipel, das von der britischen Inselkolonie Mauritius, östlich von Madagaskar gelegen, verwaltet wurde. Als Mauritius sich auf seine Unabhängigkeit vorbereitete – sie wurde

1968 vollzogen –, trennte Großbritannien das Archipel im Jahr 1965 als British Indian Ocean Territory (BIOT) völkerrechtswidrig von ihm ab. Der Grund: Die Vereinigten Staaten wollten auf Diego Garcia einen Militärstützpunkt errichten, um sich im Indischen Ozean festzusetzen – nicht zuletzt, weil sie fürchteten, im Zuge der Entkolonialisierung könnten die Sowjetunion und China ihre Positionen an den Küsten des Weltmeeres stärken. Ende der 1960er Jahre begann die britische Regierung, die gesamte Bevölkerung des Archipels – wohl rund 2.000 Menschen – zu deportieren; die meisten fanden sich in Elendsvierteln auf Mauritius und den Seychellen wieder. Dann begannen die USA mit dem Bau ihres Militärstützpunkts.[276]

Weder die Chagossianer noch Mauritius haben sich mit dem Raub der Insel und der Deportation abgefunden. Nach hartem Kampf erreichten es die ehemaligen Bewohner des Archipels im November 2000, dass der britische High Court ihre Verschleppung offiziell als Unrecht einstufte. Das Recht auf Rückkehr verweigert Großbritannien ihnen indes bis heute. Mauritius brachte die illegale Abspaltung des Archipels nach langen, schweren Auseinandersetzungen vor den Internationalen Gerichtshof (IGH) in Den Haag, der am 25. Februar 2019 erklärte, das Vereinigte Königreich müsse Mauritius die Inseln zurückgeben. Am 22. Mai 2019 machte sich die UN-Generalversammlung den Spruch zu eigen und forderte London mit 116 zu 6 Stimmen auf, dem IGH Folge zu leisten und den Chagos-Archipel binnen sechs Monaten Mauritius zu übertragen. Am 28. Januar 2021 folgte schließlich ein Urteil des Internationalen Seegerichtshofs der Vereinten Nationen in Hamburg, der gleichfalls zu dem Schluss kam, die Souveränität über die Inseln liege unverändert bei Mauritius.

Weder London noch Washington haben auch nur die geringsten Konsequenzen daraus gezogen; auch Deutschland übrigens nicht: Die Fregatte Bayern legte auf ihrer Asien-Pazifik-Fahrt im September 2021 zu einem Tankstopp auf der illegal besetzten Insel Diego Garcia an. In der westlichen Öffentlichkeit stört sich ohnehin niemand daran, dass das Vereinigte Königreich und die Vereinigten Staaten mit der Okkupation der Chagos-Inseln das Völkerrecht brechen – anders als bei den Ansprüchen Chinas im Südchinesischen Meer. Jenseits des Westens sieht es jedoch anders aus. Mit seiner Position zu den Chagos-Inseln habe Großbritannien seinem internationalen Ruf »ungeheuren Schaden« zugefügt, stellte Philippe Sands, ein prominenter britischer Jurist und Publizist, im November 2021 fest: Wenn das Vereinigte Königreich »mit dem Finger auf die Volksrepublik China« zeige, weil sie dem Spruch des Ständigen Schiedshofs in Den Haag zum Scarborough Shoal partout nicht Folge leiste, »dann dreht sich die chinesische Regierung, offen gesagt, um und lacht«.[277]

3.
Auf dem Weg in den Weltkrieg?

30. Juni 2034, Taoyuan International Airport auf Taiwan. Der große Krieg zwischen den USA und China, der am 12. März mit der Versenkung des US-Lenkwaffenzerstörers John Paul Jones nahe Mischief Reef im Südchinesischen Meer begonnen hat, ist in vollem Gang. Die chinesischen Streitkräfte haben soeben Taiwan unter ihre Kontrolle gebracht, nachdem die Vereinigten Staaten vergeblich versucht hatten, dies mit einem Atomangriff auf die südchinesische Küstenmetropole Zhanjiang abzuwenden. Zahllose Todesopfer sind zu beklagen – und der Krieg dauert an. Im Windschatten des chinesisch-US-amerikanischen Waffengangs erobert Russland einen mehrere hundert Quadratkilometer großen Streifen polnischen Territoriums hin zu seinem Ostseehafen Kaliningrad. China wiederum antwortet auf die atomare Vernichtung von Zhanjiang mit dem Einsatz taktischer Nuklearwaffen gegen die US-Küstenmetropole San Diego. Niemand stoppt das Gemetzel. Schließlich zerstören die Vereinigten Staaten mit einem weiteren Atomangriff Shanghai: Mehr als 30 Millionen Chinesen kommen ums Leben; die Spätfolgen werden über Jahre und Jahrzehnte wüten; Shanghai, einst eine quirlige, boomende Weltstadt, ist zum radioaktiven Ödland geworden. Der Krieg zwischen den USA und China hat sich zum nuklear geführten Weltkrieg entwickelt: zur größten denkbaren Katastrophe.

Schonungslos schildern Admiral a. D. James Stavridis und Elliot Ackerman in ihrem Roman »2034« das immense, unvorstellbare Zerstörungspotenzial, das ein Krieg zwischen den USA und China hätte. Manche hat bei der Lektüre überrascht, dass der verheerendste, der skrupelloseste Angriff des gesamten Krieges, der Atomangriff auf Shanghai, auf das Konto nicht Chinas, sondern der Vereinigten

Staaten geht, in einem Buch, das immerhin von zwei US-Militärs verfasst wurde. Und noch stärker springt ins Auge: »2034« endet nicht mit einem überlegenen Sieg der USA; Washington kann den großen Waffengang gegen Beijing in dem Roman nicht für sich entscheiden. Wie wahrscheinlich es wirklich ist, dass – wie in »2034« – ein Drittstaat, nämlich Indien, als Gewinner aus dem großen Krieg hervorgeht, ist eine andere Frage; Stavridis und Ackerman lassen ihr Buch mit dem Abschluss der »New Delhi Peace Accords« enden, mit dem Umzug der Vereinten Nationen aus New York nach Mumbai und mit einem umfassenden indischen Hilfsprogramm für die Vereinigten Staaten. Unabhängig davon: Die USA gewinnen in »2034« ihren großen Krieg gegen China nicht.

War games

Nun könnte man einwenden: »2034« ist eben nur ein Roman, wenn auch einer, der von äußerst erfahrenen US-Militärs verfasst wurde. Die Wirklichkeit – sie sieht doch sicherlich anders aus. Dezidierter Realismus liegt etwa sogenannten war games zugrunde – ausgewachsenen Kriegssimulationen, die von US-Militärs und von US-Denkfabriken regelmäßig durchexerziert werden. Ein beliebtes Szenario: China versucht Taiwan oder die von Japan beanspruchten Diaoyu-/Senkaku-Inseln einzunehmen; die US-Streitkräfte bemühen sich daraufhin, die chinesischen Truppen zurückzuschlagen. Dabei zeigt sich immer wieder: Eine Niederlage der Vereinigten Staaten ist in der Tat nicht unwahrscheinlich. Nicht, dass die Volksrepublik etwa in die USA einmarschieren würde, rückte im Sommer 2019 das US-Magazin *The Atlantic* die Dinge zurecht; das sei gewiss nicht zu befürchten. China könne aber beispielsweise Taiwan in wenigen Wochen, wenn nicht gar Tagen erobern, fasste David Ochmanek, ein Experte der US-amerikanischen RAND Corporation, die Ergebnisse einschlägiger war games zusammen. Die Volksrepublik werde dann mit Angriffen auf US-Militärbasen und -Flugzeugträger, auf Satelliten und Cyberinfrastruktur vermutlich in der Lage sein, die US-Streitkräfte, sollten diese versuchen, die Insel zurückzuerobern, zuverlässig abzuwehren.[278] Mehr sei, wolle Beijing seine Ziele erreichen, gar nicht nötig.

Im April 2021 machte in US-Militärkreisen dann plötzlich eine Erfolgsmeldung die Runde. Der U.S. Air Force war es in einem neuen war game zum ersten Mal seit Jahren gelungen, einen Sieg zu erringen. Erneut bestand das Szenario im Versuch, die Volksrepublik an der Eroberung Taiwans zu hindern. Die US-Luftwaffe und die taiwanischen Streitkräfte schafften es diesmal tatsächlich, die chinesischen Truppen auf ein begrenztes Gebiet auf Taiwan zurückzuwerfen. Allerdings hatte der militärische Sieg in zweierlei Hinsicht einen doch recht unangenehmen Beigeschmack. Zum einen waren die eigenen Verluste hoch. Sie seien nicht ganz so dramatisch wie die »verheerenden Verluste« bei früheren war games gewesen, bilanzierte anschließend Generalleutnant Clint Hinote, der stellvertretende Stabschef der Air Force; allerdings habe man »viele Piloten« verloren, und nicht nur die Volksrepublik, sondern auch Taiwan, also die Seite, um deren Verteidigung es ja eigentlich ging, habe eine hohe Zahl an Opfern zu beklagen gehabt. Man müsse offenbar die Bereitschaft aufbringen, »diese Verluste zu ertragen«, räumte Hinote ein: »Das ist eine schwierige, sehr ernüchternde Realität, die wir da haben.«[279]

Zum anderen war der endlich einmal erreichte Sieg im war game genaugenommen Fake News. Die U.S. Air Force hatte ihn erkämpfen können, indem sie eine hohe Zahl modernster Drohnen einsetzte, zudem Kampfjets der sechsten Generation, die selbst in den am heftigsten umkämpften Lufträumen noch Chancen auf Überleben haben, zudem Frachtflugzeuge, die ganze Paletten an Lenkmunition abwarfen – und all dies war von den allerneuesten Kommandosystemen vernetzt gesteuert worden.[280] Das Problem: Eine erhebliche Zahl dieser Waffen gab es noch nicht. Für manche waren die Gelder noch nicht in den US-Militärhaushalt eingestellt; andere müssen erst noch entwickelt werden, beispielsweise der Kampfjet der sechsten Generation, den die US-Militärs zwar selbstverständlich schon im Blick haben, der aber kaum vor den 2030er Jahren fertig, geschweige denn einsatzreif sein wird. Zugleich waren Aufrüstungsmaßnahmen der taiwanischen Streitkräfte vorausgesetzt worden, von denen vollkommen unklar war, ob Taipeh sie überhaupt würde durchsetzen können. Bestenfalls handelte es sich bei dem war game also um eines, das in den 2030er Jahren spielte. Dass bis dahin die Volksrepublik ebenfalls mit noch moderneren High-Tech-Waffen ausgestattet sein wird, war anscheinend auch nicht eingeplant worden. Immerhin war der Zeitpunkt, zu dem die Air Force ihren simulierten Sieg über die Medien bekanntgab, geschickt gewählt: Die Arbeiten am nächsten US-Haushaltsplan und damit auch am Militäretat waren in vollem Gange; das war game hatte genau zum richtigen Zeitpunkt die Notwendigkeit teurer High-Tech-Aufrüstung betont.

Die für die US-Militärs wenig berauschenden Perspektiven, die sich aus den war games der vergangenen Jahre ergeben, werden noch zusätzlich überschattet durch einen weiteren, aus US-Sicht unglücklichen Faktor – durch die Tatsache, dass China immer enger mit Russland kooperiert. Und auch wenn die USA im Kriegsfall wohl kaum allein, sondern gemeinsam mit ihren Verbündeten operieren werden, mit der NATO, auch mit Deutschland, stellt sich die Frage: Wie weit reicht die russisch-chinesische Kooperation? Müssen die Vereinigten Staaten, wenn sie Krieg gegen China führen, womöglich damit rechnen, dass Russland interveniert? Oder vielleicht auch nur damit, dass Moskau einen solchen Krieg nutzt, um eigene Interessen zu realisieren? In »2034« leistete sich ja Russland im Windschatten des großen US-amerikanisch-chinesischen Krieges eine Attacke auf das Baltikum. Klar ist jedenfalls: Strategen, die sich mit einem möglichen US-Waffengang gegen die Volksrepublik befassen, kommen um einen möglichst intensiven Blick auf die Beziehungen zwischen China und Russland nicht herum.

Russland – China: Ein schwieriges Verhältnis

Die Beziehungen zwischen Russland und China sind im Kern nicht einfach. Zunächst: Sie sind historisch belastet. Russland eignete sich im 19. Jahrhundert, als die europäischen Kolonialmächte das Reich der Mitte unterjochten, Teile von dessen Territorium an. 1860 etwa gründete es auf dem Gebiet eines kleinen Fischerörtchens namens Haishenwai (»Seegurkenbucht«) die Hafenstadt Wladiwostok; deren neuer Name – er bedeutet »beherrsche den Osten« – war für China eine offene Provokation. Dass Russland an der Niederschlagung des sogenannten Boxeraufstands teilnahm, machte die Sache nicht besser. Umgekehrt mündeten die Spannungen zwischen der Sowjetunion und der Volksrepublik, die sich in den 1960er Jahre aufgebaut hatten, am 2. März 1969 in eine chinesische Attacke auf sowjetische Grenztruppen auf einer Insel im Grenzfluss Ussuri (»Ussuri-Zwischenfall«), die auf beiden Seiten zu Dutzenden Todesopfern führte. Einen Neustart gab es erst in den 1990er Jahren, als Moskau und Beijing ihr Verhältnis zunächst zu einer »konstruktiven Partnerschaft« (1994), dann zur »strategischen Partnerschaft« (1996) aufwerteten. Erst 2008 legten sie ihre letzten Grenzstreitigkeiten bei.

Die Bestrebungen in Moskau und Beijing, zu einer engeren Kooperation zu gelangen, führten am 15. Juni 2001 zur Gründung der Shanghai Cooperation Organisation (SCO). Die SCO, der zunächst neben China und Russland nur vier Staaten Zentralasiens angehörten (Kasachstan, Kirgisistan, Usbekistan, Tadschikistan), ist stark darauf orientiert, das einzudämmen, was in China oft »drei Übel« genannt wird: Terrorismus, Separatismus und Extremismus – in der Praxis etwa dschihadistische Umtriebe in den Mitgliedstaaten sowie Separatismus etwa in Xinjiang und im Nordkaukasus. Der Fokus auf Sicherheit hat dazu geführt, dass von außen die polizeilichen und teils auch militärischen Aktivitäten der SCO besonders wahrgenommen wurden und zuweilen von einer »asiatischen NATO« die Rede war; der Begriff führt jedoch etwas in die Irre. Denn zum einen wird das Thema Sicherheit in der SCO viel weiter gefasst, weshalb die Organisation nicht zuletzt wirtschaftliche und kulturelle Aktivitäten fördert. Zum anderen sind bei ihrer ersten Erweiterungsrunde am 9. Juni 2017 Pakistan und Indien der SCO beigetreten. Indien, das eng mit Russland kooperiert, hat allerlei Schwierigkeiten mit Dschihadisten und Separatisten. Dass es jedoch im Rahmen der SCO etwa China gegen äußere Angriffe verteidigen würde – gar gegen solche der USA –, steht nicht zu erwarten.

Vor dem Hintergrund ihrer Zusammenarbeit in der SCO nahmen Russland und China recht bald gemeinsame Manöver auf. Ein erstes fand im August 2005 unter dem Namen »Peace Mission« statt; Manöverschauplätze waren Wladiwostok und die chinesische Provinz Shandong. Beteiligt waren rund 8.000 chinesische und etwa 2.000 russische Soldaten. Die Übungsszenarien zeigten, dass definitiv mehr auf der Tagesordnung stand als der Kampf gegen Terroristen und Separatisten: Unter anderem wurden die Kontrolle von Seegebieten, die Zerstörung einer feindlichen Luftabwehr und das Erreichen von Luftüberlegenheit geprobt. Das gewann an Brisanz durch die Tatsache, dass damals die vom Westen massiv forcierten »Farbrevolutionen« – 2003 in Georgien, 2004 in der Ukraine, 2005 in Kirgisistan – Russland stark bedrängten; Moskau hatte deshalb auf dem Gipfel der SCO im Juli 2005 in der kasachischen Hauptstadt Astana (heute: Nur-Sultan) darauf bestanden, in die Abschlusserklärung scharfe Positionierungen etwa gegen die damalige westliche Militärpräsenz in Zentralasien aufzunehmen,[281] und ihm kam die klare Aussage der Manöver gerade recht. Beijing hingegen hatte bei beidem eher Bedenken, die westlichen Mächte allzu offen zu brüskieren: ein Unterschied, der in grundlegenden strategischen Differenzen begründet lag.

Beijing setzt allgemein vor allem auf das Erstarken seiner Wirtschaft – und das schlägt sich auch in seinem Verhältnis zu Moskau nieder, in dem China ökonomisch eindeutig dominiert. Der bilaterale Handel boomt; im Jahr 2018 überschritt er die Schwelle von 100 Milliarden US-Dollar. Längst ist die Volksrepublik Russlands bedeutendster Handelspartner; im Jahr 2018 stand sie für 15,5 Prozent des gesamten russischen Außenhandels. Umgekehrt wickelt China lediglich 0,8 Prozent seines Außenhandels mit Russland ab. Zusätzlich fällt ins Gewicht, dass die chinesische Industrie immer häufiger in der Lage ist, Einfuhren aus Russland – Rüstungsgüter etwa – durch Eigenproduktion zu ersetzen; Russland wird dadurch tendenziell auf die Rolle eines Rohstoff- und Agrarlieferanten reduziert. Es kommt hinzu, dass die Volksrepublik – dies auch im Rahmen der Neuen Seidenstraße – wirtschaftlich stark unter anderem nach Zentralasien expandiert, also in Länder, die Moskau als sein unmittelbares Einflussgebiet begreift. Daraus können sich leicht Spannungen ergeben.

Russland wiederum kann bei dem Bestreben, seine Position auf globaler Ebene zu stärken, nicht – wie China – auf wirtschaftliche Stärke auf breiter Ebene setzen, sondern nur auf ausgewählte Sektoren, darunter neben der Atomenergie- vor allem die Rüstungsbranche. Mit seinen Rüstungsexporten beliefert es auch Staaten, zu denen die Volksrepublik ein ziemlich angespanntes Verhältnis hat, darunter insbesondere Indien und Vietnam. Hinzu kommt, dass Moskau zur Einflusssicherung immer wieder das Militär nutzt – etwa in Syrien, in der Zentralafrikanischen Republik und in Mali, wo die russischen Streitkräfte wie auch private russische Militärfirmen in unterschiedlicher Funktion eingesetzt werden. Russlands Interventionen laufen dabei regelmäßig westlichen Interessen massiv entgegen und erhöhen damit die Spannungen erheblich. Aus Sicht Beijings, das es sich leisten kann, vor allem auf die Wirtschaft zu setzen und anderweitig den Ball eher flach zu halten, ist Moskaus Vorgehen zuweilen allzu provokativ.

Vom Westen zusammengezwungen

Was die Kooperation zwischen Moskau und Beijing immer wieder stärkt, sind Repressalien der westlichen Mächte. Bemerkbar macht sich das beispielsweise in der Erdgasbranche. Die russischen Erdgaspipelines verliefen jahrzehntelang fast ausschließlich in Richtung Westen, nach Europa. Die Verhandlungen über eine erste russische Erdgaspipeline nach China gestalteten sich lange eher zäh. Die Zunahme der Spannungen mit Deutschland und der EU, später dann die explizite Drohung, Nord Stream 2 nicht in Betrieb zu nehmen, aus der Leitung also eine zehn Milliarden Euro schwere Investitionsruine zu machen, brachten nicht nur den Bau von Power of Siberia, Russlands erster Gaspipeline nach China, rascher voran, sondern auch die Pläne für Power of Siberia 2. Speist sich Power of Siberia, Ende 2019 in Betrieb genommen, aus ostsibirischen Feldern, so könnte Power of Siberia 2 bis zu westsibirischen Quellen geführt werden, aus denen bislang exklusiv Europa bedient wird. Das werde es Moskau ermöglichen, bei Bedarf »von einem Markt zum anderen zu wechseln« – also etwa nicht mehr nach Europa, sondern nach China zu liefern, hielt im Oktober 2021 der European Council on Foreign Relations (ECFR) fest.[282] Chinesische Konzerne sind darüber hinaus intensiv in der noch jungen sibirischen Flüssiggasbranche aktiv; die Flüssiggasproduktion aber stärkt, da Flüssiggas überallhin geliefert werden kann, Russlands Unabhängigkeit vom Westen.

Entscheidende Bedeutung könnte gewinnen, dass Moskau und Beijing begonnen haben, sich gemeinsam auf die Abwehr westlicher Finanzsanktionen vorzubereiten. Russland ging, als die USA im Jahr 2014 erstmals drohten, es vom globalen Zahlungsdienstleister SWIFT und damit faktisch vom internationalen Finanzsystem abzuschneiden – das käme einem wirtschaftlichen Todesurteil nahe –, dazu über, ein eigenes Zahlungssystem zu entwickeln (SPFS, System for Transfer of Financial Messages). Das System wird mittlerweile innerhalb Russlands genutzt; laut Berichten wurde Ende 2020 bereits ein Fünftel aller innerrussischen Banktransfers darüber abgewickelt, und zu den über 400 Banken, die sich an ihm beteiligten, zählten auch zwei Dutzend aus anderen Ländern der ehemaligen Sowjetunion.[283] China wiederum hatte 2015 das Cross-Border Interbank Payment System (CIPS) in Betrieb genommen, das Ende 2021 bereits Zahlungen mit einem Wert von einem Achtel der SWIFT-Transfers organisierte – und das mit rasch zunehmender Tendenz. Gemeinsame russisch-chinesische Bemühungen, eine übergreifende Alternative zu SWIFT zu entwickeln, sind verstärkt im Gespräch, seit die Außenminister beider Länder, Wang Yi und

Sergej Lawrow, im März 2021 zu Verhandlungen unter anderem über die Abwehr potenzieller neuer US-Sanktionen zusammentrafen.[284]

Das Potenzial einer gegenseitigen russisch-chinesischen Rückendeckung gegen westliche Finanzsanktionen zeigte sich schlagartig, als Anfang 2022 erneut über Russlands Ausschluss von SWIFT diskutiert wurde. Klar war, dass auch die EU hart davon getroffen würde: Schnitte man Russland von dem noch führenden Zahlungsdienstleister ab, könnten deutsche Exporteure keine Forderungen für Lieferungen nach Russland mehr eintreiben; westeuropäische Banken hätten mit saftigen Kreditausfällen zu kämpfen; vor allem aber könnte russisches Erdgas nicht mehr bezahlt werden, und da Gazprom keine karitative Hilfsorganisation ist, blieben die Lieferungen dann wohl aus. Etwas anderes betraf nun aber nicht mehr nur die Staaten Europas, sondern auch die USA: Verlöre Russland seinen Zugang zu SWIFT, dann könne man nicht nur sicher sein, dass sich Moskau um eine chinesisch-russische Alternative bemühen werde, sagten Beobachter voraus; einer solchen Alternative würden sich, wenn sie zustande käme, zweifellos weitere Staaten anschließen, die gleichfalls Konflikte mit dem Westen austrügen.[285] Das könne mittel- bis langfristig dazu beitragen, die US-Dominanz über das globale Finanzsystem zu brechen, hieß es weiter; schließe der Westen Russland von SWIFT aus, schaufle er sich womöglich sein eigenes Grab.

Nicht nur der ökonomische, auch der militärische Druck der westlichen Mächte treibt Moskau und Beijing zu immer engerer Kooperation. Zehn Jahre nach der Kriegsübung »Peace Mission« hielten Russland und China erneut ein auffälliges Manöver ab: ihr erstes Marinemanöver im Mittelmeer. 2017 folgten russisch-chinesische Marineübungen in der Ostsee. 2018 beteiligten sich chinesische Soldaten an dem russischen Großmanöver Wostok, 2019 an der multinationalen Übung Zentr, 2020 an Kawkas (»Kaukasus«); im August 2021 wiederum nahmen russische Einheiten an der Übung Zapad/Interaction in Chinas Autonomer Region Ningxia teil. Die nächsten Schritte folgten im Oktober 2021: Nach der russisch-chinesischen Übung Joint Sea, zu der China Berichten zufolge zum ersten Mal Flugzeuge für die U-Boot-Jagd und große Zerstörer entsandt hatte, brachen einige der beteiligten Schiffe zur ersten russisch-chinesischen Patrouille in den Westpazifik auf. Sie durchquerten zunächst die Tsugaru-Straße zwischen Japans Hauptinsel Honshu und der nördlichen Insel Hokkaido – das war möglich, da Japan dort nur eine Dreimeilenzone beansprucht, um trotz seiner Ablehnung jeglicher Nutzung von Nukleartechnologie für Waffen US-Atom-U-Booten die Durchfahrt zu ermöglichen –, durchbrachen damit die erste Inselkette, setzten dann ihre Fahrt an der japanischen Ostküste entlang Richtung Süden fort und kehrten durch die Osumi-Straße südlich der Insel Kyushu ins Ostchinesische Meer zurück.[286]

Ein Schulterschluss

Keine vier Monate später folgte, diesmal allerdings wieder auf politischer, nicht auf militärischer Ebene, ein echter Paukenschlag. Am 4. Februar trafen die Präsidenten Russlands und Chinas, Wladimir Putin und Xi Jinping, in der chinesischen Hauptstadt zusammen. Offizieller Anlass war die Eröffnung der Olympischen Winterspiele in Beijing; tatsächlich aber ging es um einen Schritt von erheblicher politischer Bedeutung: um die Verabschiedung einer »Gemeinsamen Erklärung zu den internationalen Beziehungen, die in eine neue Ära eintreten, und zur weltweiten nachhaltigen Entwicklung«.[287] Die Erklärung schlug prompt hohe Wellen, da sich Russland und China in ihr jeweils Unterstützung in ihren Konflikten mit dem Westen zusagten: Beijing stärkte Moskau bei seiner Forderung den Rücken, die NATO solle ihre stetige Ostexpansion beenden und Russland Sicherheitsgarantien gewähren; Moskau sprang Beijing mit einer offenen Positionierung gegen den AUKUS-Pakt sowie mit einer Bekräftigung seines Bekenntnisses zum Ein-China-Prinzip zur Seite. Allgemein versprachen sich beide Staaten »starke gegenseitige Unterstützung bei der Verteidigung ihrer Kerninteressen, ihrer staatlichen Souveränität und ihrer territorialen Integrität«, und sie wandten sich darüber hinaus gegen sämtliche Bestrebungen »gewisser Staaten, militärischer und politischer Bündnisse und Koalitionen«, sich auf Kosten Dritter »einseitige militärische Vorteile« zu verschaffen und auf diese Weise »die internationale Sicherheitsordnung und die globale strategische Stabilität zu untergraben«.

Dass sich Moskau und Beijing gemeinsam auf breiter Grundlage gegen westliche Aggression zusammentaten, war ein Schritt von bemerkenswerter Bedeutung, wenngleich die Gemeinsame Erklärung kein formelles Bündnis und erst recht kein offizieller militärischer Beistandspakt war. Dennoch stuften beide Seiten ihre aktuellen Beziehungen als »den politischen und militärischen Bündnissen aus der Ära des Kalten Kriegs überlegen« ein. Letztlich zielen sie dabei – das geht aus der Erklärung hervor – auf eine Weltordnung ohne die alte westliche Dominanz. Sie stützen sich explizit auf »eine zentrale koordinierende Rolle der Vereinten Nationen in der internationalen Politik« bzw. auf eine »Weltordnung, die auf dem internationalen Recht gründet, einschließlich der Ziele und Prinzipien der Charta der Vereinten Nationen«: eine deutliche Absage an die diversen Völkerrechtsbrüche der westlichen Mächte vom Überfall auf Jugoslawien (1999) über den Krieg gegen den Irak (2003) bis zum umfassenden Bombardement Libyens (2011). Unter anderem verlangen Moskau und Beijing die allgemeine Anerkennung des Prinzips, kein Staat solle »seine eigene Sicherheit getrennt von der Sicherheit des Rests der Welt und auf Kosten der Sicherheit anderer Staaten« zu gewährleisten suchen; für die OSZE-Mitgliedstaaten ist dieses Prinzip bereits in der Europäischen Sicherheitscharta aus dem Jahr 1999 festgelegt. Nicht zuletzt sprechen Russland und China sich in der Erklärung gegen jegliche Bestrebungen aus, die »Ergebnisse des Zweiten Weltkriegs« zu revidieren und die Verantwortung für Gräueltaten NS-Deutschlands und »militaristischer Invasoren« – gemeint ist Japan – zu leugnen.

Die Rivalen spalten

Wie soll der Westen darauf reagieren, dass Russland und China immer enger, immer intensiver kooperieren? Anfang 2022 suchte das *Wall Street Journal* mit einem längeren Artikel eine breitere Debatte zu dieser Frage entfachen. »In einem Dreieck aus drei Ländern will wohl niemand dasjenige sein, das den anderen beiden gegenüberliegt« – so drückte Andrea Kendall-Taylor, eine ehemalige Russland-Expertin der CIA, gegenüber der Zeitung das Unbehagen in Washington angesichts der wachsenden russisch-chinesischen Zusammenarbeit aus.[288] Mit Blick auf den US-Machtkampf gegen China zitierte das Blatt Wassili Kaschin, einen Experten der Moskauer Wirtschaftshochschule: »Die Vereinigten Staaten können nicht hoffen, die Oberhand zu gewinnen, ohne alle ihre Ressourcen auf den Pazifik zu konzentrieren.« Russland und in gewissem Maße Iran allerdings seien »Länder, die eine solche Konzentration fast unmöglich machen«. Es sei denn, so gab das *Wall Street Journal* Gedanken von US-Regierungsmitarbeitern wieder, es gelinge, »einen Keil« zwischen Russland und China zu treiben; dazu müsse man freilich die eigene Haltung gegenüber Russland »abmildern« – ein Schritt, der unter gegenwärtigen Voraussetzungen nicht so recht wahrscheinlich sei.

Nicht wahrscheinlich? Nun, es hatte Versuche, Russland pfleglicher zu behandeln, um eine engere russisch-chinesische Kooperation zu verhindern, sogar schon auf US-Regierungsebene gegeben. Im August 2001 etwa konstatierte das libertäre Washingtoner Cato Institute, US-Präsident George W. Bush habe sich in den vergangenen Monaten gegenüber Putin überraschend umgänglich gezeigt und sich sogar bemüht, den russischen Präsidenten zur Zustimmung zu den US-Plänen für den Aufbau eines Raketenabwehrsystems zu gewinnen. Das habe auch damit zu tun, dass sich Moskau und Beijing zuletzt erkennbar anzunähern begonnen hätten und die Bush-Administration nicht geneigt sei, eine Art gegnerischen Block entstehen zu lassen.[289] Die Londoner Denkfabrik Chatham House wies im Mai 2021 darauf hin, dass US-Außenministerin Hillary Clinton im März 2009 einen »reset« in den Beziehungen zu Russland proklamiert habe[290] – dies nicht zufällig in einer Zeit, in der die Obama-Administration darauf aus war, US-Truppen aus dem Nahen und Mittleren Osten heimzuholen mit dem Ziel, alle Kapazitäten für den »pivot to Asia« freizuhaben, den Obama und Clinton im Herbst 2011 schließlich verkündeten. Präsident Donald Trump wiederum, der den Machtkampf gegen China hemmungslos eskalierte, habe im Jahr 2020 sogar vorgeschlagen, Russland wieder in die G7 aufzunehmen, um sich gemeinsam über die Chinapolitik abzustimmen. Letzteres scheiterte an den anderen G7-Staaten.

Der Gedanke aber blieb lebendig. Anfang 2021 publizierte der Washingtoner Atlantic Council ein längliches Strategiepapier, das den Titel »The Longer Telegram« trug – eine Anspielung auf »The Long Telegram«, in dem der US-Diplomat George F. Kennan 1946 die Strategie der Eindämmung der Sowjetunion skizziert hatte. Es sei »der größte geostrategische Irrtum« gleich mehrerer US-Administrationen gewesen, es zuzulassen, dass sich Russland und China so sehr einander angenähert hätten, hieß es in dem Papier. Russland sei zwar »ein strategisches Ärgernis«, aber »keine große strategische Bedrohung mehr«; die Vereinigten Staaten müssten daher, um Moskau und Beijing zu entzweien und China zu isolieren, »ihre Beziehungen zu Russland neu ausbalancieren, ob sie es wollen oder nicht«.[291] Zwar werde Moskau kein »Freund oder strategischer Partner« werden. Dennoch müsse man alles daransetzen, ein festes russisch-chinesisches Bündnis zu verhindern. Als im Dezember 2021 die Biden-Administration Gespräche mit Moskau über dessen Forderung nach Sicherheitsgarantien aufnahm, schien – bei allem übertünchenden Kriegsgeschrei – genau diese Absicht im Hintergrund zu stehen. So sah es etwa Harald Kujat, einst Generalinspekteur der Bundeswehr (2000 bis 2002) und anschließend Vorsitzender des NATO-Militärausschusses (2002 bis 2005). Kujat äußerte Anfang 2022, in den Verhandlungen mit Moskau strebten »die USA ein stabiles Verhältnis zu Russland an« – und zwar, weil »China für sie der größere, der gefährlichere Gegner ist«.[292]

Die Absicht, zumindest einen Keil zwischen Russland und China zu treiben, hatte auch einen sehr konkreten militärischen Hintergrund. Im Sommer 2021 meldete sich dazu A. Wess Mitchell zu Wort, ein US-Stratege, der von Oktober 2017 bis Februar 2019 als Staatssekretär für Europa und Asien im State Department tätig gewesen war. Mitchell wies darauf hin, das Pentagon habe in der National Defense Strategy aus dem Jahr 2018 den bis dahin gültigen Standard aufgegeben, die USA müssten in der Lage sein, zwei Kriege gleichzeitig zu führen. Faktisch hatte sich das Ministerium in dem Papier vollständig auf einen möglichen Krieg gegen China konzentriert. Das bedeute, hielt Mitchell fest, dass die US-Streitkräfte von nun alle Kapazitäten auf den Pazifik orientieren müssten; Washington werde nicht umhin kommen, »die Zahl aktiver Rivalitäten, die größere militärische Aufmerksamkeit von den USA verlangen, zu begrenzen«.[293] Denn »das größte Risiko«, dem die Vereinigten Staaten heute ausgesetzt seien, sei »ein Zweifrontenkrieg, der ihre stärksten militärischen Rivalen einbezieht, China und Russland«. Ein solcher Krieg, warnte Mitchell eindringlich, würde »die gegenwärtigen Fähigkeiten der US-Streitkräfte stark anspannen und wahrscheinlich übersteigen, große Opfer von der amerikanischen Bevölkerung verlangen« und »weitreichende Folgen für den Einfluss, die Bündnisse und den Wohlstand« der Vereinigten Staaten haben. Eskaliere er gar in einen Atomkrieg, dann sei »die blanke Existenz« der Vereinigten Staaten in Gefahr.

Ein Zweifrontenkrieg

Werden die Vereinigten Staaten also alles tun, um einen Zweifrontenkrieg gegen Russland und China zu vermeiden? Glaubt man Graham Allison, dann sollte man sich darauf nicht verlassen. Allison, ein einflussreicher Politikwissenschaftler vom renommierten Belfer Center der Harvard Kennedy School in Cambridge (Massachusetts), nahm sich in einer Ende 2021 veröffentlichten Studie die globalen militärischen Kräfteverhältnisse vor. »Die militärische Vorherrschaft der USA ist vorbei«, resümierte er; zwar seien die Vereinigten Staaten nach wie vor »eine militärische Supermacht«, doch seien China und Russland »ernsthafte militärische Rivalen« und in manchen Bereichen den USA bereits überlegen.[294] Leider sei das vielen in der »amerikanischen politischen Klasse« nicht bewusst. »Kongressabgeordnete, führende Politiker und führende Denker haben mit dem Tempo des Wandels nicht Schritt gehalten und wiederholen immer wieder Ansprüche, die in einer Periode der US-Vorherrschaft Sinn ergeben haben mögen, die aber heute gefährlich unrealistisch sind«, hielt Allison sorgenvoll fest: »Wie es eine Reihe hochrangiger Offiziere im Ruhestand treffend formuliert haben – Unkenntnis der militärischen Realität war eine Quelle der Begeisterung vieler ziviler Politiker, US-Truppen in die jüngsten nicht zu gewinnenden Kriege zu schicken.«[295]

Ob das auch auf einen möglichen Dritten Weltkrieg gegen Russland und China zugleich zutreffen wird? Geübt wird für ihn jedenfalls schon. Vom 3. bis zum 16. August 2021 führten die U.S. Navy und die U.S. Marines gemeinsam das Großmanöver »Large Scale Exercise« (LSE) durch. Es hob sich nicht nur dadurch von anderen Übungen ab, dass stolze 25.000 Soldaten, drei Dutzend Kriegsschiffe sowie über 50 virtuelle Einheiten beteiligt waren, sondern auch durch seine schiere geografische Ausdehnung: Es erstreckte sich über 17 Zeitzonen. Ziel sei es, »eine Botschaft an Russland und China zu senden«, erläuterte das US-Truppenblatt *Stars and Stripes*, »dass Amerika gleichzeitig Aggressionen an mehreren Fronten beantworten kann«.[296] »Mehrere Fronten« – damit waren ganz konkret das östliche Mittelmeer und das Schwarze Meer sowie das Süd- und das Ostchinesische Meer gemeint. LSE solle beweisen, dass die US-Seestreitkräfte mit Unterstützung der Marines in der Lage seien, in all diesen Gewässern gleichzeitig feindliche Streitkräfte daran zu hindern, die alleinige Kontrolle über wichtige Seegebiete zu erlangen – so zitierte *Stars and Stripes* den Strategen James R. Holmes vom U.S. Naval War College in Newport (Rhode Island).

Was das praktisch bedeuten würde, das konnte man ahnen, wenn man einen Blick auf die beteiligten Flotten der U.S. Navy warf. Einbezogen waren die 2nd Fleet (Norfolk, Virginia) mit Zuständigkeit für den Nord- und die 4th Fleet (Jacksonville, Florida) mit Zuständigkeit für den Südatlantik, zudem die 3rd Fleet (San Diego, Kalifornien) sowie die 7th Fleet (Yokosuka, Japan) mit Zuständigkeit für den Ost- bzw. den Westpazifik, und es kam noch die 6th Fleet (Neapel, Italien), deren Operationsgebiet die Meere vor den Küsten Europas und Afrikas sind, hinzu. Involviert waren Kriegsschiffe aller Art – von einer Flugzeugträgerkampfgruppe um den atomgetriebenen Flugzeugträger USS Carl Vinson bis hin zum U-Boot. Das Großmanöver diente explizit auch dazu, neu entwickelte Einsatzstrategien und -taktiken durchzuexerzieren, um im Falle eines Weltkriegs auf dem aktuellsten Stand des Kriegshandwerks zu sein. Und: LSE soll, so hieß es, in Zukunft alle drei Jahre durchgeführt werden. Für LSE 2024 ist die Einbindung verbündeter Streitkräfte geplant. Ob das auch die Bundeswehr betrifft, ist noch nicht bekannt. Immerhin aber beteiligt sich die Bundesrepublik – wie auch mehrere weitere NATO-Staaten – inzwischen an Manövern gegen beide großen Rivalen des Westens, gegen Russland ebenso wie gegen China; insofern wäre ihre Einbindung in LSE 2024 nur konsequent.

Für einen großen Krieg der USA gegen China und Russland bzw. einen Dritten Weltkrieg wird allerdings nicht nur trainiert; es wird mittlerweile auch gegen ihn protestiert, nicht zuletzt in den Vereinigten Staaten. »Wir haben das schon einmal erlebt«, warnte Ann Wright Ende Januar 2022, als sich US-Kriegsgegner auf einen landesweiten Aktionstag vorbereiteten, um gegen die Eskalation im Konflikt um die Ukraine zu protestieren. Wright wusste, wovon sie sprach: Die ehemalige US-Soldatin und -Diplomatin hatte im Jahr 2003 aus Protest gegen den Überfall auf den Irak den Dienst quittiert und kämpft seitdem als Aktivistin der Veterans for Peace. »Die USA schaffen einen Anlass, schalten auf stur und stellen Ultimaten – und dann sterben Zehntausende«, konstatierte sie. Man habe das »in Afghanistan und im Irak« erlebt, »und jetzt könnte es um die Ukraine oder um Taiwan gehen«.[297] Die Lage sei hochgefährlich. Washington habe »an vielen Fronten eine Kriegsatmosphäre geschaffen«; zugleich sei das US-Militär »strapaziert bis zu dem Punkt, an dem die Möglichkeit, wenn nicht sogar Wahrscheinlichkeit explosiv hoch ist, dass ein Zwischenfall, vielleicht auch ein Unfall geschieht, der eine Kette an Ereignissen auslösen kann, die für die Welt desaströs sind.« Am 5. Februar 2022 fanden in mehr als 75 Städten und Gemeinden in den USA Antikriegsproteste statt.

Viel Zeit bleibt womöglich nicht – denn Militärs spekulieren längst darüber, wann der Krieg beginnt. Einer der ersten, der sich öffentlich dazu äußerte, war Ben Hodges, ehemaliger Oberkommandierender der US-Landstreitkräfte in Europa. »Es ist nicht unvermeidbar, aber es ist sehr wahrscheinlich, dass wir in 15 Jahren mit China im Krieg sein werden«, warnte Hodges auf dem Warsaw Security Forum am 24./25. Oktober 2018.[298] 15 Monate später, im Januar 2020, äußerte er: »Ich befürchte, dass es in den nächsten zehn Jahren zu einem Krieg zwischen den USA und China kommen wird.«[299] Etwas weiter in die Zukunft verschob den befürchteten Kriegsbeginn der Admiral a. D. und Ex-SACEUR James Stavridis, dessen Roman das von ihm für möglich gehaltene Jahr im Titel trug: 2034. Stavridis räumte allerdings schon recht bald nach der Publikation des Buches ein: »Wir haben vielleicht nicht mehr bis 2034 Zeit, uns auf die Schlacht vorzubereiten – sie könnte viel früher kommen.«[300] »Eine der häufigsten Reaktionen« aus Militärkreisen auf den Roman laute, berichtete Stavridis: »sehr gutes Buch, aber falsches Datum«. Manche hochrangige Militärs seien der Ansicht, es gehe »nicht um 2034«, »sondern eher um 2024 oder 2026«.[301]

Stavridis hat immer wieder betont, er habe »2034« gemeinsam mit Ackerman als eine Warnung geschrieben: »Wir müssen uns alle gemeinsam vorstellen«, erklärte er im Juni 2021 im Gespräch mit der japanischen Tageszeitung *Asahi Shimbun*, »wie schrecklich ein Atomkrieg ist, um ihn zu vermeiden. Das soll das Buch bezwecken.«[302] In »2034« lassen Stavridis und Ackerman noch mitten im Gemetzel einen hochrangigen indischen Regierungsmitarbeiter seinem Neffen, der in den USA als stellvertretender Nationaler Sicherheitsberater tätig ist, vorhalten: »Amerikas Hybris hat letzten Endes über seine Größe gesiegt. Ihr habt euer Blut und eure Schätze vergeudet – wofür? Für die Freiheit der Schifffahrt im Südchinesischen Meer? Für die Souveränität Taiwans? Ist die Welt nicht groß genug für eure Regierung und zugleich für diejenige in Beijing? Vielleicht gewinnt ihr ja diesen Krieg. Aber wozu? Um wie die Briten nach dem Zweiten Weltkrieg zu enden, euer Reich aufgelöst, eure Gesellschaft im Rückzug? Und Millionen Tote auf beiden Seiten?« »2034« soll, das hat Stavridis immer wieder betont, eine Mahnung sein, den großen Krieg unbedingt zu verhindern.

Das freilich geschieht nicht von selbst; dafür muss man seine Stimme erheben und die Gegenkräfte stärken.

Anmerkungen

1 John J. Mearsheimer: Why the Ukraine Crisis Is the West's Fault. In: Foreign Affairs, September/October 2014. S. 77-89. Hier: S. 77, 82f.

2 Thomas L. Friedman: Soviet Disarray. Yeltsin Says Russia Seeks to Join NATO. nytimes.com, 21.12.1991.

3 Steven Erlanger: In a New Attack Against NATO, Yeltsin Talks of a ›Conflagration of War‹. nytimes.com, 9.9.1995.

4 Zbigniew Brzezinski: The Grand Chessboard. American Primacy and Its Geostrategic Imperatives. New York 1997. S. 31.

5 Zbigniew Brzezinski: The Premature Partnership. In: Foreign Affairs. Vol. 73. No. 2. March/April 1994. S. 67-82. Hier: S. 80.

6 Jörg Kronauer: Meinst du, die Russen wollen Krieg? Russland, der Westen und der zweite Kalte Krieg. Köln 2018. S. 54ff.

7 Wortprotokoll der Rede Wladimir Putins im Deutschen Bundestag am 25.9.2001. bundestag.de.

8 Eugene Rumer, Andrew S. Weiss: Ukraine: Putin's Unfinished Business. carnegieendowment.org, 12.11.2021.

9 Reinhard Merkel: Kühle Ironie der Geschichte. faz.net, 8.4.2014.

10 Steve Holland, Jeff Mason: Obama, in dig at Putin, calls Russia ›regional power‹. reuters.com, 25.3.2014.

11 Ukraine crisis: Transcript of leaked Nuland-Pyatt call. bbc.co.uk, 7.2.2014.

12 Noch ein heikler Telefonmitschnitt aufgetaucht. faz.net 7.2.2014.

13 Neue Macht – Neue Verantwortung. Elemente einer deutschen Außen- und Sicherheitspolitik für eine Welt im Umbruch. Ein Papier der Stiftung Wissenschaft und Politik (SWP) und des German Marshall Fund of the United States (GMF). Berlin 2013.

14 Reinhard Lauterbach: Den Donbass loslassen? junge Welt, 8.7.2021.

15 France, Germany Accuse Moscow Of Diplomatic Breach For Publishing Ukraine Correspondence. rferl.org, 18.11.2021.

16 EU restrictive measures in response to the crisis in Ukraine. consilium.europa.eu.

17 Bauernpräsident Rukwied warnt vor Illusionen im Russland-Geschäft. rnd.de, 24.6.2019.

18 Adrian Croft: Bulgaria says it is suffering from EU sanctions on Russia. reuters.com, 4.12.2014.

19 Jan Emendörfer: Stefan Dürr – ein deutscher Landwirt ist Russlands größter Milchproduzent. rnd.de, 16.6.2021.

20 Positionspapier: Neue US-Sanktionen gegen Russland – Auswirkungen auf die deutsche Wirtschaft. Zusammenfassung der Ergebnisse einer Umfrage unter den Mitgliedern des Ost-Ausschuss – Osteuropavereins der Deutschen Wirtschaft. Berlin, 1.6.2018.
21 US-Senatoren drohen Ostseehafen mit »finanzieller Zerstörung«. manager-magazin.de, 6.8.2020.
22 Maas und Lawrow weisen US-Drohungen zurück. manager-magazin.de, 11.8.2020.
23 Leonie von Hammerstein: US-Senatoren drohen Sassnitz zu schaden. dw.com, 14.8.2020.
24 Einigung im Streit über Nord Stream 2. tagesschau.de, 21.7.2021.
25 Alessandra Giovanzanti: Indonesia excludes Su-35 from fighter aircraft acquisition plans. janes.com, 23.12.2021.
26 Ich bin selbst ein Kritiker des Kreml. Frankfurter Allgemeine Zeitung, 13.5.2016.
27 Nekrassow hat den Film sowie Stellungnahmen dazu letztlich auf magnitsky-act.com, veröffentlicht.
28 Philipp Löpfe: »In einer Hinsicht ist Putin noch gefährlicher als Hitler: Er hat seinen Finger am Abzug von Atombomben«. watson.ch 28.2.2015.
29 Cardin Urges Visa Ban for Russian Officials Connected to Anti-Corruption Lawyer's Death. csce.gov, 26.4.2010.
30 Cristina Verones: Retter der Menschenrechte weltweit? Zur Verabschiedung des Global Magnitsky Human Rights Accountability Act in den USA. voelkerrechtsblog.org, 9.1.2017.
31 Reinhard Lauterbach: Sauberes Früchtchen. junge Welt, 26.8.2020.
32 Carina Huppertz: Wie Nawalny gegen Migranten Wahlkampf macht. sueddeutsche.de, 7.9.2013.
33 »Nawalny macht offene Fremdenfeindlichkeit hoffähig«. mdr.de, 19.6.2017.
34 Ebd.
35 Attitude towards Alexey Navalny. levada.ru, 19.7.2021.
36 Youtube sperrt Kanal von RT. taz.de, 29.9.2021.
37 Verfahren eingeleitet: Deutsche Behörden gehen gegen russischen Sender RT vor. rnd.de, 17.12.2021.
38 Pieter D. Wezeman, Alexandra Kuimova, Siemon T. Wezeman: Trends in International Arms Transfers, 2020. SIPRI fact sheet. Stockholm, March 2020. S. 4.
39 Russia's Military Modernisation: An Assessment. iiss.org, September 2020.
40 Paul McLeary, Alexander Ward: U.S. ›not as advanced‹ as China and Russia on hypersonic tech, Space Force general warns. politico.com, 20.11.2021.
41 Merkel hofft auf mehr humanitäre Hilfe in Syrien. zdf.de, 11.1.2020.
42 Kai Küstner: Merkel muss auf Putin setzen. tagesschau.de, 11.1.2020
43 Barbara Wesel: EU machtlos in Berg-Karabach. dw.com, 7.10.2020.
44 Leyla Latypova, Daniil Galaydov: What Does the Nagorno-Karabakh Deal Mean for Russia? themoscowtimes.com, 11.11.2020.
45 Andrew Roth, Michael Safi: Nagorno-Karabakh peace deal reshapes regional geopolitics. theguardian.com, 10.11.2020.

46 Sergey Sukhankin: Russian Private Military Contractors in Sub-Saharan Africa. Strengths, Limitations and Implications. Russie.Nei.Visions. No. 120. Institut français des relations internationales (Ifri). Paris, Septembre 2020. S. 16ff.
47 Au Mali, la présence d'instructeurs russes confirmée à Tombouctou. rfi.fr, 7.1.2022.
48 Claudia Bröll: Russische Söldner in Mali gesichtet. Frankfurter Allgemeine Zeitung, 10.1.2022.
49 Inder Singh Bisht: After Ukraine's First Bayraktar Drone Attack, Rebels Allege Minsk Violation. thedefensepost.com, 27.10.2021.
50 Ukraine-Konflikt: Putin stellt Forderungen an die Nato. rnd.de, 1.12.2021.
51 Paul Sonne, Robyn Dixon, David L. Stern: Russian troop movements near Ukraine border prompt concern in U.S., Europe. washingtonpost.com, 30.10.2021.
52 Shane Harris, Paul Sonne: Russia planning massive military offensive against Ukraine involving 175,000 troops, U.S. intelligence warns. washingtonpost.com, 3.12.2021.
53 Michael Young: What's on the Table? carnegie-mec.org, 18.2.2022.
54 Kevin Liptak: Biden says US troops in Ukraine are off the table but promises withering sanctions if Russia invades. edition.cnn.com, 8.12.2021.
55 »Die Ukraine ist Teil Europas«. tagesschau.de, 5.1.2022.
56 Dmitri Trenin: Arms accords between Russia and the west stand a chance despite threat of conflict. ft.com, 18.2.2022.
57 Ukraine conflict: Biden says he is convinced Putin has decided to invade. bbc.co.uk, 19.2.2022.
58 Pressekonferenz von Bundeskanzler Scholz und dem Präsidenten der Ukraine, Selensky, am 14. Februar 2022 in Kiew.
59 Clark, Wesley; Luik, Jüri; Ramms, Egon; Shirreff, Richard: Closing NATO's Baltic Gap. International Centre for Defence and Security. Tallinn, May 2016. S. 9f.
60 Ebd. S. 10.
61 Westerlund, Fredrik: Russia's Military Strategy and Force Structure in Kaliningrad. RUFS Briefing. No. 40. Stockholm, May 2017. S. 2.
62 Fact Sheet: European Reassurance Initiative and Other U.S. Efforts in Support of NATO Allies and Partners. obamawhitehouse.archives.gov, 3.6.2014.
63 February 9, 2016: Ambassador Lute's Pre-Ministerial Press Briefing. nato.usmission.gov, 9.2.2016.
64 Congressional Research Service: The European Deterrence Initiative: A Budgetary Overview. Washington 1.7.2021.
65 Grundakte über Gegenseitige Beziehungen, Zusammenarbeit und Sicherheit zwischen der Nordatlantikvertrags-Organisation und der Russischen Föderation. nato.int.
66 Wolfram Wette: Karl Jäger. Mörder der litauischen Juden. Frankfurt am Main 2011. S. 144.
67 Andrew Higgins: Nazi Collaborator or National Hero? A Test for Lithuania. nytimes.com, 10.9.2018.

68 Matthias Gebauer: Geburtstagsständchen für Hitler. spiegel.de, 15.6.2021.
69 Heinrich Brauss, Ben Hodges, Julian Lindley-French: The CEPA Military Mobility Project. cepa.org, 3.3.2021.
70 Arne Björn Krüger: NATO-Kompetenzzentrum. 10 Jahre – 10 Nationen. In: MarineForum 10/2017. S. 4-6.
71 Marine-Führungsstab: DEU MARFOR in Dienst gestellt. bundeswehr.de, 24.1.2019.
72 The Advisory Board for Defence Information: Finns' Opinions on Foreign and Security Policy, National Defence and Security. Helsinki, December 2021. S. 22.
73 Hanna Ojanen: Between Russia, Sweden, and NATO: Finland's defence of »sovereign equality«. ecfr.eu 10.1.2022.
74 Charlie Duxbury: Sweden edges closer to NATO membership. politico.eu 22.12.2020.
75 Charles Szumski: Survey shows Swedes divided on NATO membership. euractiv.com, 21.1.2022.
76 Felix K. Chang: Sweden's Importance to NATO's Defense of the Baltics. fpri.org, 28.9.2017.
77 Active Phase of the Exercise »Slavic Brotherhood 2021«. vs.rs 18.6.2021.
78 Remarks by NATO Secretary General Jens Stoltenberg to troops serving in the multinational brigade in Craiova (Romania). nato.int, 9.10.2017.
79 Alexej Timofejtschew: Nato-Raketenabwehr: Rumänien ist erst der Anfang. de.rbth.com, 17.5.2016.
80 Oliver Meier: Zuspitzung im Streit um den INF-Vertrag. SWP-Aktuell 32. Berlin, Mai 2017.
81 Karl-Heinz Kamp, Wolfgang Rudischhauser: Der INF-Vertrag – Europa muss handeln. Arbeitspapier Sicherheitspolitik. Nr. 29/2018.
82 Ben Hodges, Janusz Bugajski, Ray Wojcik, Carsten Schmiedl: NATO Needs a Coherent Approach to Defending its Eastern Flank. warontherocks.com, 12.6.2020.
83 Matthias Gebauer: Nato plant Truppenverstärkung an der Ostflanke. spiegel.de, 18.12.2021.
84 Svetoslav Todorov: Bulgarian Defence Minister's Snub to NATO Sparks Controversy. balkaninsight.com, 22.12.2021.
85 Marion Kipiani: Russlands maritime Strategie im Schwarzen Meer. Umsetzung und Folgen für die NATO. In: MarineForum 11/2018. S. 20-23. Hier: S. 20.
86 Stephanie Höppner: Klaus Mommsen: Marine-Experte: Krim ist Russlands »Sprungbrett ins Mittelmeer«. dw.com, 27.2.2014.
87 Kipiani 2018. S. 23.
88 NATO Allied ships, aircraft patrol the Black Sea. nato.int, 28.1.2021.
89 Ben Hodges: The Black Sea… or a Black Hole? cepa.org, 21.1.2021.
90 Dorian Archus: Sea Breeze 2021 multinational naval exercise concludes. navalpost.com, 11.7.2021.
91 Dynamic Mongoose. bundeswehr.de.

92 James Stavridis: Sea Power. The History and Geopolitics of the World's Oceans. New York 2017. S. 83.

93 Ebd. S. 252.

94 Michael Paul, Göran Swistek: Deutschland im arktisch-nordatlantischen Raum. Russlands militärische Aktivitäten brauchen Aufklärung. SWP-Aktuell 74. Berlin, November 2021.

95 Inspekteur der Marine Vizeadmiral Andreas Krause: Ansprache. 60. Historisch-Taktische Tagung. Linstow, 9. Januar 2020.

96 Erklärstück-Update: Das Mehrzweckkampfschiff 180. bundeswehr.de, 2.12.2020.

97 Janis Kluge, Michael Paul: Russlands Arktis-Strategie bis 2035. SWP-Aktuell Nr. 89. Berlin, November 2020. S. 3.

98 United States Army: Regaining Arctic Dominance. Headquarters, Department of the Army, 19.1.2021.

99 Michael Paul, Göran Swistek: Russland in der Arktis. Entwicklungspläne, Militärpotential und Konfliktprävention. SWP-Studie 19. Berlin, Oktober 2021. S. 26.

100 Kluge/Paul 2020. S. 3.

101 Astri Edvardsen: Cold Response 2022: 35,000 Soldiers from 26 Countries in Northern Military Exercise. highnorthnews.com, 18.1.2022.

102 Thomas Nilsen: Norway to host biggest exercise inside Arctic Circle since Cold War. thebarentsobserver.com, 14.4.2021.

103 John Mearsheimer: The Inevitable Rivalry. America, China, and the Tragedy of Great-Power Politics. In: Foreign Affairs November/December 2021. S. 48-59.

104 Allianz Research, Euler Hermes Economic Research: The World is Moving East, Fast. Munich/Paris, 18.1.2021.

105 The world's shifting centre of gravity. economist.com, 28.6.2012.

106 Amin Mohseni-Cheraghlou: China and Sub-Saharan Africa trade: A case of growing interdependence. atlanticcouncil.org, 22.7.2021.

107 Dickens Olewe: Why African countries back China on human rights. bbc.co.uk, 2.5.2021.

108 Harold Trinkunas: Testing the limits of China and Brazil's partnership. brookings.edu 20.7.2020.

109 Andrew England, Simeon Kerr: ›More of China, less of America‹: how superpower fight is squeezing the Gulf. ft.com

110 Sune Engel Rasmussen, Aresu Eqbali: Iran, China Sign Economic, Security Agreement, Challenging U.S. Pressure. Dow Jones Newswires 27.3.2021.

111 David Glass: Piraeus largest European Med port in 2020. seatrade-maritime.com, 15.3.2021.

112 Andreea Brînză: China and the Budapest-Belgrade Railway Saga. thediplomat.com, 28.4.2020.

113 Joanna Hosa, Vessela Tcherneva: Pandemic trends: Serbia looks east, Ukraine looks west. ecfr.eu 5.8.2021.

114 Chad P. Brown: US-China Trade War Tariffs: An Up-to-Date Chart. piie.com, 16.3.2021.

115 Ryan Hass, Abraham Denmark: More pain than gain: How th US-China trade war hurt America. brookings.edu 7.8.2020.
116 Alan Rappeport, Keith Bradsher: Yellen Says China Trade Deal Has ›Hurt American Consumers‹.
117 Kathrin Hille, Eleanor Olcott, James Kynge: US-China business: the necessary reinvention of Huawei.
118 David Sacks: China's Huawei Is Winning the 5G Race. Here's What the United States Should Do To Respond. cfr.org, 29.3.2021.
119 Asa Fitch, Kate O'Keeffe: Qualcomm Lobbies U.S. to Sell Chips for Huawei 5G Phones.
120 Kate O'Keeffe: U.S. Issued $100 Billion in Export Licences to Suppliers of Huawei, SMIC.
121 Sydney H. Mintzer, Tamer A. Soliman, Yoshihide Ito, Heng Li, Jing Zhang: China Passes Broad New Anti-Sanctions Law to Counter Foreign Government Sanctions. mayerbrown.com, 16.6.2021.
122 Tobias Kaiser, Frank Stocker, Philipp Vetter: »Damoklesschwert für jedes Unternehmen, das in und mit China Geschäfte macht«. welt.de, 15.6.2021.
123 Sean O'Kane: Tesla signs agreement to build cars in China. theverge.com, 10.7.2018.
124 Die Anteile des Chinageschäfts der drei großen Kfz-Konzerne beziehen sich nicht auf den Umsatz, sondern auf die Zahl verkaufter Fahrzeuge.
125 Ulf Sommer: Der riskante China-Boom der Dax-Konzerne. handelsblatt.com, 18.2.2021.
126 Hongbin Qu: Mainland China's rising wealth. Millionaires and the middle class lead the way. gbm.hsbc.com, 21.5.2021.
127 Sha Hua: Die deutsche Autobranche geht in China auf Fachkräftejagd. handelsblatt.com, 15.4.2019.
128 Bosch forciert Brennstoffzelle in China. Frankfurter Allgemeine Zeitung, 15.4.2021.
129 Katharina Viklenko: China ist neuer Exportweltmeister im Maschinenbau. gtai.de, 13.8.2021.
130 Dana Heide, Franz Hubik: Nio, Aiways, Xiaopeng – Wie Chinas Elektroauto-Hersteller derzeit Europa erobern. handelsblatt.com, 18.4.2021.
131 Franz Hubik, Dana Heide: Chinas E-Autobauer drängen nach Europa: Nio präsentiert neues Spitzenmodell. handelsblatt.com, 11.1.2021.
132 Partner und systemischer Wettbewerber – Wie gehen wir mit Chinas staatlich gelenkter Volkswirtschaft um? BDI Grundsatzpapier China. Berlin, Januar 2019.
133 Shuwen Bian: Hintergründe und Entwicklung chinesischer Investitionen in Deutschland. Institut für Mitbestimmung und Unternehmensführung (I.M.U.) der Hans-Böckler-Stiftung. Mitbestimmungsreport Nr. 66. Düsseldorf, August 2021.
134 Martin Buchenau, Dana Heide, Franz Hubik, Kevin Knitterscheidt, Martin Murphy: Der große Graben. Handelsblatt 9.11.2021.
135 Philipp Dietz, Yuan Shen: Auswirkungen der EU-Screening-Verordnung und verschärften Investitionskontrolle. investmentplattformchina.de, 10.11.2020.

136 Bertelsmann Stiftung: Globalisierungsszenarien. Herausforderungen und Handlungsoptionen aus Sicht der deutschen Wirtschaft. Gütersloh 2021.

137 Martin-W. Buchenau, Dana Heide, Franz Hubik, Kevin Knitterscheidt, Martin Murphy: Der große Graben: Der Konflikt zwischen China und den USA spaltet die Weltwirtschaft. handelsblatt.com, 8.11.2021.

138 Stefan Baron: Ami go home! Eine Neuvermessung der Welt. Berlin 2021.

139 Ulf Sommer: Die USA sind ein Risikomarkt – nicht nur für deutsche Autobauer. handelsblatt.com, 25.2.2019.

140 China's Charter 08. chinafile.com, 15.1.2009.

141 Liao Yiwu: Dieses Imperium muss verschwinden. Frankfurter Allgemeine Zeitung, 15.10.2012.

142 Edward Cunningham, Tony Saich, Jesse Turiel: Understanding CCP Resilience: Surveying Chinese Public Opinion Through Time. Cambridge/Massachusetts. July 2020.

143 Ma Shikun: Why Chinese People Support Their Government. chinausfocus.com, 28.5.2021.

144 Steve Tsang: A Modern History of Hong Kong. London 2004. S. 180ff.

145 Hayley Wu: The Trouble of Localism in Hong Kong. bpr.berkeley.edu 8.3.2018.

146 Nick Wadhams: Trump Team Sends Defiant Signal to Beijing by Meeting Hong Kong Activist. bloomberg.com, 10.7.2019.

147 Sylvia Hui: In Hong Kong, colonial flag still a symbol of prized values. apnews.com, 5.7.2019.

148 Moritz Rudolf: Das Gesetz zur nationalen Sicherheit in der Sonderverwaltungszone Hongkong. SWP-Aktuell 91. Berlin, 9.11.2020.

149 Jörg Kronauer: Von Heuschrecken und Hunden. Hongkongs rechte »localists«. lotta-magazin.de, 12.2.2020.

150 Jörg Kronauer: Der Rivale. Chinas Aufstieg zur Weltmacht und die Gegenwehr des Westens. Hamburg 2019. S. 75f.

151 Jörg Kronauer: Terror in Xinjiang. junge Welt, 5.12.2019.

152 Shannon Tiezzi: Is the Kunming Knife Attack China's 9-11? thediplomat.com, 4.3.2014.

153 Ben Westcott, Rebecca Wright: First independent report into Xinjiang genocide allegations claims evidence of Beijing's ›intent to destroy‹ Uyghur people. edition.cnn.com, 10.3.2021.

154 Björn Alpermann: Xinjiang. China und die Uiguren. Würzburg 2021. S. 228.

155 David Lawder: U.S. bans imports of all cotton, tomato products from China's Xinjiang region. reuters.com, 13.1.2021.

156 Whitney Benns: American Slavery, Reinvented. theatlantic.com, 21.9.2015.

157 US removes shadowy group from terror list blamed by China for attacks. theguardian.com, 6.11.2020.

158 Zen Soo: US Sanctions 24 China and Hong Kong Officials Ahead of Talks. thediplomat.com, 18.3.2021.

159 Jin Kai: The Biden Administration's China Sanctions Dilemma. thediplomat.com, 4.8.2021.

160 Isaac Stone Fish: Wilbur Ross Remained on Chinese Joint Venture Board While Running U.S.-China Trade War. foreignpolicy.com, 29.10.2020.
161 Primrose Riordan, Tabby Kinder, Jane Croft: UK lawyers feel ripples of Chinese sanctions on Essex Court Chambers. ft.com, 4.4.2021.
162 Carola Richter, Sebastian Gebauer: Die China-Berichterstattung in den deutschen Medien. Mit Beiträgen von Thomas Heberer und Kai Hafez. Herausgegeben von der Heinrich-Böll-Stiftung. Berlin 2010. S. 9ff.
163 Jia Changbao, Mechthild Leutner, Xiao Minxing: Die China-Berichterstattung in deutschen Medien im Kontext der Corona-Krise. Studien der Rosa-Luxemburg-Stiftung 12/2021. Berlin 2021.
164 Körber Stiftung: The Berlin Pulse 2021/22. German Foreign Policy in Perspective. Berlin, November 2021.
165 Sollte die Bundesregierung künftig eine härtere Haltung gegenüber China einnehmen? In: Internationale Politik September/Oktober 2021. S. 5.
166 24. Bericht der Bundesregierung zur Auswärtigen Kultur- und Bildungspolitik für das Jahr 2020. S. 8.
167 Nadine Wojcik: Konfuzius-Institute in der Kritik. dw.com, 28.10.2021.
168 Armin Himmelrath: Karliczek fordert Aus für Konfuzius-Institute. spiegel.de, 29.10.2021.
169 Friederike Böge: Chinesisch lernen, nur demokratisch. Frankfurter Allgemeine Zeitung, 29.10.2021.
170 Brahma Chellaney: China's Dept-Trap Diplomacy. project-syndicate.org, 23.1.2017.
171 Deborah Brautigam: Misdiagnosing the Chinese Infrastructure Path. the-american-interest.com, 4.4.2019.
172 Lee Jones, Shahar Hameiri: Debunking the Myth of ›Debt-trap Diplomacy‹. How Recipient Countries Shape China's Belt and Road Initiative. chathamhouse.org, 19.8.2020.
173 Hannah Ryder: FOCAC 2021: China and Africa need each other more than ever. african.business, 9.11.2021.
174 Takuya Taniguchi: Should We Forget about the Asia-Africa Growth Corridor? Institut français des relations internationales (ifri): Lettre du Centre Asie. No. 87, October 19, 2020.
175 Joint Communication to the European Parliament, the Council, the European Economic and Social Committee, the Committee of the Regions and the European Investment Bank: Connecting Europe and Asia – Building blocks for an EU Strategy. JOIN(2018) 31 final. Brussels, 19.9.2018.
176 Sebastian Holz: Was ist die EU-Asien-Konnektivitätsstrategie? gtai.de, 21.10.2021.
177 G7 wollen die Neue Seidenstraße übertrumpfen. Frankfurter Allgemeine Zeitung, 14.6.2021.
178 G7 leaders attempt to rival China with infrastructure project. aljazeera.com, 12.6.2021.
179 David Sacks: Europe's Global Gateway Plans To Counter China, But Questions Remain. cfr.org, 21.9.2021.

180 Jörg Kronauer: Der Rivale. Chinas Aufstieg zur Weltmacht und die Gegenwehr des Westens. Hamburg 2019. S. 261ff.

181 Gurpreet S. Khurana: Trump's new Cold War alliance in Asia is dangerous. washingtonpost.com, 14.11.2017.

182 Atom-U-Boot mit unbekanntem Objekt kollidiert. tagesschau.de, 8.10.2021.

183 Felix Heiduk, Gudrun Wacker: Vom Asien-Pazifik zum Indo-Pazifik. Bedeutung, Umsetzung und Herausforderung. SWP-Studie S09. Berlin 2020. S. 2.

184 Leitlinien zum Indo-Pazifik. Berlin, August 2020.

185 Elliot Ackerman, James Stavridis: 2034. A Novel of the Next World War. New York 2021.

186 Michael Paul: Kriegsgefahr im Pazifik? Die maritime Bedeutung der sino-amerikanischen Rivalität. Baden-Baden 2017. S. 67.

187 Office of the Secretary of Defense: Military and Security Developments Involving the People's Republic of China. Annual Report to Congress. Washington 2021.

188 Congressional Research Service: China Naval Modernization: Implications for U.S. Naval Capabilities – Background and Issues for Congress. Washington 7.10.2021.

189 Steven Stashwick: Growing Naval Imbalance Between Expanding Chinese and Aging US Fleets. thediplomat.com, 9.11.2021.

190 Michael R. Gordon: China's Hypersonic Missile Test Is Close to ›Sputnik Moment‹, U.S. Military Chief Says. wsj.com, 27.10.2021.

191 Nicolas Chaillan: The Pentagon needs a new AI strategy to catch up with China. ft.com, 22.11.2021.

192 Matthew Conners: Blockade the First Island Chain. usni.org, June 2019.

193 Emma Chanlett-Avery, Caitlin Campbell, Joshua A. Williams: The U.S.-Japan Alliance. Congressional Research Service. Washington, 13.6.2019. S. 39f.

194 Todd South: An Army brigade posted to Taiwan, and other ways to counter China being floated. militarytimes.com, 23.6.2021.

195 Joint Communiqué of the United States of America and the People's Republic of China (Shanghai Communiqué). February 28, 1972.

196 Joint Communiqué of the United States of America and the People's Republic of China. August 17, 1982.

197 Huizhong Wu: China's Xi calls for ›peaceful‹ reunification with Taiwan. apnews.com, 9.10.2021.

198 Cross-Strait Relations. taiwan.gov.tw.

199 Taiwan Independence vs. Unification with the Mainland (1994/12 ~ 2021/06). esc.nccu.edu.tw, 20.7.2021.

200 Taiwan: Political and Security Issues. Congressional Research Service. Washington, 14.7.2021.

201 Nicole Gaouette: China reiterates firm opposition to US-Taiwan military contact in response to CNN interview. edition.cnn.com, 29.10.2021.

202 Antony J. Blinken: Supporting Taiwan's Participation in the UN System. state.gov, 26.10.2021.

203 Vgl. dazu Kapitel 1.1.

204 Ryo Nakamura: US to build anti-China missile network along first island chain. asia.nikkei.com, 5.3.2021.
205 Sydney J. Freedberg Jr.: ›$64K Question‹: Where In Pacific Do Army Missiles Go? breakingdefense.com, 26.3.2021.
206 Koji Sonoda: Philip Davidson: China's advances show ›erosion‹ in U.S.-Japan deterrence. asahi.com, 14.10.2021.
207 Adam Greer: The South China Sea Is Really a Fishery Dispute. thediplomat.com, 20.7.2016.
208 South China Sea. eia.gov, 15.10.2019.
209 Ethen Kim Lieser: How Much Oil and Gas Is Contained in the South China Sea? nationalinterest.org, 22.2.2021.
210 How Much Trade Transits the South China Sea? chinapower.csis.org, 25.1.2021.
211 U.S.-China Strategic Competition in South and East China Seas: Background and Issues for Congress. Congressional Research Service. Washington, 6.10.2021.
212 Näheres dazu: Jörg Kronauer: Der Rivale. Chinas Aufstieg zur Weltmacht und die Gegenwehr des Westens. Hamburg 2019. S. 183ff.
213 Stein Tønnesson: The Paracels: The »other« South China Sea dispute. In: Asian Perspective 26/4 (2002). S. 145-169.
214 Michael Paul: Der Schiedsspruch im Fall »Philippines v. China«: Zwiespältige Konsequenzen. jdzb echo – Mitteilungen des Japanisch-Deutschen Zentrums Berlin (JDZB) Nr. 116. Berlin, September 2016.
215 Occupation and Island Building. amti.csis.org.
216 Felix K. Chang: China's New Pressure on Taiwan in the South China Sea. fpri.org, 16.11.2020.
217 Michael Paul: Kriegsgefahr im Pazifik? Die maritime Bedeutung der sino-amerikanischen Rivalität. Baden-Baden 2017. S. 237ff.
218 Xin Qiang: US-Vietnam Security Cooperation: Development and Prospects. ciis.org.cn, 11.5.2015.
219 Gregory B. Poling, Simon Tran Hudes, Andreyka Natalegawa: The Unlikely, Indispensable U.S.-Vietnam Partnership. csis.org, 6.7.2021.
220 Zitiert nach: Florian C. Feyerabend: Die strategischen Beziehungen der USA und Vietnams. kas.de, 31.8.2021.
221 James Stavridis: Sea Power. The History and Geopolitics of the World's Oceans. New York 2017. S. 197.
222 Stavridis 2021.
223 Stavridis 2017. S. 196f.
224 Philippines accuses Chinese Coast Guard of firing water cannons on its supply boats. edition.cnn.com, 18.11.2021.
225 Ben Werner: Maritime Standoff Between China and Malaysia Winding Down. news.usni.org, 13.5.2020.
226 Euan Graham: U.S. Naval Standoff With China Fails to Reassure Regional Allies. foreignpolicy.com, 4.5.2020.
227 Peter Kreuzer: Chinas Luftverteidigungszone und der Konflikt um die Diaoyu/Senkaku-Inseln. HFSK-Report Nr. 9/2013. Frankfurt am Main 2013.

228 Mike Mochizuki, Jiaxiu Han: Is China Escalating Tensions With Japan in the East China Sea? thediplomat.com, 16.9.2020.

229 Congressional Research Service: The Senkakus (Diaoyu/Diaoyutai) Dispute: U.S. Treaty Obligations. Washington, 1.3.2021.

230 Franz-Stefan Gady: US, Japan Conduct Military Exercise Near Senkakus. thediplomat.com, 17.8.2017.

231 Japan and U.S. eye joint military drills focusing on defending Senkakus in emergency. japantimes.co.jp 24.3.2021.

232 Japan, U.S. Hold Joint Drills, Bracing for Contingency around Senkakus, Taiwan. nippon.com, 11.11.2021.

233 Kosuke Takahashi: Japan Approves Record Extra Defense Budget. thediplomat.com, 26.11.2021.

234 Steven Stashwick: Japan Confirms New Missile Deployments to Ryukyu Islands. thediplomat.com, 6.8.2021.

235 With an eye on China, Japan's ruling party makes unprecedented defense spending pledge. asahi.com, 13.10.2021.

236 ›Eric Johnston: Japan's Marine Corps‹: The nation's first responders for remote island defense. japantimes.co.jp 28.1.2021.

237 Steven Stashwick: Japan Confirms New Missile Deployments to Ryukyu Islands. thediplomat.com, 6.8.2021.

238 Japan deputy PM comment on defending Taiwan if invaded angers China. reuters.com, 6.7.2021.

239 Former Prime Minister Shinzo Abe says Japan and the U.S. could not stand by if China attacked Taiwan. cnbc.com, 30.11.2021.

240 Jeffrey W. Hornung: Japan's Potential Contributions in an East China Sea Contingency. Santa Monica 2020. S. 1,13.

241 Julian Ryall: Japan seeks German help to counter China's clout in Indo-Pacific. dw.com, 14.4.2021.

242 Liu Xuanzun: PLA flotilla returns from far sea voyage, breaks island chains. globaltimes.cn 15.9.2021.

243 Franz-Stefan Gady: Why China's Military Wants to Control These 2 Waterways in East Asia. thediplomat.com, 15.9.2019.

244 Derek Grossman: America Is Betting Big on the Second Island Chain. thediplomat.com, 5.9.2020.

245 Holly Robertson, Prianka Srinivasan: Donald Trump hosts Pacific leaders in historic White House meeting amid US-China tensions. abc.net.au, 22.5.2019.

246 Gordon Lubold: U.S. Military Is Offered New Bases in the Pacific. wsj.com, 8.9.2020.

247 Jen Judson: Army reshapes Defender Pacific to bolster joint focus. defensenews.com, 11.10.2021.

248 The Parliament of the Commonwealth of Australia: Inquiry into Australia's defence relationships with Pacific Island nations. Canberra, March 2021. S. 3.

249 Ebd. S. 4.

250 La France et la sécurité en Indopacifique. defense.gouv.fr, Mai 2019.

251 Nicolas Regaud: France's Indo-Pacific strategy and its overseas territories in the Indian and Pacific oceans. Characteristics, capabilities, constraints and avenues for deepening the Franco-Australian strategic partnership. Australian Strategic Policy Institute (ASPI). Barton, June 2021.
252 Charbel Kadib: US to ramp up military presence in Australia. defenceconnect.com.au, 17.9.2021.
253 Global Britain in a competitive age. The Integrated Review of Security, Defence, Development and Foreign Policy. London, May 2021.
254 Patrol ships bid farewell to Portsmouth as they begin Indo-Pacific deployment. royalnavy.mod.uk, 7.9.2021.
255 Leitlinien zum Indo-Pazifik. Berlin, August 2020.
256 Die Pax Pacifica (I). german-foreign-policy.com, 31.1.2013
257 The Long View. How will the global economic order change by 2050? pwc.com, 2017.
258 Stu Woo, Phred Dvorak: U.S. Strikes India Deal in Bid to Loosen China's Grip on Solar Panels. wsj.com, 7.12.2021.
259 Aparna Pande: Unlike India, China built its economy & military before calling itself a world power. theprint.in, 6.2.2020.
260 Christian Wagner: Indisch-chinesische Konfrontation im Himalaya. SWP-Aktuell Nr. 63. Berlin, Juli 2020.
261 The EU strategy for cooperation in the Indo-Pacific. JOIN(2021) 24 final. Brussels, 16.9.2021.
262 Fact Sheet: Quad Leaders' Summit. whitehouse.gov, 24.9.2021.
263 Siddharth Varadarajan: Pegasus Project: How Phones of Journalists, Ministers, Activists May Have Been Used to Spy On Them. thewire.in, 18.7.2021.
264 Yogita Limaye: Amnesty International to halt India operations. bbc.co.uk, 29.9.2020.
265 Russia, India Extend Military Cooperation Deal During Putin-Modi Summit. rferl.org, 6.12.2021.
266 Mohan Guruswamy: Why India-China military disengagement requires Russian mediation. scroll.in, 15.9.2020.
267 Priyanjoli Ghosh: India's Indian Ocean Region Strategy. In: Journal of Indo-Pacific Affairs Fall 2020. S. 146-150. Hier: S. 148.
268 Sankalp Gurjar: Why change of guard in Seychelles matters. deccanherald.com, 13.11.2020.
269 Yarno Ritzen: Agaléga islanders fear for future due to secret Indian navy base. aljazeera.com, 3.8.2021.
270 Hambantota port not being used as military base: Sri Lankan army chief. business-standard.com, 27.2.2018.
271 Krzysztof Iwanek: No, Pakistan's Gwadar Port Is Not a Chinese Naval Base (Just Yet). thediplomat.com, 19.11.2019.
272 La France et la sécurité en Indopacifique. defense.gouv.fr, Mai 2019.
273 Victor Muisyo: Comoros protests to re-claim French Island, Mayotte. africanews.com, 13.4.2018.

274 Blake Herzinger: The power of example: America's presence in Diego Garcia. lowyinstitute.org, 15.2.2021.

275 Ian Cobain: CIA interrogated suspects on Diego Garcia, says Colin Powell aide. theguardian.com, 30.1.2015.

276 Eine ausführliche Darstellung bietet: David Vine: Island of Shame. The Secret History of the U.S. Military Base on Diego Garcia. Princeton 2008.

277 Sam Tobin: Government did nothing about chambers sanctions because ›it needs Chinese dosh‹. lawgazette.co.uk, 18.11.2021.

278 Kathy Gilsinan: How the U.S. Could Lose a War With China. theatlantic.com, 25.7.2019.

279 Valerie Insinna: A US Air Force war game shows what the service needs to hold off – or win against – China in 2030. defensenews.com, 12.4.2021.

280 Mark Episkopos: The Air Force Has a Master Plan to Stop a Chinese Invasion of Taiwan. nationalinterest.org, 27.4.2021.

281 Marcel de Haas (Hg.): The Shanghai Cooperation Organisation. Towards a full-grown security alliance? Den Haag, November 2007. S. 8f.

282 Filip Medunic: Russia's ›gas pivot‹ to Asia: How Europe can protect itself and pursue the green transition. ecfr.eu 27.10.2021.

283 Todd Prince: The ›Nuclear Option‹: What Is SWIFT And What Happens If Russia Is Cut Off From It? rferl.org, 9.12.2021.

284 David Charter, Adam Sage, Didi Tang: Russia seeks alliance with China to beat US sanctions. thetimes.co.uk, 23.3.2021.

285 The hidden costs of cutting Russia off from SWIFT. economist.com, 18.12.2021.

286 Peter Suciu: Russia and China Held First Ever Joint Patrol in Western Pacific. nationalinterest.org, 26.10.2021.

287 Joint Statement of the Russian Federation and the People's Republic of China on the International Relations Entering a New Era and the Global Sustainable Development. en.kremlin.ru, 4.2.2022.

288 Brett Forrest, Ann M. Simmons, Chao Deng: China and Russia Military Cooperation Raises Prospect of New Challenge to American Power. wsj.com, 2.1.2022.

289 Ted Galen Carpenter: Bush Tries to Drive a Wedge Between Russia and China. cato.org, 3.8.2001.

290 Myths and misconceptions in the debate on Russia. chathamhouse.org, 13.5.2021.

291 The Longer Telegram. Toward a new American China strategy. atlanticcouncil.org.

292 Kujat kritisiert Umgang mit Schönbach. tagesschau.de, 23.1.2022.

293 A. Wess Mitchell: A Strategy for Avoiding Two-Front War. nationalinterest.org, 22.8.2021.

294 Graham Allison, Jonah Glick-Unterman: The Great Military Rivalry: China vs the U.S. Cambridge (Massachusetts), December 2021. S. 1f.

295 Ebd. S. 6.

296 Alison Bath: Navy and Marine exercise to span 17 time zones on a scale last seen during the Cold War. stripes.com, 2.8.2021.

297 Ann Wright: For God's Sake Boys, STOP THIS WAR S**T!!! veteransforpeace.org, 28.1.2022.
298 Ex-General warnt vor Krieg zwischen USA und China. spiegel.de, 25.10.2018.
299 Philipp Löpfe: »In den nächsten zehn Jahren kommt es zu einem Krieg zwischen den USA und China«. watson.ch 19.1.2020.
300 James Stavridis: It's not too soon to prepare for a sea war in Asia. politico.com, 13.5.2021.
301 Bernhard Zand: »Wir müssen verhindern, dass wir in einen großen Krieg hineinschlittern«. spiegel.de, 14.4.2021.
302 U.S. admiral warns against U.S.-China war in best-seller. asahi.com, 2.6.2021.